O INCENTIVO
CERTO

Uri Gneezy

O INCENTIVO
CERTO

Como estimular ações e mudanças
significativas no trabalho e na vida

tradução
Lourdes Sette

2024

Benvirá

Copyright © 2023 by Uri Gneezy
Copyright © Saraiva Educação, 2024

Título original: *Mixed Signals*

Direção executiva Flávia Alves Bravin
Direção editorial Ana Paula Santos Matos
Gerência editorial e de produção Fernando Penteado
Gerenciamento de catálogo Isabela Borrelli
Edição Julia Braga
Design e produção Jeferson Costa da Silva (coord.)
Rosana Peroni Fazolari
Revisão Queni Winters
Diagramação Mônica Landi
Capa Lais Soriano
Impressão e acabamento EGB Editora Gráfica Bernardi Ltda

Dados Internacionais de Catalogação na Publicação (CIP) Vagner Rodolfo da Silva – CRB-8/9410	
G651m Gneezy, Uri	
O Incentivo Certo: Como estimular ações e mudanças significativas no trabalho e na vida / Uri Gneezy: traduzido por Lourdes Sette – São Paulo : Benvirá, 2024.	
384 p.	
Tradução de: *Mixed Signals: How Incentives Really Work* / Uri Gneezy	
ISBN: 978-65-5810-106-2 (Impresso)	
1. Administração. 2. Negócios. I. Título.	
	CDD 658.4012
2023-2907	CDU 65.011.4
Índices para catálogo sistemático:	
1. Administração: Negócios	658.4012
2. Administração: Negócios	159.947

1ª edição, abril de 2024

Nenhuma parte desta publicação poderá ser reproduzida por qualquer meio ou forma sem a prévia autorização da Saraiva Educação. A violação dos direitos autorais é crime estabelecido na Lei n. 9.610/98 e punido pelo art. 184 do Código Penal.

Todos os direitos reservados à Benvirá, um selo da Saraiva Educação.
Av. Paulista, 901, Edifício CYK, 4º andar
Bela Vista - São Paulo - SP - CEP: 01311-100

SAC: sac.sets@saraivaeducacao.com.br

| CÓD. OBRA | 720603 | CL | 680020 | CAE | 847788 |

Para minhas irmãs, Orit e Arza, com amor

Sumário

Introdução: faça o que eu digo, não o que eu faço 11

1 | Como os sinais conquistam os mercados 25
    1. Sinais convincentes 27
    2. Como a Toyota conquistou o mercado dos carros híbridos 35
    3. Esse é apenas o meu jeito de ser: o valor da autossinalização 43

2 | Evite sinais trocados 55
    4. Quando mais é menos: como incentivar a quantidade em detrimento da qualidade 59
    5. Incentivando a inovação, mas penalizando o fracasso 79
    6. Incentivando metas de longo prazo, mas recompensando resultados de curto prazo 89
    7. Incentivando o trabalho em equipe, mas motivando o sucesso individual 99

3 | Como os incentivos moldam a narrativa 113
    8. Apostas e erros 115
    9. Contabilidade mental: como escolher a moeda de incentivo 131
    10. O arrependimento como incentivo 143

11. Incentivos pró-sociais 151
12. Prêmios como sinais 157

4 | Use incentivos para identificar o problema 169
13. Os estudantes dos Estados Unidos são realmente tão ruins assim? 173
14. Aversão às despesas gerais: como organizações sem fins lucrativos adquirem má reputação 181
15. Estratégia do "pagamento para sair": como fazer os funcionários se comprometerem com o que acreditam 191
16. Como subornar-se: trapaças e autossinalização 197

5 | Como os incentivos causam mudanças de comportamento 205
17. Como criar hábitos: a mudança dá um passo de cada vez... literalmente 211
18. Como quebrar hábitos: jogando para escanteio os comportamentos negativos 225
19. Eu quero agora! 239
20. Como remover barreiras 245

6 | Como ajudar comunidades a mudar práticas culturais perniciosas 257
21. De caçadores de leões a salvadores de leões: como mudar a história 259
22. Fraude de seguro e risco moral: edição Maasai 267
23. Como mudar a história dos guerreiros 273
24. Como mudar a economia da mutilação genital feminina 279

7 | Negocie seus sinais: como colocar os incentivos na mesa de negociação 291
25. Ancoragem e ajuste 295

26. O efeito contraste 299
27. Preço como sinal de qualidade 305
28. A norma da reciprocidade 309

Conclusão: de sinais trocados a sinais claros 315

Agradecimentos 327

Referências 329

Índice remissivo 359

Para eventuais atualizações e outros materiais, visite a página do livro no Saraiva Conecta:

https://somos.in/MIXSIG1

Introdução: faça o que eu digo, não o que eu faço

Adorei quando meu filho Ron atingiu a idade em que começou a efetivamente se comunicar conosco. Como todas as crianças, ele também passou a testar mentirinhas. Dissemos que não devia mentir – ser honesto é o que separa as pessoas boas dos vilões. Essa lição de moral logo me colocou em apuros.

Tudo ia bem até que o levei para o Disney World em um belo dia de julho. Enquanto esperávamos na fila para comprar ingressos, vi uma placa que dizia: "Menores de 3 anos: grátis. Maiores de 3 anos: 117 dólares". Quando chegou a nossa vez de comprar os ingressos, a atendente me perguntou, sorrindo, quantos anos tinha Ron, e eu respondi: "Quase 3". Tecnicamente, eu não estava mentindo: ele tinha quase 3 anos, só que na perspectiva inversa – seu terceiro aniversário tinha sido alguns meses antes. Paguei meu ingresso enquanto a atendente continuava sorrindo, e fomos nos divertir.

O que aconteceu na bilheteria e o que aconteceu cerca de meia hora mais tarde será relatado mais adiante. Foi quando Ron disse: "Papai, estou confuso. Você me disse que só os vilões mentem, mas você acabou de mentir!". Tentei a abordagem do "faça o que eu digo, não o que eu faço", mas acho que não funcionou.

Antes que você julgue meus padrões morais, descobri que não sou o único que "arredonda para baixo" a idade dos filhos. Um artigo no portal *Vacationkids.com* intitulado "Você mente sobre seus filhos para conseguir ofertas de férias em família?" relata que essa pergunta foi objeto de dois bilhões (com *b*) de pesquisas no Google![1] De acordo com esse site de pesquisa, não sou o único.

Ron recebeu de mim dois sinais distintos: o que eu disse *versus* o que eu fiz diante de um incentivo de 117 dólares. Em poucas palavras, este livro trata de como evitar transmitir sinais trocados como esse: você diz uma coisa, mas, ante os incentivos que se apresentam, faz outra.

"Faça o que eu digo, não o que eu faço."

O que Ron deveria concluir sobre o que é importante para mim? Qual foi a mensagem que Ron ouviu? O que aconteceu quando fomos para o brinquedo seguinte será contado mais adiante.

O importante é compreender que os incentivos transmitem sinais. Com frequência, existe um conflito entre o que dizemos e aquilo que nossos incentivos sinalizam. Você pode dizer a todos que honestidade é essencial; falar é fácil. Para que essa afirmação seja convincente, é preciso sustentá-la com ações, ainda que lhe sejam custosas, como pagar o ingresso integral. Se você alinhar o que diz com os incentivos que oferece, o sinal será convincente e fácil de entender.

Quando compreende os sinais, você é capaz de tornar os incentivos mais eficazes. Por exemplo, o que a Disney poderia fazer para que menos pessoas mintam sobre a idade das crianças? Uma opção simples é pedir que apresentem um documento, como uma certidão de nascimento, para comprovar a idade dos filhos. É provável, entretanto, que essa seja uma má ideia, uma vez que vamos ao Disney World para fazer parte de uma grande família feliz, não para ser policiados. Embora seja provável que a exigência de um documento reduzisse o número de pessoas que mentem, também criaria muitos problemas e emoções negativas.

A lição que Ron aprendeu foi: "faça o que eu faço, não o que digo".

Tente pensar em uma solução.

Uma solução com base em sinais seria assim: a Disney poderia solicitar que a criança estivesse presente na compra do ingresso. Isso forçaria os pais a enfrentar um dilema de sinais trocados igual ao que enfrentei: prefiro mentir na frente do meu filho ou pagar 117 dólares? A Disney poderia ir além e pedir para a criança informar a própria idade, por exemplo, perguntando a ela: "Você já fez 3 aninhos?". Claro, você pode explicitamente orientar seu filho a mentir para o caixa, mas, convenhamos, esse é um sinal forte e custoso de que mentir é aceitável.

Sinais trocados no trabalho

Existem muitos exemplos de incentivos que transmitem sinais trocados ou confusos e acabam gerando um resultado diferente do pretendido. Como você verá nas páginas seguintes, até mesmo grandes empresas costumam cometer esses erros ao planejar seus incentivos.

Imagine uma CEO que diz aos funcionários o quão importante é trabalhar em equipe, mas cujos incentivos que cria para obter sucesso são baseados no trabalho individual. O resultado é simples: os funcionários ignorariam o que essa CEO diz e tentariam maximizar o próprio sucesso e ganho financeiro, conforme o que depreenderam dos incentivos. Você talvez conclua que, para evitar sinais trocados, os CEOs não deveriam usar nenhum tipo de incentivo. Este livro examina ambas as perspectivas e explora um meio-termo que molda os incentivos de forma ideal, de modo que sejam alinhados com as mensagens pretendidas e evitem sinais trocados.

Veja a seguir alguns exemplos de sinais trocados.
- Incentivar o trabalho em equipe, mas motivar o sucesso individual.
- Incentivar metas de longo prazo, mas motivar o sucesso de curto prazo.
- Estimular a inovação e a tomada de riscos, mas penalizar o fracasso.
- Enfatizar a importância da qualidade, mas pagar por quantidade.

Meu objetivo é ensinar a tratar incentivos de maneira inteligente, isto é, evitar esses sinais trocados e criar incentivos simples, eficazes e éticos.

Como controlar a história

Observe as imagens da esquerda para a direita. O que você vê?[2]

Qual é a sua história?

Quando faço essa pergunta para a plateia de uma palestra, ouço respostas muito criativas e interessantes. Algumas são literais, como "um círculo aparece no canto superior esquerdo e se dirige ao centro, e a estrela sai do quadro". Outras são mais criativas: "a mediocridade vence o talento", "é melhor ser uma lua do que uma estrela", "só os fortes sobrevivem" ou "a bola está sendo rejeitada".

A plateia atribui significado às formas abstratas a fim de entendê-las. Depois de me divertir com as respostas à primeira pergunta, peço à plateia que adivinhe o que acontece em seguida. Novamente, os presentes não têm dificuldade em preencher as lacunas: "não se preocupe, a estrela vai voltar a ocupar o centro", "aprenderemos a viver em um mundo injusto" ou "o círculo será punido".

O que está por trás dessas reações é interessante. Nosso cérebro tende a criar uma história com base no que vemos para completar o que as imagens não dizem; em vez de simples imagens de objetos, ele cria uma narrativa e até valores morais, como justiça e punição. Histórias nos permitem entender nossa experiência pela atribuição de significado aos eventos complexos que afetam nossa vida. Elas têm múltiplas utilidades: nos ajudam a memorizar eventos, avaliá-los e dar sentido ao mundo.

Portanto, dominar a habilidade de moldar a história é importante, e incentivos bem dados podem fazer exatamente isso. Veja o exemplo de Douglas Ivester, CEO da Coca-Cola, que, em 1999, foi entrevistado por um jornal brasileiro e apresentou uma proposta de incentivo. A ideia envolvia uma nova tecnologia em máquinas de venda automática que detectava automaticamente a temperatura; essa informação, acreditava Ivester, poderia ser usada para definir preços nessas máquinas. A demanda por Coca-Cola era maior em dias mais quentes, então Ivester defendeu a ideia de aumentar o preço do refrigerante quando a temperatura subisse.

Teoria econômica básica: quando o desejo é grande, o preço deve ser alto. Em um dia comum, o preço seria, digamos, 1 dólar. Em um dia quente, a máquina de venda automática reativamente aumentaria o preço para 1,50 dólar, como mostrado a seguir. Esse tipo de precificação dinâmica não é incomum – é praticada por companhias aéreas, hotéis e muitas outras indústrias.

O preço normal é $ 1; aumenta para $ 1,50 em dias mais quentes.

No entanto, quando a notícia da precificação controlada pela temperatura se espalhou, os clientes não ficaram nada satisfeitos. A imprensa divulgou a história e chamou o plano de preços de Ivester de "estratagema ganancioso para explorar a sede dos consumidores fiéis".[3]

A Coca-Cola não conseguiu controlar a narrativa. O erro de Ivester foi deixá-la aberta à interpretação. Em vez de se concentrar nos aspectos técnicos da ideia, ele deveria ter moldado a história. Uma ideia de como fazer isso é mostrada na figura a seguir.

O preço normal é $ 1,50; cai para $ 1 em dias mais frios.

Embora descrevam a mesmíssima realidade, as duas opções transmitem histórias muito diferentes. Dificilmente um incentivo na forma de desconto em dias frios encontraria resistência por parte dos consumidores.

O erro da Coca-Cola ilustra a importância de controlar a história, e os incentivos e seus sinais costumam fazer exatamente isso. Vamos discutir em detalhes como os incentivos podem moldar a história a seu favor.

A forma dos incentivos

Todos os animais, não apenas os humanos, reagem a incentivos. Pense em um leão na Tanzânia caçando zebras. Ele precisa ficar contra o vento para surpreendê-las. Se ele se aproximar pela direção errada, sentirão seu cheiro e todas escaparão, deixando os leões e seus filhotes com fome. O leão também precisa ser cuidadoso ao saltar sobre a zebra, já que ela pode desferir coices fortes, ferindo-o ou até matando-o. Essa abordagem criteriosa à caça pode ser explicada facilmente por meio de incentivos: o leão quer comer e alimentar seus filhotes e não quer se machucar no processo. Não se trata apenas de comida; também estão em jogo a hierarquia social de um leão e sua supremacia no grupo. Por exemplo, é mais perigoso ser o primeiro leão a atacar, mas ser o leão corajoso pode ser recompensado com um aumento de status social no futuro.

Embora ambos, humanos e leões, reajam a incentivos, há uma grande diferença entre nós quanto a moldar incentivos. Leões e outros animais reagem, porém não planejam incentivos para outros. É difícil imaginar leões na Tanzânia planejando recompensas para leões distantes, digamos, no Quênia. Os humanos, por sua vez, estão constantemente ocupados com a elaboração de incentivos, e nossa vida é moldada por incentivos planejados por outros.

Se você acha que moldar incentivos não tem consequências, pense melhor. O século XX apresentou a maior experiência econômica de todos os tempos quando se trata de moldar incentivos: o comunismo. A economia está no cerne do comunismo, pois ele dita como a riqueza é criada e compartilhada. Os indivíduos criam riqueza, enquanto o governo se apropria dela e compartilha a riqueza criada. Nessa estrutura econômica, os incentivos para trabalhar e produzir mais não têm como finalidade ajudar a si mesmo ou à família, mas à comunidade. Acontece que esse tipo de estrutura de incentivos não conseguiu fazer o mundo funcionar de forma eficiente.

Aqui está um exemplo famoso que demonstra esse problema estrutural: no final dos anos 1980, pouco antes do colapso da União Soviética, um oficial de Moscou foi a Londres para aprender sobre a distribuição de pão. Quando perguntou ao economista Paul Seabright: "Quem está encarregado da distribuição de pão em Londres?", a resposta de Seabright foi: "Ninguém".[4] Havia um grande esforço envolvido na distribuição do pão, mas ele não era orquestrado por uma pessoa ou por uma organização central. A distribuição era motivada por incentivos individuais. O padeiro britânico acorda cedo pela manhã e vai à padaria trabalhar duro, pois precisa de dinheiro para pagar o aluguel e alimentar a família. O mesmo acontece com os agricultores que cultivam trigo, os motoristas que entregam o pão às lojas e os lojistas que o vendem. Esse trabalho em equipe é eficiente porque os preços de mercado mantêm todos os membros da cadeia de suprimento motivados. O problema no fornecimento de pão em Moscou não derivava do fracasso da pessoa responsável, mas do fracasso dos incentivos sistêmicos.

Dinheiro não é tudo na vida

Um instrumento relevante no funcionamento dos mercados foi a criação do dinheiro. (Imagine se você tivesse que pagar por este livro com uma galinha!) O dinheiro torna a vida muito mais fácil. Mas este livro não é sobre dinheiro; é sobre a interação de sinais importantes.

Faz sentido parar por um instante e considerar duas abordagens diferentes aos incentivos. Uma delas se concentra simplesmente no efeito econômico direto que torna mais atraente o comportamento incentivado: quanto mais você me pagar para fazer algo, mais provável será que eu o faça. A outra abordagem concentra-se no efeito indireto, que é mais complexo e pode ser dividido em dois componentes: sinalização social e autossinalização.

A *sinalização social* capta a preocupação que temos com o que os outros podem pensar a nosso respeito. Queremos que nos percebam de certa maneira, seja para manter uma fachada ou porque a imagem que projetamos realmente reflete nossos valores e crenças fundamentais.

A *autossinalização* é conceitualmente semelhante à sinalização social, mas com uma diferença fundamental: representa a preocupação com o que podemos inferir sobre nós mesmos com base em nosso comportamento. Queremos manter uma certa autoimagem – que enfatize, digamos, que somos bons, inteligentes, gentis e justos. Sempre que nos comportamos de acordo com nossa identidade, nos vemos de forma mais positiva.[5]

O que acontece quando incentivos são acrescentados a essa mistura? Vamos colocar ambas as abordagens para funcionar. Considere a seguinte hipótese: numa manhã de inverno congelante, você vê sua vizinha Sara carregando uma grande sacola cheia de latas para o centro de reciclagem. Você observa o comportamento de Sara e cria uma narrativa: "Uau, a Sara é incrível! Ela se preocupa com o meio ambiente e está disposta a sacrificar tempo e se esforçar para protegê-lo". Sara emite sinais sociais para os outros de que ela se preocupa com o meio ambiente. Muito provavelmente, a ida dela ao centro de reciclagem também serve como autossinalização positiva; ela poderia ter colocado as latas no lixo, mas, em vez disso, dedicou tempo e esforço para reciclá-las no frio intenso. Ela deve estar muito satisfeita consigo mesma.

Agora, considere a mesma hipótese, só que, desta vez, existe um programa de incentivo à reciclagem de latas de refrigerante: para cada lata de refrigerante que Sara reciclar, ela receberá 5 centavos.

Sua narrativa original de que Sara é incrível continua sendo válida? No primeiro dia dos meus estudos de economia, aprendi que mais dinheiro é melhor do que menos, de modo que o pagamento deve deixar Sara satisfeita e incentivá-la a reciclar mais. O que poderia haver de errado nisso? Bem, com a criação de um ganho financeiro (o efeito econômico), o incentivo mudou os sinais e a história. Sara está fazendo exatamente o que você admirou nela antes, só que agora recebe alguns dólares em troca. Em vez de vê-la como uma ambientalista dedicada, você passou a vê-la como a vizinha mão de vaca. Em outras palavras, o incentivo mudou o sinal social transmitido pela reciclagem.

A presença de incentivos pode mudar não apenas a sinalização social, mas também a percepção que Sara tem de si mesma. Em vez de se sentir bem todas as vezes que vai ao centro de reciclagem, ela agora pode questionar se vale a pena de passar por esse incômodo por um punhado de moedas. Em outras palavras, o incentivo também mudou a autossinalização que a reciclagem transmite.

Descobertas como essa levaram Daniel Pink a declarar, em seu livro *Motivação 3.0 – Drive*, que "muita gente acredita que a melhor maneira de motivar alguém é oferecer algum tipo de recompensa, como prêmios, promoções ou dinheiro. Esta visão está errada".[6] Concordo totalmente que a abordagem é simplista: dinheiro nem sempre é tudo na vida. No entanto, isso não significa que incentivos não deem resultado. O santo graal da concepção de incentivos é fazer com que os sinais transmitidos por eles funcionem e, ao mesmo tempo, reforcem que a autossinalização e a sinalização social estão indo na direção desejada.

Abracadabra?

Imagine acordar uma manhã e se deparar com um e-mail de um de seus heróis. Isso aconteceu comigo em 2012, e eu não poderia ter ficado mais feliz. O e-mail era de Thomas Schelling, um economista lendário que ganhou o Prêmio Nobel em 2005. Ele escreveu:

> Eu estava lendo seu artigo sobre incentivos e me lembrei de uma experiência que tive há sessenta anos. Vivi em Washington de novembro de 1950 até setembro de 1953; trabalhei primeiro na Casa Branca e depois no escritório do Diretor de Segurança Mútua. Todos eram muito animados; todo mundo se sentia envolvido e trabalhava duro.

Com frequência, às sextas-feiras, uma reunião se estendia até por volta das 19h, e o presidente perguntava se todos preferiam ficar mais uma ou duas horas ou retomar a reunião no sábado de manhã. Havia muitas pessoas com filhos pequenos que diziam, em tom apologético, que não podiam ficar até mais tarde, mas que sábado de manhã, por volta das 9h, tudo bem. Os demais sempre concordavam. Assim, passamos dezenas de sábados em reuniões interagências.

Um dia, em 1952, fomos informados sobre uma decisão do presidente de que, daquele momento em diante, qualquer um que trabalhasse no sábado seria recompensado com pagamento de horas extras. Acredito que houvesse algum procedimento para comprovar a necessidade, mas acho que eu jamais soube qual era, porque nunca mais participei de uma reunião aos sábados, nem qualquer outra pessoa, até onde sei.

Acho que isso ocorreu por dois motivos. Um deles foi que todos nós estávamos tão motivados e entusiasmados com o trabalho que a ideia de sermos remunerados tirou a emoção heroica da situação. O outro foi que não queríamos que pensassem que o pagamento de horas extras fosse o motivo da nossa empolgação para trabalhar no sábado.

A história de Schelling está repleta de percepções importantes que podemos explorar sobre o comportamento com relação a incentivos. Com base em histórias como essa e em anos de pesquisa rigorosa, este livro fará exatamente isso. No entanto, antes de começarmos, vamos relembrar o que constitui um incentivo? Em termos simples, um incentivo é uma ferramenta para motivar pessoas a fazerem algo que elas não fariam sem ele.

A discussão em torno de esquemas de incentivo costuma ser bastante acalorada. Os alunos devem receber incentivos para frequentar a escola, ler ou tirar notas mais altas? As pessoas devem receber incentivos para reciclar mais, doar sangue ou ser cidadãos melhores de maneira geral? As empresas devem usar incentivos para reduzir o tabagismo, estimular a prática de exercícios físicos ou criar hábitos melhores entre os funcionários?

Algumas pessoas acreditam que basta dar incentivos a alguém e – abracadabra! – o sucesso acontecerá num passe de mágica. Não é tão simples assim. Embora o comportamento seja, sim, moldado por incentivos, não se trata de mágica. Às vezes, eles transmitem sinais trocados e provocam o contrário do que foram projetados para fazer. Outras pessoas são profundamente contrárias aos esquemas de incentivo, pois os consideram imorais e até mesmo repreensíveis. Para elas, incentivos são instrumentos de manipulação usados por empresas mal-intencionadas com o objetivo de enganar trabalhadores e os levar a comprar coisas que não desejam ou das quais não precisam.

Minha visão é diferente. Incentivos não são intrinsecamente bons ou maus. É a forma como escolhemos usá-los que é moral ou não. Eles decerto podem ser usados para viciar crianças em cigarros, mas também podem para salvar vidas. Da mesma forma que estatísticas e econometria não são, em si mesmas, morais ou imorais, mas apenas ferramentas úteis, os incentivos também não.

Uma ressalva antes de começarmos: não é porque os incentivos são poderosos que devemos aceitá-los como mestres inquestionáveis. Pense em um pai ou uma mãe solteira que perde o emprego e, com ele, o seguro de saúde do filho. Esse pai ou mãe estará muito motivado a encontrar outro emprego, mais do que se o seguro do filho não tivesse sido afetado. Mas será que essa busca intensificada por emprego realmente vale o custo? É certo colocar em risco a saúde e o bem-estar de uma criança com o fim de incentivar as pessoas? Acredito muito fortemente que toda criança merece ter acesso total ao sistema de saúde, independentemente de sua origem e circunstâncias. Embora o fornecimento de atendimento médico gratuito para crianças possa ser um incentivo ruim para pais em busca de emprego, é, na minha opinião, a coisa certa a fazer. Por mais poderosos que os incentivos sejam, eles não devem ser o único elemento a ser considerado na criação de políticas.

Meu trabalho sobre incentivos, apresentado ao longo do livro, abrange uma ampla gama de tópicos, desde o aumento do número de acessos a um site até a melhoria da retenção de funcionários, a diminuição da prática de mutilação genital feminina no povo Maasai, no Quênia, ou a compreensão da razão pela qual estudantes estadunidenses talvez não sejam tão ruins em matemática quanto pensamos. Como você verá, os incentivos são importantes por razões diversas e, às vezes, inesperadas.

Executivos, pais, professores, amantes – somos todos peões no jogo dos incentivos. Aqueles que entendem as regras do jogo terão vantagem. Os princípios-chave deste livro se infiltrarão não apenas em seu trabalho, mas também em sua vida pessoal. Você pode até descobrir o segredo para se motivar e, finalmente, alcançar alguns daqueles objetivos pessoais que tem há tanto tempo, como se exercitar mais, tirar mais férias ou ser mais produtivo.

Este livro não é, de forma alguma, um "abracadabra". Contudo, escrevo-o na esperança de que, após a leitura, você tenha as ferramentas necessárias para criar incentivos muito eficazes e, ao mesmo tempo, evitar erros potencialmente prejudiciais.

PARTE UM
Como os sinais conquistam os mercados

Sinais certos podem cativar consumidores e conquistar mercados, enquanto sinais errados podem ter efeitos negativos e levar a resultados adversos. Essa lição é bem ilustrada por um episódio do seriado de comédia *Seinfeld*[1] no qual Jerry lembra que o aniversário de Elaine está chegando e precisa decidir o que dar de presente para ela. Dada a relação romântica passada entre os dois, ele avalia com muito cuidado o simbolismo de cada presente em potencial e sofre para fazer uma escolha. O aniversário finalmente chega, e Jerry entrega um embrulho para Elaine, que fica eufórica com a surpresa. À medida que desembrulha o presente, o sorriso dela rapidamente se transforma em um olhar de desconfiança e então em uma careta. "Dinheiro? Você está me dando dinheiro?", questiona retoricamente Elaine. "Você é meu tio, por acaso?" Enquanto Jerry tenta explicar os 182 dólares de presente, Kramer entra e também dá seu presente, um banquinho que Elaine já queria. Ela abraça Kramer emocionada, o que deixa Jerry perplexo.

Por que um presente generoso de 182 dólares, em dinheiro, decepcionou Elaine, enquanto um banquinho que valia muito menos a deixou muito mais feliz? Jerry ponderou sobre o sinal que seu presente transmitiria, mas fez uma escolha ruim. Elaine queria um presente que sinalizasse que Jerry tinha pensado muito em sua escolha, porém o dinheiro sinalizou o exato oposto: ele foi preguiçoso e desatencioso. Por outro lado, Elaine adorou o presente econômico de Kramer porque sinalizava carinho e consideração.

Todos nós cometemos erros como o de Jerry. Muitas vezes, ficamos focados demais no valor aparente de nossa ação ou de nosso produto e acabamos ignorando os sinais relevantes que estamos transmitindo. Quais são os sinais certos e como podemos aproveitá-los para obter resultados desejáveis? Nos próximos capítulos, daremos um mergulho no mundo dos sinais: discutirei os tipos de sinais e depois, por meio de diversos exemplos intrigantes da vida real, mostrarei o poder daqueles eficazes e os resultados terríveis dos ruins. Muitas vezes, o que separa a vitória do desastre são apenas sinais eficazes.

1

Sinais convincentes

Jim, meu contador, é cheio de energia. Estamos em 8 de abril, uma semana antes da data final para a entrega da declaração do imposto de renda, e ele tem reuniões consecutivas com clientes procrastinadores como eu, que ignoram solenemente seus impostos até o prazo derradeiro. Enquanto Jim preenche meus formulários com rapidez impressionante e um sorriso no rosto, observo os diplomas de contador público pendurados na parede. Percebo que, entre eles, há fotos de Jim numa enorme motocicleta percorrendo belas estradas nas montanhas. Olho para as fotos e depois para Jim, um homem de 43 anos, com cabelos pretos salpicados de fios grisalhos, sentado em seu escritório, no 14º andar, com vista para o centro de San Diego. Tentando conciliar as duas imagens, pergunto-lhe como ele mantém um ritmo tão intenso durante esse período estressante de abril, com a esperança de que me conte um pouco de sua vida dupla. Estou com sorte: "Daqui a algumas semanas, vou tirar minhas férias anuais", responde ele, com um brilho no olhar. O homem tem tudo planejado: vai tirar a poeira de sua Harley-Davidson, conferir se a jaqueta de motociclismo ainda lhe serve, comprar botas novas, raspar a cabeça... e fazer uma tatuagem no pescoço.

Se algum dia você vir Jim e seus amigos entrando em um bar em uma de suas folgas, saberá imediatamente que, embora dirijam motos de alta qualidade, não são "motociclistas". Jim não vai fazer uma tatuagem no pescoço de verdade, nem vai se afiliar aos Hells Angels. Eles não o aceitariam mesmo se ele quisesse. Você não pode ser um Hells Angel durante um mês e depois voltar para a bela vista de seu escritório no centro da cidade como se nada tivesse acontecido.

A cultura Harley-Davidson é difícil de imitar. Para os motociclistas, suas Harleys são um estilo de vida, não um simples passatempo – eles são Harley até a raiz dos cabelos. Usam camisetas da Harley, jaquetas da Harley, botas da Harley, anéis da Harley... Só que Jim tem todas essas coisas. É perceptível o quanto ele e os amigos amam suas motos Harley, da mesma forma que os motociclistas "autênticos". Sendo assim, como é possível distinguir os autênticos motociclistas Harley daqueles que, como Jim, adotam a cultura somente durante um mês por ano?

Você precisa daquilo que os economistas chamam de uma "sinalização custosa": qualquer informação que permita que agentes (por exemplo, funcionários ou empresas) comuniquem de maneira *convincente* seus valores, habilidades ou preferências. No caso dos motociclistas, esse sinal deve ser algo que apenas os autênticos estariam dispostos a fazer. Bens materiais, como jaquetas e botas, transmitem sinais fracos, pois muitas pessoas podem simplesmente comprá-los. Jim é um exemplo. Cobrir-se de tatuagens, por outro lado, transmite um sinal muito mais forte. Se você fosse um motociclista "autêntico", faria tatuagens para expressar sua identidade – não a identidade temporária de férias, mas a do dia a dia. Uma tatuagem é um bom sinal para a entrada no clube da cultura motociclista, porque tem um custo alto demais para os "falsos" que pretendem retornar à vida no escritório. Podemos imaginar como o chefe de Jim reagiria se ele chegasse, um dia, com uma caveira alada tatuada no pescoço. Para um motociclista Harley autêntico, aquele que de fato faz a tatuagem, há uma utilidade direta em ser visto e reconhecido como parte da cultura motociclista.

A decisão de incentivos do Jim é representada na árvore de jogo a seguir. Colocando em contexto, árvore de jogo é uma ferramenta da teoria dos jogos para identificar e explicar como os incentivos podem mudar uma situação. Ela ajuda a organizar nossos pensamentos com relação às decisões que precisamos enfrentar. Vou usá-la ao longo deste livro. Vamos começar entendendo, de fato, a decisão de Jim.

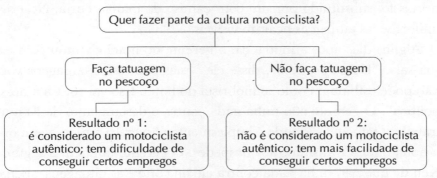

Fazer uma tatuagem no pescoço como sinal digno de crédito: utilidade de motociclista. Para quem se importa muito com a cultura motociclista, Resultado nº 1 > Resultado nº 2 → fazer tatuagem no pescoço. Caso contrário, Resultado nº 1 < Resultado nº 2 → não fazer tatuagem.

Os autênticos motociclistas Harley optam pelo Resultado nº 1 – fazem a tatuagem no pescoço, a qual transmite um forte sinal de que são genuínos. Escolhas reversíveis, como um corte de cabelo, não transmitem um sinal tão convincente. Como Henry Farrell explicou ao *Washington Post*: "Isso significa que penteados e tatuagens são tipos de sinal diferentes. Os penteados, mesmo os mais extravagantes e estranhos, beiram o 'papo furado'. Se um hipster com um determinado penteado muda de ideia e decide procurar um emprego convencional e monótono, tudo o que ele precisa fazer é cortar o cabelo. As tatuagens são muito mais difíceis de apagar, o que significa que são sinais muito mais custosos".[1]

Ken, um dos meus alunos de MBA, me contou sua história envolvendo tatuagem no local de trabalho. Durante a graduação na Universidade de Nova York, ele trabalhou como manobrista em um hotel chique da cidade. O uniforme dos funcionários do estacionamento era preto e tinha mangas compridas que cobriam as tatuagens em seu braço direito. Tudo correu bem no inverno: Ken ganhou um bom dinheiro (sobretudo por causa das gorjetas) e se saiu bem no trabalho. Mas logo o tempo em Nova York esquentou, e o uniforme dos manobristas foi substituído por um com camisa de manga curta. No novo uniforme, as tatuagens ficaram visíveis.

Alguns dias após a mudança, o gerente do hotel chamou Ken em sua sala. "Desculpe, Ken", disse ele, "mas com essas tatuagens você não pode trabalhar como manobrista do hotel. Isso vai contra a nossa política". O gerente não tinha nada contra o desempenho de Ken no trabalho; tatuagens grandes simplesmente não eram a mensagem que o hotel queria transmitir aos hóspedes. O gerente também assegurou Ken de que não tinha nada contra ele ou contra as tatuagens, apenas contra exibi-las na entrada do hotel. Ele até ofereceu a Ken um emprego na cozinha, onde os hóspedes não veriam as suas tatuagens. A história de Ken não é única, o que demonstra o forte poder de sinalização das tatuagens.

Observe que os sinais podem mudar de significado ao longo do tempo. Há quarenta anos, muitos lugares não contratariam um homem que não usasse gravata; já visitei escritórios no Vale do Silício nos quais uma gravata, hoje, rotularia o indivíduo como totalmente ultrapassado. Da mesma forma, um piercing no nariz poderia barrar o acesso a um emprego há vinte anos; atualmente, muitos lugares mal notariam um piercing elegante no nariz. O mesmo vale para tatuagens. Não faz muito tempo, elas eram quase restritas a marinheiros e prisioneiros. Em contraste, hoje, muitas pessoas jovens "normais" exibem tatuagens em partes visíveis do corpo. Os sinais podem mudar ao longo do tempo.

Fazer ou não uma tatuagem não é a única decisão que afeta o sinal. A localização dela também altera o sinal transmitido. Se Ken tivesse feito uma tatuagem nas costas, ela não teria qualquer impacto sobre o trabalho de manobrista, já que os hóspedes não a veriam. E quanto a tatuagens em outras partes do corpo – que sinais elas transmitem? Vou deixar a ilustração a seguir, com três localizações diferentes de tatuagem, falar por mim.

Tatuagens diversas.

Os sinais são uma ferramenta valiosa para comunicar informações privadas nas quais os outros podem não acreditar com base apenas na sua fala. Falar é fácil – você pode estar simplesmente fingindo. Os sinais não apenas transmitem mensagens, mas também as tornam convincentes. Esse valor não se limita às preferências de estilo de vida dos motociclistas. Digamos, por exemplo, que você queira contratar alguém para trabalhar em sua empresa. Ler pilhas de currículos e conduzir infindáveis entrevistas pode revelar algo sobre as reais habilidades ou o caráter dos candidatos, porém eles podem dissimular, assim como Jim com seus produtos da Harley. Como resultado, mesmo após as entrevistas mais excepcionais, os empregadores têm boas razões para permanecer céticos, pelo menos até que os candidatos sinalizem algo mais convincente.

Em 1973, Michael Spence criou um modelo seminal de sinalização para tais situações de mercado de trabalho, o qual lhe rendeu o Prêmio Nobel.[2] O modelo de Spence mostrou que um candidato pode sanar situações de informações assimétricas – em que ele sabe que é bom, mas o empregador em potencial não sabe – por meio de sinais convincentes que revelem informações importantes sobre si de maneira crível.

Como saber se tal sinal representa os verdadeiros valores, preferências e habilidades de um candidato? Algumas informações são fixas e não podem ser manipuladas por ele e, portanto, não servem como uma mensagem valiosa sobre suas habilidades. Idade, raça ou gênero são alguns exemplos. Os sinais, por outro lado, são informações que podem ser moldadas pelas características e escolhas controláveis do candidato. Spence usou a formação acadêmica como exemplo de um sinal, no currículo do candidato, que diria algo mais profundo sobre ele. Seu modelo inclui dois tipos de candidatos: o tipo "bom" e o tipo "ruim". O tipo bom é o funcionário com grandes habilidades que todos procuram. O empregador não pode dizer o tipo dos candidatos apenas pela leitura de uma carta de apresentação ou até mesmo após uma entrevista. Contudo, os candidatos podem sinalizar suas verdadeiras habilidades por meio do nível de instrução em seu currículo. Investir em instrução de qualidade e alto nível sinaliza, de maneira convincente, que o candidato é do tipo bom, e os empregadores estão dispostos a pagar um salário mais alto para um candidato que tenha feito esse investimento. Como ocorre com qualquer modelo, trata-se de uma simplificação. Os sinais são usados como regras gerais na tomada de decisões de contratação e podem induzir os tomadores de decisão a cometer erros.

Por que investir em um bom ensino é um sinal convincente? Porque é algo difícil de realizar. É necessário investir tempo, esforço e dedicação nesse objetivo de longo prazo. Esse investimento em instrução é menos custoso para o candidato do tipo bom do que para o tipo ruim porque, por definição, o tipo bom é mais inteligente e está mais disposto a trabalhar duro. A instrução é menos desgastante e mais recompensadora para ele do que para o tipo ruim, que, provavelmente, a considera muito difícil ou demorada. Nesse modelo, o aumento esperado no salário, no futuro, justifica o investimento inicial em instrução apenas para o tipo bom de candidato, enquanto tal investimento é custoso demais para o tipo ruim. Como resultado, o empregador conhece algo importante sobre o candidato que investiu na própria formação acadêmica. Ela tem um valor de sinalização convincente porque apenas bons candidatos a obtêm.

Obter instrução não é o único tipo de ação passada que pode ser um sinal relevante. Imagine que um dos candidatos que você está entrevistando seja ex-integrante dos SEALs.* O treinamento inicial é árduo, e é ainda mais difícil, tanto física quanto mentalmente, continuar, terminar a formação e se tornar um integrante dos SEALs da Marinha. Entre aqueles que conseguem, alguns têm muito mais dificuldades do que outros, dependendo do tipo a que pertencem. Portanto, mesmo que a descrição do cargo para o qual alguém está candidatando não inclua tarefas extremamente especializadas, como desembarcar em locais remotos e combater inimigos, ser um ex-integrante dos SEALs da Marinha revela algo fundamental sobre o caráter do candidato que os empregadores talvez considerem relevante e valioso.

Indicar o nível de instrução ou de treinamento militar é claramente uma maneira muito diferente de sinalizar informações privadas do que fazer uma tatuagem. A dez minutos de carro da minha casa em San

---

* Nota da Tradutora: Os SEALs (Sea, Air and Land) são integrantes das forças especiais da Marinha estadunidense.

Diego, existe mais de uma dezena de estabelecimentos que ficariam muito satisfeitos em me tatuar pelo preço de uma refeição. No entanto, o custo de uma tatuagem vai muito além de seu valor monetário se ela não se encaixa em seu estilo de vida. Portanto, como discutimos, fazer uma tatuagem revelaria de maneira convincente suas preferências. A credibilidade que é criada ao se investir em algo como instrução acadêmica resulta do fato de que esta é difícil e demorada; ter investido nela sinaliza algo valioso sobre suas habilidades e seu caráter.

LIÇÃO: os sinais são uma maneira convincente de informar valores, habilidades e preferências.

2

Como a Toyota conquistou o mercado dos carros híbridos

No Capítulo 1, discutimos como um indivíduo pode sinalizar informações de forma convincente. Como uma grande organização ou empresa pode usar a seu favor suas percepções sobre a sinalização? Será que a organização que sabe que os indivíduos usam sinais para revelar preferências, habilidades e características é capaz de transformar essa constatação em uma estratégia lucrativa? Foi o que a Toyota fez no início dos anos 2000.

Em 1999, com um intervalo de poucos meses, a Toyota e a Honda lançaram carros híbridos no mercado dos Estados Unidos. Muito aguardados, foram os primeiros carros híbridos de produção em massa. Embora tenha havido certa competição no início, a Toyota conquistou o mercado em poucos anos e fez do seu Prius um dos carros mais vendidos de todos os tempos. O híbrido da Honda não teve o mesmo sucesso. Como a Toyota convenceu tantos clientes a comprar um carro híbrido? E por que a Honda falhou?

A vantagem de comprar um carro ruim

Os primeiros carros híbridos eram ruins em quase todos os aspectos, exceto no consumo de combustível. Eram mais caros e ofereciam menos velocidade, aceleração, conforto e segurança que os carros não híbridos de preço semelhante no mercado. Seria de se esperar que um carro tão ruim não ajudasse a Toyota a conquistar clientes. No entanto, embora essas deficiências certamente representassem desafios, também apresentavam uma oportunidade, porque ter um carro ecologicamente correto, apesar de objetivamente "ruim", enviava um forte sinal sobre as preocupações ambientais do motorista. Os consumidores que decidiram comprar carros híbridos logo em seu surgimento deixavam claro que estavam preocupados com o meio ambiente e dispostos a pagar mais por menos para ajudar a preservá-lo. Caso contrário, por que sacrificariam seu conforto e segurança? Da mesma forma que o investimento em instrução, a relação custo-benefício de um carro híbrido era alta, sendo o principal benefício ajudar o meio ambiente. Ao optar por comprar um Prius, os consumidores estavam anunciando para si mesmos e para o mundo que eram pessoas dispostas a fazer um grande sacrifício pela natureza. O jogo original de incentivo para os híbridos está apresentado na árvore de jogo a seguir.

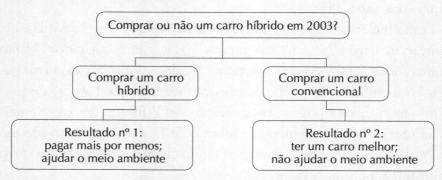

Comprar um carro híbrido como um sinal digno de crédito: utilidade do comprador. Para quem se preocupa com o meio ambiente, Resultado nº 1 > Resultado nº 2 → comprar um carro híbrido. Caso contrário, Resultado nº 1 < Resultado nº 2 → comprar um carro convencional.

Hoje, comprar um Prius deixou de transmitir esse tipo de sinal – ao menos na mesma intensidade que os primeiros modelos híbridos transmitiam. O Prius se tornou um carro competitivo, mesmo no mercado de carros não híbridos, e oferece um bom pacote que os clientes podem considerar desejável, independentemente de suas inclinações ambientais. Por exemplo, um motorista da Uber pode achar que um Prius possibilita uma economia considerável em combustível e ainda oferece conforto e confiabilidade. Sendo assim, muitas pessoas hoje podem optar por comprar um Prius mesmo que não se importem muito com o meio ambiente. Considerando-se que, atualmente, os consumidores não precisam fazer um grande sacrifício em termos de segurança e conforto ao comprar um Prius, o poder da sinalização ambiental é enfraquecido pelas novas vantagens do carro. Se você não se convenceu, pense no sinal que envia a pessoa que compra um Tesla – será que a questão se resume ao meio ambiente?

Política do Prius: exiba seu carro ruim

Apesar da qualidade inferior dos primeiros carros híbridos, a capacidade de sinalizar, de forma convincente, a postura ambiental criou um forte incentivo para comprá-los. E, uma vez que muitos estavam dispostos a comprar esses carros ruins apenas para fazer tal declaração, surgiu um mercado explorável. Como vimos, o Prius deu à Toyota uma vantagem tangível ao longo de muitos anos no mercado de carros híbridos. O que, então, a Toyota fez que a Honda não fez?

Primeiro, vamos dar uma olhada rápida nas vendas das empresas. O gráfico a seguir apresenta as vendas nos Estados Unidos (os números globais foram semelhantes) dos carros híbridos da Toyota e da Honda entre 2000 e 2010.[1]

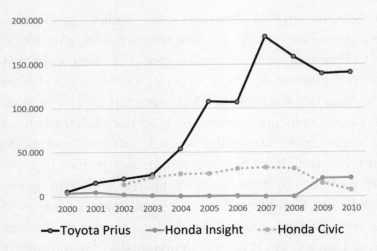

Vendas de carros híbridos da Honda e da Toyota nos Estados Unidos, entre os anos 2000 e 2010. O eixo vertical apresenta o número de carros vendidos por ano.

Como podemos ver, demorou algum tempo para as vendas aumentarem em ambas as empresas. O primeiro híbrido da Honda foi o Insight, um carro pequeno, de dois lugares, que nunca vendeu bem. A Honda concluiu que os compradores potenciais não gostaram do modelo de dois lugares e introduziu seu novo carro híbrido, baseado no Honda Civic, seu modelo mais vendido. A razão por trás dessa escolha foi intuitiva, e essa decisão de projeto também facilitou a vida dos engenheiros: partir de um modelo existente e simplesmente modificá-lo torna a vida muito mais fácil ao longo da cadeia de suprimento.

A Toyota, por outro lado, escolheu uma estratégia diferente e que se mostrou decisiva. A primeira geração do Prius, produzida entre 1997 e 2003, foi projetada com base no Corolla, um dos carros mais vendidos da marca. A segunda geração do Prius apresentou melhorias em diversos aspectos, e uma mudança crucial a impulsionou ao sucesso.

Em vez de fazer o carro parecer um sedã comum, com apenas uma placa pequena na traseira para demonstrar que era híbrido, o Prius foi redesenhado com a aparência singular que todos conhecemos hoje. Quando você entra no estacionamento do trabalho com o novo Prius, todo mundo sabe que você é dono de um híbrido. Essa singularidade é extremamente importante para quem compra um carro com o intuito de sinalizar que se importa com o meio ambiente. Afinal, de que adianta sinalizar para os outros se eles não percebem o sinal? Uma placa pequena não transmite um sinal muito forte, já que os receptores da informação simplesmente não a notam – ela não é muito útil como sinal. Uma aparência completamente redesenhada, por sua vez, não passa despercebida por ninguém.

Se você não se convenceu de que os proprietários do Prius sabem exatamente o que estão fazendo, dê uma olhada no adesivo de vinil que vi em um Prius em frente à minha casa.

Um proprietário orgulhoso de seu Prius.

Os proprietários do Prius *gostam* do fato de que seu carro é único e diferente do que a maioria considera "massa". Quando outras pessoas veem um Prius, elas pensam que somente alguém que realmente se importa com o meio ambiente gastaria dinheiro em um carro assim.

Conforme demonstrado no gráfico, o aumento nas vendas veio com a segunda geração do Prius, lançada em 2003. Claro, o carro era melhor que a primeira geração dele, mas o Honda Civic também era, em comparação com o Insight. No entanto, apenas uma pequena parcela dos compradores de híbrido optou pelo Honda Civic. Eles queriam o Prius com sua aparência singular – queriam ser notados.

Essa percepção foi confirmada em 2007, quando o *New York Times* citou uma pesquisa realizada pela CNW Marketing Research, da cidade de Bandon, no Oregon. O estudo constatou que 57% dos compradores do Toyota Prius afirmaram que o haviam adquirido porque "ele expressa algo sobre mim". Apenas 36% responderam que compraram o carro em virtude do baixo consumo de combustível e ainda menos (25%) mencionaram as baixas emissões. O artigo foi intitulado "Diga 'híbrido' e muitas pessoas entenderão 'Prius'" e acertou em cheio. A autora, Micheline Maynard, começou o artigo com um enigma: "Por que o Toyota Prius obteve tanto sucesso enquanto a maioria dos outros modelos híbridos têm dificuldade em encontrar compradores?" Sua resposta: os compradores queriam que o mundo soubesse que estavam dirigindo um híbrido.[2]

Maynard entrevistou pessoas sobre a escolha do Prius para fundamentar seu argumento. Ela recebeu respostas similares de lado a lado:

> Faço questão que as pessoas saibam que me preocupo com o meio ambiente.
> *(Joy Feasley – Filadélfia, Pensilvânia)*

> Senti que o Camry Hybrid era sutil demais para a mensagem que eu desejava transmitir. Eu queria ter o maior impacto possível, e o Prius transmite uma mensagem mais clara.
> *(Mary Gatch – Charleston, Carolina do Sul)*

E não eram apenas pessoas comuns que se sentiam assim:

> O Prius permitiu, pela primeira vez na história, que você usasse o carro para assumir uma postura ecológica.
> *(Dan Becker, chefe do programa de aquecimento global do Sierra Club – San Diego, Califórnia)*

Em 2017, Robert Samuelson, do *Washington Post*, chamou esse fenômeno de "Política do Prius", argumentando que as pessoas compravam o Prius mais para se exibir do que para reduzir a poluição.[3] No mesmo ano, o CEO da Honda admitiu que "lançar um Civic Hybrid com pouca diferenciação visual dos Civics mais convencionais foi um erro" – e, com isso, a Toyota venceu a competição dos carros híbridos.

LIÇÃO: levar os sinais em consideração pode atrair clientes e fazer a diferença em um mercado competitivo.

3

Esse é apenas o meu jeito de ser: o valor da autossinalização

O fato de que o sinal do Prius era flagrantemente visível tornava-o valioso – mais valioso que o sinal quase invisível transmitido pela compra de um híbrido da Honda. Lembre-se da distinção entre os dois tipos de sinalização discutidos na introdução: *autossinalização* e *sinalização social*. Até agora, abordei mais a sinalização social, uma maneira de melhorar a própria imagem social – o que os outros pensam de nós. No entanto, muitas de nossas escolhas são motivadas por considerações oriundas da autossinalização. Frequentemente, obtemos utilidade positiva, ou satisfação, dos sinais que transmitimos para nós mesmos, por meio de ações que indicam que somos pessoas boas.

A autossinalização e a sinalização social interagem de maneira interessante e pouco perceptível. Como sempre, a maneira mais clara de estudar essas interações é pelas experiências. Ayelet Gneezy, Gerhard Riener, Leif Nelson e eu organizamos uma série de experiências para tentar entender como os sinais interagem.[1] Uma delas foi conduzida em um restaurante paquistanês, o Der Wiener Deewan, localizado no centro de Viena. O aspecto singular desse restaurante é seu modelo de cobrança, "pague quanto quiser" (PQQ). Em outras palavras, quando os clientes terminam de comer, escolhem quanto vão pagar pela refeição; podem até mesmo não pagar nada.

Antes que você comece a questionar esse modelo de negócios, deixe-me assegurar que ele funciona – pelo menos até certo ponto. Muitas empresas e organizações já utilizaram esse plano no passado. A banda Radiohead, por exemplo, lançou seu álbum *In Rainbows* por meio de um sistema PQQ em seu site e obteve um sucesso estrondoso – o álbum entrou na parada da *Billboard* em primeiro lugar e vendeu milhões de cópias no mundo inteiro, gerando mais lucro que as vendas totais do álbum anterior da banda, antes mesmo do lançamento físico do álbum.[2]

Inspirados nesse esquema de cobrança, os proprietários do restaurante introduziram o PQQ para atrair novos clientes quando inauguraram. Nas primeiras semanas, eles descobriram que os pagamentos correspondiam aproximadamente às expectativas de um cardápio de preço fixo e, portanto, decidiram manter o sistema. No início, o pagamento médio variava entre 5,50 e 7 euros (parecido com o dos restaurantes similares nas redondezas) e depois caiu um pouco. No entanto, a queda no pagamento médio foi compensada pelo aumento no número de clientes, que pareciam gostar do sistema de preços PQQ e chegavam em bandos, o que gerou um leve aumento de receita.

Três meses antes de entrarmos em cena, o pagamento mediano era de 5 euros, com um mínimo de zero (o que ocorria três ou quatro vezes por dia, se tanto) e um máximo de 50 euros (o que aconteceu uma vez, pago pelo gerente de uma empresa de comunicações local situada em um prédio próximo, que escreveu na conta: "É o que se faz em lugares desse tipo, salvo engano"). Em geral, os clientes pagavam individualmente ao garçom. Nos raros casos em que uma pessoa pagava por uma mesa inteira, o proprietário dividia a quantia igualmente pelo número de pessoas para obter uma estimativa do pagamento individual. Esse restaurante é apenas uma demonstração de que o PQQ pode ser sustentado por um período extenso. A maioria dos clientes simplesmente não parecia disposta a sair do Der Wiener Deewan sem pagar. Por quê? A resposta provável é que, ao pagar por algo, eles se importavam com os sinais que transmitiam, tanto para si mesmos quanto para os outros.

Para testar a sinalização social e a autossinalização e separá-las uma da outra, realizamos um experimento de campo. Os experimentos são uma ferramenta importante na pesquisa comportamental. Enquanto os experimentos de laboratório são conduzidos em um ambiente "limpo", que tenta tornar abstrato o cenário naturalista, os de campo testam nossas teorias "na vida real". Ao planejar experimentos de campo, procuramos executar nossos estudos em ambientes naturalistas e usamos participantes que não estão cientes de que suas decisões estão sendo estudadas. Assim, conseguimos atingir a população de interesse em seu ambiente natural, o que resulta em descobertas mais aplicáveis ao contexto relevante.

Nosso experimento de campo consistiu em dois tratamentos, que variavam caso o pagamento fosse feito de forma anônima ou observada. No tratamento "observado", os clientes preenchiam um questionário e, no balcão, juntamente com o pagamento, o devolviam ao garçom, que lidava com o dinheiro e os questionários. O garçom foi instruído e treinado para tratar todos os clientes de forma idêntica e registrar no questionário o valor pago. O processo de decisão era o seguinte:

Almoçar → Preencher um questionário → Entregar questionário e pagamento ao *garçom*

No tratamento "anônimo", os clientes também recebiam o questionário e decidiam o quanto pagariam. Porém, antes de sair, colocavam o pagamento em um envelope e o depositavam em uma caixa perto da entrada, junto com o questionário.

Almoçar → Preencher um questionário → Colocar questionário e pagamento em um *envelope lacrado*

No tratamento observado, os clientes pagaram, em média, 4,66 euros. Uma explicação simples para o motivo pelo qual pagaram é que eles se preocupavam com sua imagem social – não queriam parecer mesquinhos na frente da pessoa que coletava o dinheiro. Em outras palavras, ao pagar uma quantia razoável, sinalizavam para os outros que eram pessoas boas e, assim, melhoravam sua imagem social.

Como agiram os clientes no tratamento anônimo? Nesse tratamento, uma sinalização para os outros claramente não estava em jogo. Oras, se ninguém está vendo quanto você paga, a quantia não agrega valor à sua imagem social. Como resultado, seria esperado que, se os clientes se importassem apenas com a sinalização social, não pagariam nada.

Autossinalização: eu sou uma boa pessoa?

Mas e se eles também se importarem com a autoimagem? Almoçar bem e sair sem pagar talvez os faça se sentir mal, porque não querem se ver como o tipo de pessoa que se aproveita da generosidade do restaurante. Ao praticar a autossinalização, eles talvez paguem, ainda que seus pagamentos não sejam notados.

Nosso projeto experimental nos permitiu separar as interações entre a sinalização social e a autossinalização e observá-las em ação. O tratamento observado nos permitiu analisar o efeito combinado dos dois tipos de sinais, enquanto o tratamento anônimo nos ajudou a isolar as questões sobre autoimagem. Com base nesse projeto, podemos comparar esses dois tratamentos e então descobrir se esses sinais se reforçam. Tire um segundo para pensar e dar um palpite. Será que os clientes "anônimos" pagaram menos quando não precisaram se preocupar com a pressão social? Se simplesmente presumirmos que essas duas forças se reforçam mutuamente, é de se esperar que, no tratamento anônimo, as pessoas também paguem, mas menos que no tratamento observado.

A realidade foi que os clientes no tratamento anônimo pagaram *mais* que os no tratamento observado. Em outras palavras, os clientes pagaram mais quando não estavam sendo observados – um aumento estatisticamente significativo de 0,71 euro, em média. A partir disso, podemos claramente rejeitar a noção de que os clientes pagam menos quando não estão sendo observados.

Mas por que eles pagaram mais nos pagamentos anônimos? Nosso resultado não apenas comprova a hipótese de que as pessoas com frequência pagam para melhorar a autoimagem, mas também demonstra que os dois sinais (autossinalização e sinalização social) não se "somam" simplesmente. Uma vez que ambos incentivam os clientes a dar mais, é fácil fazer a suposição errônea de que, quando ambos estão presentes, o efeito será sempre mais forte e os clientes darão ainda mais. Descobrimos que essa suposição nem sempre é consistente com o comportamento. Quando os dois sinais funcionam em conjunto, eles podem interagir entre si e, consequentemente, mudar de valor. Se o funcionário observa seu pagamento, você quer sinalizar a ele que é uma pessoa boa ao pagar uma quantia razoável. No entanto, ser observado pelos outros reduz o valor da autossinalização. Quando você é observado, sente que está pagando, em parte, para impressionar o funcionário, e, portanto, esse sinal para os outros não serve como reforço de sua autoimagem. Você não sente que está pagando por ser uma pessoa legal, mas porque precisa, senão os outros pensarão mal de você. Por outro lado, quando ninguém observa o quanto você paga, a autossinalização pode ser mais forte. Você está pagando mesmo que ninguém esteja observando; assim, sua autoimagem recebe o benefício pleno de sua generosidade.

Autoexpressão

Nossos resultados demonstraram que os sinais nem sempre se somam. Enviar um sinal social pode reduzir o valor da autossinalização, e esta, por si só, talvez seja mais poderosa, o que explica por quê, em nosso experimento, adicionar a sinalização social reduziu o pagamento total. No entanto, o Toyota Prius não sofreu desse problema; no caso dele, os sinais sociais não suplantaram a autossinalização, mas se somaram a ela. No artigo "Toyota Prius – Autoexpressão veicular", o especialista em branding Brad VanAuken discute que a aparência exclusiva do Prius era importante para quem estava usando a marca como declaração de autoexpressão. Os profissionais de marketing usam o termo *autoexpressão* para combinar os dois tipos de sinalização que acabamos de discutir. VanAuken testificou: "Ao dirigir meu primeiro Prius, sempre me divertia quando parava ao lado de um Hummer em um semáforo. Olhava com ar de superioridade para o motorista do Hummer e pensava: 'Você é um gastador de combustível, você é uma pessoa egoísta e perdulária'. Como profissional de marketing que entende sobre marcas autoexpressivas, ao mesmo tempo eu imaginava que ele estava olhando para mim e pensando: 'Você é um bobo, todo preocupado com o meio ambiente; eu poderia esmagar seu carro como se fosse um inseto'. [...] Ou talvez ele pensasse que eu era um 'eco-chato' ou que não tinha condições de comprar um carro como o dele".[3]

O típico proprietário de Prius apreciava dois aspectos do veículo. Primeiro, ele se sentia melhor consigo mesmo (autossinalização). Segundo, era um membro feliz do clube Prius, que se sentia no direito de zombar dos membros do clube Hummer (sinalização para os outros). Combinar os dois sinais é comum tanto na sociologia quanto no marketing; em termos simples, temos necessidade de autoexpressão, e essa necessidade é alimentada por um desejo pelos dois sinais. Usamos muitas de nossas escolhas – o que vestimos, o que comemos ou o que dirigimos – como oportunidades para a autoexpressão.

No entanto, ao considerar o uso de incentivos, é importante separar os sinais da autossinalização e os de sinalização social. Conforme demonstrado por nosso experimento no restaurante, os sinais nem sempre se somam e podem prejudicar o próprio objetivo se forem usados sem uma avaliação criteriosa. Preste atenção ao ambiente de incentivos, pois a interação entre os dois sinais, seja aditiva ou conflitante, depende do contexto. Compreender como os incentivos serão percebidos nesses termos pode fazer uma grande diferença na hora de planejar esquemas de incentivo.

Um fator importante nesse esforço é conhecer o público-alvo. O motorista do Hummer deseja sinalizar algo muito diferente do motorista do Prius. A aparência renovada do Prius foi bem-sucedida porque foi direcionada corretamente para incentivar o grupo certo – exploraremos essa questão em mais detalhes em breve. Por enquanto, vamos falar sobre como incentivos e sinais afetam concretamente a autosseleção.

Estudo de caso: pagando por sangue

Analisemos Jane, uma advogada que, periodicamente, dedica um tempo para doar sangue. O ato é um pouco desagradável, o que, no fundo, talvez seja benéfico para sua autossinalização: assim, Jane não apenas se sente bem com a doação, como também reconhece que está sacrificando seu conforto em benefício dos outros. Ela também desfruta de uma certa sinalização social quando menciona a doação durante um jantar com amigos. Em seu cálculo de custo-benefício, as vantagens dos bons sentimentos vivenciados superam as desvantagens em termos de tempo e desconforto. Jane não está sozinha: cerca de 100 milhões de doações de sangue são feitas anualmente ao redor do mundo.[4]

Claro, nem todos compartilham da mesma vocação samaritana de Jane. Vejamos Joe, que trabalha no mesmo escritório de advocacia que ela, mas, diferentemente dela, é secretário. O salário de Joe é, como é de se esperar, muito inferior ao de Jane, e, como ele precisa de um dinheiro extra, é motorista de Uber depois do expediente para complementar a renda. Ele não doa sangue. Por quê? Primeiro, porque prefere gastar o tempo dirigindo para a Uber a fim de ganhar mais dinheiro. Segundo, porque não dá grande importância à doação de sangue, e doar sangue não o faria se sentir muito melhor consigo mesmo.

A economia da doação de sangue é muito interessante, já que bilhões de dólares são movimentados nesse mercado todos os anos, porém os doadores não são remunerados. Os hospitais dos Estados Unidos pagam cerca de 570 dólares por uma bolsa de sangue e, por sua vez, cobram dos pacientes.[5] Já os bancos de sangue, que sempre precisam de mais sangue, cobram dos hospitais muito mais que o custo de coletá-lo. A demanda é maior que a oferta. A solução econômica em tais casos é simples: pague aos doadores, e a oferta aumentará. Sendo assim, por que você não recebe um punhado de dinheiro toda vez que doa sangue?

Imagine que um banco de sangue contratou você para planejar um esquema de incentivo para doadores. Sua ideia é simples: a solução é dar alguma compensação a cada um que doe sangue – digamos, 50 dólares. Afinal, o banco de sangue pode cobrar mais pelo sangue. Jane talvez ficasse ainda mais feliz em doar, e Joe até poderia estacionar seu carro por alguns minutos para doar e ganhar um dinheiro extra. O que poderia dar errado?

Como o dinheiro suplanta a autossinalização.

Seus sinais podem conflitar entre si. A compensação financeira afeta a conta bancária de alguém *e* altera o sinal transmitido pela doação de sangue. Jane desfruta do sinal positivo na ausência de quaisquer incentivos financeiros, conforme mostrado no Resultado nº 1 do diagrama, que ilustra o processo decisório de Jane. Oferecer a ela 50 dólares, no entanto, redunda no Resultado nº 2 e muda tudo. Durante o jantar com os amigos, ela não pode mais mencionar seu admirável comportamento sem se sujeitar às suposições preconceituosas de que estaria ganhando mal ou, pior ainda, de que é avarenta a ponto de fazer algo assim por 50 dólares. Lembre-se do exemplo de reciclagem que vimos na Introdução: com uma simples mudança de incentivo, Sara passou de ambientalista incrível a uma vizinha interesseira. Da mesma forma que ocorreu com Sara, os 50 dólares podem até mesmo fazer Jane duvidar de seus motivos para doar: será que ela estaria fazendo isso por ser uma pessoa legal ou só por causa do dinheiro que ganharia? Paradoxalmente, Jane pode parar de doar sangue, por preferir o Resultado nº 1. Joe, por outro lado, talvez se comporte como seria de se esperar na hora de planejar seus incentivos (contanto que sejam grandes o suficiente) e se tornar um doador frequente, porque, desde o início, nunca se importou tanto com os sinais positivos que a doação de sangue transmitia.

O livro de Richard Titmuss, *The Gift Relationship: From Human Blood to Social Policy*, publicado em 1970, destacou esse mesmo efeito.[6] O autor comparou os sistemas de doação de sangue nos Estados Unidos e no Reino Unido. Naquela época, a doação de sangue era remunerada nos Estados Unidos, mas no Reino Unido não. Titmuss argumentou que essa diferença no planejamento dos incentivos revelava diferentes tipos de doadores: havia uma proporção maior do "tipo Jane" no Reino Unido e uma proporção maior do "tipo Joe" nos Estados Unidos. O resultado foi que o sangue doado nos Estados Unidos, onde muitos doadores eram viciados em drogas e precisavam de dinheiro, tinha qualidade inferior, com probabilidade maior de ser infectado com hepatite B. Titmuss afirmou que essa diferença na composição dos tipos de doadores foi resultado de uma mudança na norma concernente à doação de sangue. Normas, estabelecidas por um esquema de incentivos, completam a história e afetam ambos os sinais – o que você pensa sobre suas ações e o que os outros pensam sobre elas.

Outro incentivo no atual mercado de doação de sangue é o fato de que, em países ricos, quando se pergunta aos doadores sobre a razão de doarem sangue, a maioria diz que o faz por motivos puramente altruístas: deseja ajudar a comunidade, amigos e parentes.[7] E, realmente, a maior parte do sangue (mais de 75%) coletado nesses países provém de voluntários.[8] Na verdade, os países de renda alta relutam até mesmo em cogitar dar dinheiro aos doadores, em grande parte com argumentos semelhantes aos de Titmuss: não desejam que a norma associada à doação de sangue seja financeira.

No caso da doação de sangue, o impacto geral dos incentivos depende, em grande parte, do tamanho e do tipo deles. Se forem oferecidos apenas uns trocados, a norma pode mudar, e o efeito negativo nos doadores do tipo Jane pode ser maior que o apelo aos doadores do tipo Joe. Nesse caso, é melhor não oferecer incentivos para evitar mudanças na motivação.

No entanto, os países que não permitem incentivos em dinheiro para doações de sangue mostraram que pequenos incentivos não financeiros podem funcionar, uma vez que, quando feitos de forma correta, não provocam nos doadores dúvidas sobre seus motivos. Mudar tanto o tipo (financeiro para não financeiro) quanto o tamanho (de 50 dólares em espécie para uma caneta de 1 dólar) dos incentivos talvez ainda não influencie os doadores como Joe, mas experimentos de campo revelaram que eles podem ser usados para convencer pessoas como Jane a doar com mais frequência ou a fazer com que pessoas que têm apenas interesse se tornem efetivamente doadores. Um estudo usou medalhas e recompensas sociais (na forma de reconhecimento no jornal local em uma cidade italiana).[9] Outro, na Austrália, deu "canetas do Serviço de Sangue" aos doadores de sangue do tipo Jane.[10] Tais estudos mostram que incentivos na forma de pequenos presentes podem ter um efeito positivo na doação a curto prazo, sem desvantagens a longo prazo.[11]

Por que esses pequenos agrados de reconhecimento motivam os doadores? É claro que Jane não precisa de mais uma caneta. No entanto, ela pode displicentemente levar esse brinde para uma reunião e, assim, sinalizar com mais facilidade aos outros que é doadora de sangue. A caneta também melhora a autossinalização. Afinal, faz bem lembrar, a cada vez que pega a caneta, a boa pessoa que ela é.

LIÇÃO: os sinais mudam a forma como as pessoas se sentem em relação a si mesmas (autossinalização) e como os outros as percebem (sinalização social). Para melhorar a sinalização, avalie tanto a amplitude quanto o tipo do sinal.

PARTE DOIS
Evite sinais trocados

Nossas escolhas e ações transmitem mensagens aos outros sobre nossos valores. Pense em um gerente que comunica aos funcionários de uma central de atendimento que o contato com o cliente é a coisa mais importante para a empresa. Esse é um sinal sobre valores direcionado aos outros. Agora, imagine que o gerente estabelece o incentivo de forma que os funcionários sejam pagos pelo número de chamadas que atendem. Esse incentivo envia um sinal muito diferente sobre o que o gerente pretende: trata-se de ser rápido, o que vem em detrimento da qualidade do atendimento. Tais sinais trocados deixam os funcionários confusos sobre os valores e as expectativas do gerente.

Esse problema de sinais trocados se reduz a uma pergunta simples: o que deve ser recompensado? Em muitos casos, o desempenho é multifacetado, mas a compensação está vinculada a apenas um aspecto do desempenho, em geral aquele mais fácil de medir. A compensação simples de "um aspecto" envia uma mensagem clara aos trabalhadores: concentre-se naquilo pelo que estamos pagando e ignore o resto. Por exemplo, pode ser fácil medir quantas camisetas os trabalhadores da fábrica produzem, mas, se os recompensarmos apenas pelo número de peças produzidas, o que acontecerá com a qualidade delas? Será que os trabalhadores tomarão cuidado para garantir que as costuras estejam retas e simétricas? Se pagarmos a nossos vendedores com base apenas no valor em dinheiro de suas vendas, eles talvez até vendam mais, porém os clientes podem ficar menos satisfeitos com o atendimento e menos propensos a voltar no futuro.

Os economistas têm dificuldades em encontrar a melhor maneira de incentivar o comportamento em condições de "multitarefas".[1] Em alguns casos, se você só pode incentivar uma dimensão (como a quantidade) porque é muito complicado medir as outras (como a qualidade), talvez seja melhor evitar a todo custo os "incentivos contingentes", ou seja, aqueles que dependem do desempenho. Existem maneiras inteligentes de evitar o problema, a saber: fazer com que outras dimensões do desempenho sejam consideradas. Nesta parte, vamos discutir esses problemas e suas soluções.

A lição importante é que, ao usar incentivos para recompensar uma ação ou resultado, você precisa entender e controlar como eles afetam a tensão entre diferentes objetivos. Caso contrário, enviará mensagens conflitantes. Com frequência, empresas têm muito blá-blá-blá em vez de uma mensagem forte e clara que seja corroborada por seus incentivos. Veja alguns dos sinais conflitantes comuns que elas enviam na tabela a seguir.

Motivando...	mas incentivando...
Qualidade	Quantidade
Inovação	Apostas seguras e penalização de falhas
Metas de longo prazo	Sucesso no curto prazo
Trabalho em equipe e cooperação	Sucesso individual

Como os incentivos podem enviar sinais trocados.

Os sinais trocados decorrentes do conflito entre o que as empresas dizem que desejam e o que definem como incentivos estão presentes em todas essas mensagens. Cada caso de sinal trocado na tabela será abordado nos capítulos subsequentes, e discutirei como as empresas podem evitar problemas como esses. Observe que, nos exemplos dados, os sinais são a interpretação do que os gestores esperam que o trabalhador faça. Em outras palavras, os sinais ajudam os trabalhadores a interpretar as expectativas daqueles que definem os incentivos.

4

Quando mais é menos: como incentivar a quantidade em detrimento da qualidade

> Ora, digo eu, então para que aprender a fazer o certo se: fazê-lo é difícil, fazer o errado é fácil, e o salário é exatamente o mesmo?
> (Mark Twain, *As aventuras de Huckleberry Finn*)

Aos 45 anos, Suzan foi promovida a gerente de uma central de atendimento ao consumidor que emprega cerca de cem pessoas. Ela ingressou na empresa alguns anos antes e agora é responsável por definir a remuneração da equipe. Jack é um dos membros da equipe: tem 29 anos, mora com a namorada e cursa uma faculdade de direito em meio período, em seu bairro. Almeja tornar-se um advogado de sucesso; o emprego na central de atendimento é seu sustento, mas não seu sonho.

Hoje Suzan está frustrada, porque não pode simplesmente definir a remuneração com base no empenho, já que não há como medi-lo muito bem na central de atendimento. Embora não possa monitorar em detalhes o empenho de Jack, ela pode alterar a estrutura de incentivos para tentar motivá-lo a trabalhar mais. De início, Suzan considera tentar o método extremo ao qual muitos empregadores recorrem: um salário fixo. Nessa opção, Jack será pago contanto que compareça ao trabalho e atenda as ligações. Contudo, será que o tempo é uma boa medida para avaliar o empenho de Jack? As oito horas que ele registra todos os dias podem ser gastas atendendo ligações de maneira descuidada, com muitas pausas para tomar café e acessar as redes sociais. Se o tempo não é uma boa métrica, o que Suzan deveria usar? O número de telefonemas atendidos por Jack? O número de clientes que ele ajuda? O volume de café que ele consome?

Digamos que Suzan use o número de ligações em vez do tempo passado no trabalho, como muitos empregadores na posição dela optam por fazer. Se o número de ligações depender apenas do empenho de Jack e for fácil de medir, ela nem precisa se preocupar com as pausas para acessar as redes sociais: quanto mais ligações ele atender, mais dinheiro ele ganha.

Parece simples, não é? É, se a quantidade de ligações for a única métrica com a qual Suzan se importar. "Atenda ao maior número de ligações que você conseguir": será que é este o sinal que ela quer enviar a Jack? Se Suzan também se importar com a qualidade das ligações, é possível que fique decepcionada com o resultado. Considere os tipos de ligação que Jack pode acabar enfrentando. Algumas serão fáceis e rápidas, enquanto outras serão mais longas e difíceis de resolver. Caso seja pago pelo número de ligações, Jack estará recebendo um sinal de que, por exemplo, não há problema em "acidentalmente" desligar chamadas que ele considera complicadas demais. Isso não seria benéfico para o cliente ou para a central. Jack também poderá ser menos educado e paciente com os clientes, pois é capaz de preferir simplesmente tentar encerrar as ligações o mais rápido possível. Este capítulo trata de como apenas incentivar a quantidade pode criar problemas caso outros aspectos, como a qualidade, também sejam importantes para você.

Como no caso de Suzan e Jack, muitas vezes é mais fácil medir o número de tarefas concluídas ou produtos montados do que avaliar a qualidade do trabalho. Em tais casos, é tentador incentivar a quantidade – de fato, essa é a abordagem adotada por muitas empresas. No entanto, essa métrica cria um problema para as empresas que realmente se preocupam com a qualidade (por exemplo, aquelas para as quais as avaliações positivas dos clientes são uma medida importante de sucesso): ela transmite o sinal errado. As empresas podem enfatizar a importância da qualidade o quanto quiserem, mas acabam transmitindo o sinal oposto quando definem incentivos que recompensam apenas a quantidade.

Quem envia sinais trocados?

Não só empresas privadas cometem o erro de transmitir sinais trocados: o governo também pode acabar caindo nessa. Na metade do século XIX, o governo dos Estados Unidos iniciou a construção de sua primeira ferrovia transcontinental. A agência responsável contratou a Union Pacific Railroad Company para realizar o trabalho, instruindo-a a construir a via mais eficiente possível. Criou também um incentivo baseado em quantidade: decidiu pagar por quilômetro de via construída.

Na década de 1860, o pitoresco Thomas C. Durant entrou na história. Formado em medicina, Durant se tornou empresário e comprou mais de 2 milhões de dólares em ações da Union Pacific Railroad Company. Com o poder de escolher o presidente da empresa, tomou o controle. Ele "contratou" a Crédit Mobilier of America como empreiteira independente para construir a ferrovia. No entanto, a Crédit Mobilier era apenas uma empresa de fachada; era, na verdade, propriedade de investidores da Union Pacific. Durant usou essa empresa de fachada para inflar o custo real da construção e, assim, subtrair do governo dezenas de milhões de dólares. Uma maneira de inflar o custo era acrescentar, sem necessidade, quilômetros às vias: afinal, quanto mais quilômetros de trilhos construídos, mais dinheiro a empresa ganhava.[1]

Esse resultado não era, de forma alguma, o que o governo buscava quando criou o incentivo por quilômetro. Embora não haja nada de errado em incentivar a quantidade, os quilômetros construídos são apenas uma variável da qualidade, não a medida real de uma ferrovia eficiente. Um incentivo melhor poderia ter incluído um componente temporal (por exemplo, um pagamento fixo para terminar a ferrovia dentro de certo prazo, sem pagamento com base em quilômetros construídos, que é um número facilmente inflável), combinado com controles de qualidade, já que um prazo definido também poderia ocasionar uma negligência da qualidade.

As consequências de erroneamente aumentar a quantidade em detrimento da qualidade podem ser irreversíveis. Como exemplo, pense na recuperação de fósseis. No século XIX, paleontólogos que trabalhavam na China recrutaram camponeses locais para ajudar a encontrar fósseis em um sítio de escavação. Eles incentivaram os camponeses por meio do pagamento de uma recompensa a cada *fragmento* de fóssil apresentado. Ao incentivar a quantidade, foi exatamente o que obtiveram: os camponeses espertos quebravam os ossos que encontravam, o que aumentava os ganhos, mas evidentemente diminuía o valor científico dos artefatos. Incentivos simples são ótimos, mas o incentivo que os paleontólogos criaram era simples demais. Eles deveriam ter adicionado outro aspecto a seus incentivos – digamos, o tamanho do fóssil.

Por que adicionar um novo aspecto, em vez de trocar um incentivo simples por outro? Os soviéticos aprenderam a resposta para essa pergunta da maneira mais difícil. Na União Soviética, as fábricas estatais de produção de vidro costumavam pagar gerentes e funcionários com base no peso do vidro produzido. Esse incentivo estimulava os trabalhadores a produzir vidro excessivamente pesado, a ponto de ser quase opaco. Os chefes da fábrica perceberam a manobra, mas, em vez de adicionar um aspecto ao incentivo, simplesmente trocaram o incentivo baseado no peso por um incentivo baseado no tamanho: passaram a pagar com base na metragem quadrada de vidro produzido. Esse novo incentivo resolveu o problema do vidro pesado, mas criou um transtorno diferente: o vidro produzido ficou tão fino que as janelas quebravam com frequência durante o transporte ou a instalação.[2]

Por que os motoristas de vans de Tel Aviv saem do ponto sem fechar as portas?

Todas essas histórias mostram que, quando incentivamos as pessoas a aumentarem um determinado aspecto de sua produção, podemos criar efeitos não pretendidos em outros aspectos. Você precisa ter certeza de que aquilo que está incentivando é realmente aquilo que deseja incentivar. Entender esse efeito é fundamental. O economista Austan Goolsbee, da Universidade de Chicago, enfatizou esse ponto em um artigo que escreveu para a revista *Slate*.[3] Goolsbee sempre procura evitar os engarrafamentos durante seu trajeto diário. Ele aprendeu a economizar tempo pesquisando todas as rotas alternativas e tomando outro caminho quando a rodovia habitual está congestionada. Motoristas de todo o mundo se identificam com ele... exceto os motoristas de ônibus. Os ônibus ficam parados nos engarrafamentos e não procuram rotas mais rápidas, mesmo nos trechos em que elas não afetam as paradas – até porque não há paradas em uma rodovia. Os atrasos causados pelo trânsito na rodovia tornam os ônibus uma opção muito menos atraente que o transporte alternativo.

Por que os motoristas de ônibus não usam atalhos? Será porque é difícil encontrar uma rota mais rápida? Nem tanto – mesmo que você não conheça as estradas, é fácil encontrar uma rota mais rápida usando aplicativos de GPS, que informam a rota mais rápida dada a atual situação do trânsito. Talvez uma pergunta melhor seja: por que os motoristas de ônibus se esforçariam para encontrar a rota mais rápida possível *se* não são incentivados a *faz*ê-lo? Os motoristas de ônibus são pagos por hora. Depois de terminar suas rotas, eles simplesmente retornam e continuam dirigindo até o final do expediente. Eles não são motivados a pegar atalhos e atender mais passageiros por causa da forma como seus incentivos são estruturados.

Em um estudo de 2015, Ryan Johnson, David Reiley e Juan Carlos Muñoz mostraram que os motoristas de ônibus chilenos estão muito cientes dos incentivos e reagem rapidamente a mudanças na estrutura deles.[4] Quando são pagos com base em um salário por hora, como os motoristas de ônibus dos Estados Unidos, não têm incentivo para procurar a rota mais rápida e aumentar o número de passageiros transportados. Em nossa terminologia, eles recebem um sinal de que é aceitável "dirigir sem pressa". Porém, quando a estrutura de incentivos é modificada de modo que o pagamento dos motoristas seja baseado no número de passageiros transportados durante o expediente, eles recebem um sinal de que é isso o que a gestão valoriza, e seu comportamento muda drasticamente. Essa estrutura de incentivos alternativa motiva os motoristas a reduzir atrasos. Assim como você e eu, eles encontram maneiras de dirigir mais rápido. Também passam mais tempo nas rodovias e fazem pausas de descanso mais curtas.

Em Tel Aviv, é possível observar um fenômeno semelhante ao do Chile, mas, no caso de Tel Aviv, o problema com o mero incentivo de receber por passageiro transportado se torna mais evidente. Em algumas das rotas mais movimentadas, as vans, operadas por motoristas particulares que embolsam as tarifas pagas pelos passageiros, competem com os ônibus regulares operados por motoristas que são pagos por hora. Adoro andar nessas vans quando estou em Tel Aviv, porque posso observar o comportamento estratégico em sua versão mais pura. Os motoristas de vans estão sempre trocando ideais com os amigos pelo rádio, planejando para onde vão com base nos locais em que há maior número de passageiros em potencial. Também acompanham o horário dos ônibus e tentam sempre estar alguns segundos à frente, para poder pegar os passageiros que aguardam nos pontos.

A figura a seguir ilustra a história. No geral, esse comportamento estratégico se traduz em um serviço mais rápido por parte dos motoristas de vans. No entanto, embora sejam mais rápidos, são também muito mais agressivos, o que pode tornar a viagem menos agradável. Com frequência, eles saem do ponto assim que o passageiro sobe no veículo, antes que este tenha a chance de se sentar e antes até de as portas se fecharem por completo. Eles apressam mesmo. Reforçando essa história, o estudo chileno descobriu que, quando os motoristas de ônibus têm incentivos para andar rápido e aumentar o número de passageiros que transportam, eles também se envolvem em maior número de acidentes, e os passageiros relatam uma experiência de viagem menos agradável.

Velozes e furiosos ou sem pressa? Depende dos incentivos dados aos motoristas.

Ao escolher como remunerar os motoristas, a empresa precisa considerar o que é mais importante: eficiência ou segurança e conforto? Depois de avaliar a importância relativa, para evitar transmitir de sinais trocados, a empresa pode escolher os incentivos que alinham seus objetivos com os do motorista. Outra opção seria encontrar soluções criativas para abordar os aspectos qualitativos ao mesmo tempo. Um grande experimento natural com os serviços de transporte por aplicativo nos mostra como isso seria possível.

O caso do transporte por aplicativo

Primeiro, vamos dar uma olhada em uma simpática empresa de táxis. Sam trabalha para essa empresa e recebe um salário por hora. Você pode imaginar que, com o salário fixo, Sam não tenha uma forte motivação para pensar estrategicamente sobre os melhores lugares para encontrar passageiros. Ele também faz longos intervalos para almoçar em vez de passar esse tempo dirigindo para cima e para baixo. Afinal, contanto que não seja pego fazendo corpo mole, receberá o mesmo valor, não importa quanto tempo ou quão duro ele trabalhe.

Compare Sam a Kate, que é motorista de Uber. Ela e seus colegas que trabalham para a Uber estão no extremo oposto: são pagos por corrida e ficam com o valor que sobra depois da parcela da Uber. Portanto, os ganhos de Kate dependem do quanto ela dirige: dirigindo mais, ela ganha mais. Ela e os demais motoristas de aplicativo têm mais motivação para otimizar as corridas em termos de velocidade e distância, assim como os motoristas de vans em Tel Aviv, e talvez trabalhem mais que Sam e os outros taxistas da empresa.

Kate pode optar por concentrar toda sua energia em conseguir mais passageiros, deixando de lado o aspecto da qualidade da prestação do serviço. As empresas de transporte por aplicativo entenderam esse risco, mas encontraram uma solução: adicionar outro aspecto ao incentivo ao *permitir que os passageiros avaliem os motoristas*. No final de sua corrida com a Uber, você pode dar uma nota ao motorista, em uma escala de uma a cinco estrelas. Quando você solicita uma corrida, a classificação acumulada do motorista, fruto das avaliações de muitos passageiros, é exibida em sua tela. Se a classificação for baixa, você tem a possibilidade de solicitar um motorista diferente. Além disso, se der uma classificação baixa ao seu motorista, você deverá indicar o motivo: segurança, limpeza, polidez e assim por diante. Os riscos são altos: o algoritmo da Uber monitora essas classificações, e motoristas que não atingem determinado patamar são impedidos de continuar trabalhando para a empresa.

Esse sistema de classificação foi uma solução simples que motivou os motoristas a prestar um bom serviço, porque coloca novamente em foco a experiência do usuário e o atendimento ao cliente. Observe que o sistema de classificação é barato e eficaz, mas não substituiu o incentivo original do pagamento por corrida. As empresas de transporte por aplicativo o *adicionaram* à estrutura de incentivos original e, assim, encontraram uma maneira de incentivar os motoristas a, ao mesmo tempo, serem eficientes e fornecerem um bom serviço.

Não existe tal mecanismo para os taxistas tradicionais. Mesmo se não houver um salário fixo, motoristas independentes ou que recebem por corrida só têm o incentivo de maximizar o número de corridas, ou seja, aumentar a velocidade em detrimento do conforto e da segurança. A não ser que o passageiro apresente uma reclamação formal contra eles, esses taxistas não têm motivação extrínseca para fornecer um bom serviço. Você poderia pensar que, se trabalhassem para uma empresa, como Sam, teriam alguma recompensa pelo serviço prestado e por não manchar a reputação da empresa – mas isso não poderia estar mais longe da realidade. Nicole Tam falou por muitos de nós quando escreveu na *Hawaii Business Magazine* sobre sua experiência de viagem:

> [Meus amigos e eu] pegamos um táxi que estava parado no estacionamento. O trajeto foi curto, porém quente e desagradável. O motorista foi agressivo e a van de sete lugares parecia velha, cheirava a mofo e estava suja e cheia de lenços de papel e sacolas plásticas. Eu desejei poder abrir

algum aplicativo no celular e escrever poucas e boas, dar uma classificação baixa para todo mundo ver, mas a única maneira de reclamar era anotar o número da licença do motorista, ligar para a empresa de táxi e fazer uma reclamação verbal.

Quando ando de Uber e Lyft, os motoristas quase sempre são educados, os veículos raramente estão sujos e posso avaliar minha experiência no aplicativo logo após a viagem terminar.[5]

Agora as coisas são diferentes. A concorrência que os aplicativos de transporte impuseram às empresas de táxi colocou o atendimento ao cliente no centro das atenções. Analisando dados de mais de um bilhão de corridas de táxi, um relatório na revista *Atlantic* revelou que as reclamações de clientes às Comissões de Táxis e Limusines de Nova York e de Chicago diminuíram gradual e constantemente após a chegada das empresas de transporte por aplicativo.[6] Por quê? Os dados sugerem que pelo menos parte da diminuição das reclamações está relacionada ao fato de que, devido à nova pressão competitiva, os motoristas de táxi estão tentando melhorar a qualidade das viagens. Em algumas cidades, para tentar competir com os serviços de transporte privado por aplicativo, as empresas de táxi lançaram seus próprios aplicativos, os quais também incluem avaliações.

Estudo de caso: taxa de serviço

Um dos meus assistentes de pesquisa para este livro, Will, comprou recentemente um skate elétrico e está percorrendo a cidade com ele. Will gosta de agilidade e adrenalina, e muitas vezes o skate atinge velocidades incríveis, superando 30 quilômetros por hora. Após semanas testando os limites, Will acabou sendo castigado por sua imprudência: sofreu um acidente e machucou os joelhos. Ele foi ao pronto-socorro em busca de assistência médica, e lá um médico imediatamente solicitou uma série de exames de imagem. Após analisar os resultados, sugeriu que Will voltasse para uma segunda consulta duas semanas depois e até mencionou a possível necessidade de uma pequena cirurgia. O médico também receitou muitos medicamentos para aliviar a dor, bem como alguns para ajudá-lo a dormir. A dose receitada seria suficiente para derrubar Will por várias semanas. Porém, os joelhos dele acabaram melhorando por completo depois de apenas uma semana e meia de repouso, e ele só tomou cerca de um quarto dos medicamentos receitados.

A experiência de Will não é incomum. Em uma pesquisa de 2015, de 435 médicos de emergência questionados sobre os exames que solicitam, mais de 85% admitiram que solicitam exames em excesso, apesar de saberem que os resultados não ajudarão na escolha do tratamento.[7] Por que os médicos costumam solicitar exames e tratamentos desnecessários? Porque são incentivados a fazê-lo pelo sistema de tarifa por serviço (FFS, na sigla em inglês), em que os provedores de assistência médica são remunerados de acordo com o serviço que prestam, não com os resultados que obtêm. Quanto mais cirurgias e exames de imagem e outros procedimentos faz o paciente, mais os prestadores são remunerados. Sob tal sistema, os médicos são incentivados a indicar tratamentos e serviços em excesso, mesmo que não sejam úteis.

O FFS, que começou na década de 1960, quando o Medicare* foi introduzido, ainda é a principal forma de pagamento por assistência médica nos Estados Unidos e representa mais de 90% da receita das clínicas de atendimento básico.[8] É fácil para um médico dizer a pacientes como Will: "Por que não fazer um eletrocardiograma para ver se existe algum problema?". Com o FFS, tanto o provedor de assistência médica quanto o hospital ganham dinheiro a cada exame desse tipo – na verdade, muito dinheiro. A Academia Nacional de Medicina estima que a indústria de saúde nos Estados Unidos desperdiça 765 bilhões de dólares por ano em procedimentos desnecessários, o que

---

* Nota da Tradutora: Sistema de seguros de saúde gerido pelo governo dos EUA e voltado a pessoas a partir de 65 anos de idade ou que preenchem determinados critérios de renda.

equivale a cerca de um quarto dos gastos anuais com saúde.[9] Embora o FFS não seja a única razão para o excesso de tratamento, ele certamente contribui para o desperdício. Muitas vezes, o FFS incentiva os médicos a desprezarem soluções simples quando estão disponíveis planos mais complexos e caros, pelos quais os médicos são remunerados diretamente. Essa estrutura de incentivos é uma das razões pelas quais os gastos *per capita* com saúde nos Estados Unidos são quase o dobro da média dos países ricos, ainda que esses gastos astronômicos resultem em resultados piores.[10] A quantidade está lá, mas a qualidade não.

Uma das razões pelas quais o FFS e os incentivos ao tratamento excessivo persistem é que, em geral, a seguradora cobre grande parte do custo. Recentemente, minha filha precisou fazer um procedimento cirúrgico; a conta foi de 64 mil dólares. Felizmente, o seguro de saúde da minha universidade cobriu a maior parte dessa despesa; minha coparticipação foi de apenas 250 dólares. O restante do custo foi rateado entre todos os membros do meu seguro de saúde. Hipoteticamente, embora tenha sido ótimo que minha filha tenha ficado em um quarto particular no hospital, talvez tivéssemos optado por uma enfermaria se isso nos poupasse milhares de dólares. Temos sorte de ter um seguro desses; dois terços dos estadunidenses que entram com pedido de falência citam despesas médicas como um dos principais fatores para sua derrocada financeira.[11] Os pacientes que pagam o custo total podem tentar comparar preços, como se faz ao realizar uma compra grande; mas, com frequência, o sistema não permite tal liberdade. Para reformar nossa casa, por exemplo, o comum é recebermos orçamentos de vários empreiteiros e escolhermos o melhor custo-benefício. No entanto, se outra pessoa estiver pagando pela reforma, digamos, a seguradora, provavelmente pesquisaremos menos. Da mesma forma, quando o seguro paga pelo nosso tratamento, queremos ter o melhor tratamento possível, independentemente do preço. E, muitas vezes, temos a percepção de que mais tratamentos significam um tratamento melhor, o que nem sempre é verdade.

Vamos considerar Jane e Ashley, ambas mulheres saudáveis que estão grávidas e prestes a dar à luz. Jane vai ao hospital local e conversa com seu médico sobre o tipo de parto ideal. Ele lhe diz que é preciso fazer uma análise de risco, especificamente um exame de traçado do coração fetal, para saber se o parto normal é seguro para o bebê. Após a análise, o médico conclui que o traçado do coração fetal apresenta possíveis anormalidades e recomenda fortemente que Jane faça uma cesariana.

Quando Ashley consulta seu médico, em outro hospital, ele também recomenda a realização de um exame de traçado do coração fetal para saber se o parto normal não gera risco para o bebê. Após a análise, o resultado é igual ao de Jane: o traçado do coração fetal mostra possíveis anormalidades. No entanto, a conclusão do médico é drasticamente diferente. Ele explica a situação para Ashley e recomenda o parto normal, com monitoramento adicional da frequência cardíaca fetal.

Embora a cesariana possa reduzir o risco de dano durante o parto e talvez seja desejável em casos em que o trabalho de parto ameaça a vida da mulher (como placenta prévia e prolapso de cordão umbilical), o parto normal é, em geral, preferível.[12] As cesarianas implicam tempo de recuperação mais longo, acarretam maior perda de sangue, podem causar problemas para partos futuros, além de envolverem maior risco de infecção e maior probabilidade de provocar a morte materna.[13]

Então, por que o médico de Jane recomendou a ela que fizesse uma cesariana? Acontece que ele é generosamente remunerado a cada cesariana que realiza, enquanto o de Ashley não recebe qualquer remuneração financeira adicional pelos procedimentos de cesariana em comparação com o parto normal. Esse comportamento não necessariamente significa que o médico não se preocupa com a saúde da paciente. Como discutiremos mais adiante, os médicos podem se iludir com a ideia de que estão prestando o melhor serviço possível ao paciente. De acordo com alguns cálculos, os médicos incentivados faturam algumas centenas de dólares a mais a cada cesariana. Isso faz sentido econômico para os hospitais, que também podem ganhar alguns milhares de dólares a mais a cada cesariana.[14] Dada essa estrutura de pagamento, além dos incentivos individuais dos médicos, os hospitais exercem uma força adicional de cima para baixo que pressiona os médicos a recomendar cesarianas.

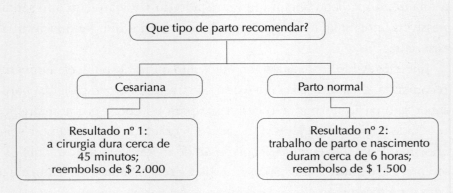

Recomendação de tipo de parto incentivada pelo médico: utilidade do médico. O Resultado nº 1 dura menos e tem maior ganho monetário → escolhe Resultado nº 1.

Embora as cesarianas tenham custos subjacentes semelhantes aos do parto normal, elas tendem a gerar um reembolso muito maior. Pesquisas mostram que existe uma forte correlação positiva entre as diferenças nas taxas de reembolso e o número de cesarianas.[15] Em outras palavras, quanto maior a diferença entre as taxas de reembolso de cesariana e as de parto normal, maior a probabilidade de um médico realizar uma cesariana. A árvore de jogo apresenta um processo simplificado de decisão do médico para ilustrar essa perspectiva incentivada. Observe que a ilustração assume uma posição extrema, já que ignora os custos e os benefícios para a paciente.

Essa é a razão pela qual os médicos de Jane e Ashley tomaram decisões completamente diferentes diante da mesma anormalidade. O médico de Jane justifica sem dificuldade a realização de uma cesariana mais lucrativa ante o menor desvio de normalidade no trabalho de parto, ao passo que, para persuadir o médico de Ashley a não indicar o trabalho de parto normal, são necessárias mais evidências, dada a ausência de benefícios financeiros adicionais para qualquer uma das opções.

O cenário de Jane e Ashley é baseado em dados reais. Hoje em dia, cerca de 1 em cada 3 bebês nasce por cesariana, enquanto na década de 1990 víamos cerca de 1 em cada 5, ou seja, houve um aumento significativo.[16] Embora o fato de uma mulher submeter-se à cesariana não seja um problema em si se os médicos tomarem uma decisão objetiva e bem informada, o fato é que muitas de suas decisões são influenciadas por incentivos financeiros e pressão institucional.

Além de incentivos financeiros, o conhecimento dos pacientes também afeta as decisões dos médicos. Vamos supor que Jane, embora seja uma pessoa instruída, tenha pouco ou nenhum conhecimento sobre partos, enquanto Ashley é médica e possui o conhecimento médico necessário para avaliar por conta própria. Será que os médicos tratariam mães médicas de forma diferente de outras mães? Isso é exatamente o que uma pesquisa recente procurou determinar, e a resposta é sim: as mães médicas têm menos probabilidade de fazer uma cesariana desnecessária e uma probabilidade geral 7,5% menor de ser submetidas a uma cesariana em comparação a mães não médicas.[17]

O conhecimento dos pacientes tem uma interação curiosa com os incentivos financeiros. Mães não médicas, como Jane, apresentam taxa de cesariana mais alta nos hospitais em que cesarianas são financeiramente recompensadas, mas o que acontece no caso das mães médicas? Embora os médicos, em geral, se beneficiem financeiramente quando recomendam cesarianas, podem experimentar perda de satisfação por parte da paciente se fizerem recomendações desnecessárias a uma que esteja bem informada. Corroborando esse raciocínio, o tipo de parto das mães médicas, como Ashley, parece não ser afetado pela remuneração financeira do médico. Isso indica que, embora médicos incentivados se sintam à vontade para recomendar cesariana às mães que não possuem conhecimento apropriado, eles se abstêm de fazê-lo no caso de mães médicas, já que o conhecimento das pacientes serve como um neutralizador eficaz.

Essa diferença de tratamento regulada pelo conhecimento das pacientes envolve outras consequências significativas. Uma mãe médica, como Ashley, e seu bebê teriam taxas de morbidade mais baixas que uma mãe não médica, como Jane, e seu bebê, embora os primeiros estejam usando menos recursos do hospital. Ashley também arcaria com custos hospitalares mais baixos, teria um período de recuperação mais breve e apresentaria menor probabilidade de ter o bebê extraído a vácuo. Se todas as pacientes fossem tratadas como médicas mais informadas, o número de cesarianas cairia e os custos hospitalares seriam reduzidos em 2 bilhões de dólares. No entanto, o fato é que a maioria das mães não possui um nível médico de instrução e, por isso, sofre pressão para realizar tratamentos excessivos.

Outro problema importante apresentado pelo FFS é que os provedores de assistência médica não têm incentivos para investir na prevenção de doenças ou de danos – embora o investimento em prevenção tenha uma taxa de retorno muito superior. Como disse Ben Franklin* certa vez, "Uma gota de prevenção vale um mar de cura". Mais recentemente, Barack Obama argumentou que "muito pouco é gasto em prevenção e saúde pública".[18] Estima-se que 900 mil mortes por ano, quase 40% da mortalidade total anual nos Estados Unidos, decorrem de causas evitáveis.[19] Não há qualquer lucro para o médico ou para o hospital em nos manter saudáveis, mas há muito dinheiro envolvido em nos tratar quando estamos doentes!

Um livro recente chamado *The Long Fix: Solving America's Health Care Crisis with Strategies That Work for Everyone*, de Vivian Lee, apresenta óti-

---

* Nota da Tradutora: Benjamin Franklin (1706-1790) foi escritor, cientista, inventor, político, diplomata, gráfico, editor e filósofo, além de ter desempenhado papel de destaque na Independência dos EUA.

mos exemplos dessa dinâmica. O livro foi abordado em um episódio do podcast *Hidden Brain*, de Shankar Vedantam.[20] O podcast enfatiza que o FFS é uma das principais causas de erros médicos decorrentes de ações como diagnósticos e tratamentos excessivos. Trata-se de um caso claro em que a qualidade do tratamento sofre em razão do foco no aumento da quantidade. Lee dá o exemplo de um paciente com dor de cabeça. O médico tem 99,9% de certeza de que a dor de cabeça comum de um paciente passará sem medicação. A probabilidade de um tumor cerebral é muito baixa, mas está presente. Na Europa, um paciente assim provavelmente receberia um medicamento simples e seria mantido sob observação. Já nos EUA, como o médico tem medo de um processo judicial e a família talvez esteja ansiosa, o paciente será encaminhado a uma ressonância magnética do cérebro. O hospital e o médico ganharão alguns milhares de dólares, e todos ficarão satisfeitos. Contudo, tais exames têm um custo. Por exemplo, pode haver algum resultado ambíguo que levará o paciente a passar por um procedimento cirúrgico desnecessário.

Como podemos reduzir o conflito de interesses e as compensações financeiras desproporcionais no campo da medicina como um todo? Existem modelos de pagamento alternativos que possuem esquemas de incentivos diferentes. Por exemplo, os "modelos de capitação" pagam aos médicos com base no número total de pacientes sob seus cuidados. O sistema dá aos provedores de assistência médica incentivos para manter esses pacientes saudáveis.[21] Algumas seguradoras entenderam isso. Quando trabalhei com a Humana, uma das maiores seguradoras de saúde do mundo, a empresa recebia uma taxa fixa por membro do Medicare. Enquanto esses membros estivessem saudáveis, a Humana ganhava dinheiro com o seguro deles. Portanto, trabalhamos para criar incentivos para os membros receberem cuidados médicos preventivos, como tomar vacina antigripal anualmente. Outro exemplo de cuidado preventivo se aplica a readmissões hospitalares. Uma parcela substancial dos pacientes que recebem alta precisa ser readmitida nos trinta dias seguintes, a um custo muito elevado. Nosso estudo mostrou que muitas dessas readmissões poderiam ser evitadas com tratamentos simples e econômicos, como enviar um enfermeiro à casa do paciente para garantir que ele esteja bem e tome os medicamentos conforme receitado. No entanto, embora esse modelo de pagamento poupe recursos, ele cria uma relação custo-benefício diferente entre qualidade e quantidade. Para maximizar o número total de pacientes, os médicos são incentivados a atender cada paciente o mínimo possível, em vez de tratá-lo o melhor que puder.

Uma alternativa é pagar aos médicos um salário mensal, sem incentivos adicionais. Embora esse modelo mitigue a preferência tendenciosa que eles têm pelo tratamento excessivo ou insuficiente, não fornece a motivação financeira para que se dediquem mais ao trabalho. De forma semelhante aos taxistas que recebem salários por hora, os médicos nesse esquema trabalham simplesmente para ocupar o tempo.

Outro modelo de incentivo é o "pagamento por desempenho" (P4P, na sigla em inglês), no qual o pagamento dos médicos depende de resultados baseados em métricas, em melhores práticas e na satisfação dos pacientes. Embora seja mais complexo que outros modelos, os dados mostram que o P4P ajuda a evitar um desequilíbrio entre quantidade e qualidade e, ao incentivar o pagamento dos médicos segundo critérios importantes baseados em valor, melhora a satisfação geral do paciente.[22] No exemplo do parto, os médicos aqui possuem um incentivo para adaptar o tipo de parto a cada grávida, individualmente, de modo a maximizar os resultados, que são orientados por métricas e pela satisfação das pacientes, em vez de escolher um tipo de parto que seja o mais conveniente e lucrativo.

A indústria de assistência médica dos Estados Unidos está incentivando os provedores de assistência médica a fazerem a transição para programas de P4P e, com isso, está passando por uma transformação gradual para se tornar uma medicina baseada em valor. Embora a maioria dos hospitais ainda utilize os modelos FFS, os programas de P4P estão levando muitos hospitais a prestar atenção a uma série de fatores anteriormente não incentivados.

A lição é clara: os incentivos podem afetar decisões de vida e de morte. Sempre adicione outro aspecto aos seus incentivos a fim de estabelecer controles para evitar uma possível perda de qualidade, assim como fizeram os aplicativos de transporte com os sistemas de avaliação ou os hospitais com as métricas de resultados. Ao agir assim, você sinaliza que, embora se preocupe com a quantidade, a qualidade também importa, o que corrige o problema inerente de transmissão de sinais trocados.

Um professor de economia compartilhou uma história que resume bem esse tema: uma vez, ele usou incentivos para tentar moldar o comportamento dos filhos. Quando a filha estava sendo treinada para usar o penico, ele implementou o seguinte esquema de incentivo: ela receberia uma jujuba cada vez que usasse o penico. Alguns anos depois, quando o filho mais novo precisou ser treinado para usar o penico, o professor aprimorou o esquema de incentivo: a filha receberia um presente toda vez que ajudasse o irmão a usar o penico. A menina manipulou o sistema. Como? Nas palavras dela: "Percebi que, quanto mais entra, mais sai; então, dava baldes e mais baldes de água para o meu irmão".[23]

LIÇÃO: ao incentivar a quantidade, tome medidas para que a qualidade não seja prejudicada.

5

Incentivando a inovação, mas penalizando o fracasso

> A pessoa que nunca cometeu um erro nunca tentou nada novo.
> (Albert Einstein)

A busca de Thomas Edison por um filamento para a lâmpada é bastante inspiradora. Após experimentar 2 mil materiais diferentes, seu assistente reclamou: "Todo o nosso trabalho é em vão. Não aprendemos nada, nem sabemos com certeza se é possível usar a eletricidade propriamente".[1] A resposta de Edison sugere que seus fracassos não foram em vão: "Percorremos um longo caminho e aprendemos muito. Sabemos que existem 2 mil elementos que não podemos usar para fazer uma boa lâmpada". O desfecho dessa história é bem conhecido. De acordo com o relato de Edison: "Antes de terminar, testei nada menos que 6 mil plantas e vasculhei o mundo em busca do material mais adequado para um filamento. [...] A luz elétrica foi o objeto que mais estudei e exigiu os experimentos mais elaborados. Nunca fiquei desmotivado nem inclinado a desistir. Não posso dizer o mesmo de todos os meus colaboradores".[2]

Para muitas empresas, o sucesso depende da inovação, e a inovação exige um determinado grau de enfrentamento de riscos que vem acompanhado de fracassos inevitáveis. As empresas bem-sucedidas são aquelas que, ao introduzir um novo produto ou serviço, têm boa recepção pelo mercado. Elas assumem riscos que acabam valendo a pena. O sucesso de uma única tentativa pode mais do que compensar o fracasso de outras. O que separa as empresas bem-sucedidas de outras não é apenas como lidam com os fracassos, mas como agem quando ideias promissoras não funcionam.

Quando uma empresa incentiva os funcionários a inovar, mas depois os penaliza (por exemplo, postergando promoções) quando novas abordagens fracassam, é transmitido um sinal trocado. Punir o fracasso desencoraja as pessoas a correr riscos e experimentar novas ideias. Pior ainda, pode reduzir a capacidade de aprender com os fracassos, pois as pessoas tenderão a escondê-los. Uma cultura que aceita erros e incentiva a discussão e a aprendizagem com eles gera mais riscos e fracassos, mas, no final das contas, mais sucessos também. Cultive uma cultura que permita a exploração e incentive até as ideias mais loucas, e isso pode render frutos.

Convenhamos, é mais fácil falar do que fazer. Pode ser desafiador criar um ambiente no qual indivíduos altamente qualificados, competitivos e motivados pelo sucesso não só tenham a possibilidade de prosperar, como também se sintam à vontade para compartilhar e analisar seus erros em público. Contudo, lembre-se: para início de conversa, uma cultura em que todos se sentem à vontade para admitir fracassos naturalmente provoca menos medo de cometê-los. Em tal ambiente, a inovação audaciosa floresceria. No mínimo, as pessoas admitiriam que suas ideias não funcionaram, e outras poderiam sugerir uma abordagem alternativa e nova, transformando, potencialmente, os fracassos passados nos alicerces de descobertas futuras.

A Força Aérea Israelense (IAF, na sigla em inglês) é um exemplo de organização que criou, com sucesso, esse tipo singular de cultura por meio da prática e do esforço. Ela incentiva a inovação e não penaliza os fracassos, tomando o cuidado de não transmitir um sinal trocado. A IAF ensina aos pilotos, desde cedo, que aprender com os erros é crucial para evitar problemas semelhantes no futuro.

Vejamos o episódio de um "quase acidente" – um caso em que um acidente quase acontece, como quando dois caças, durante o voo, passam um pelo outro a uma distância curta demais. A IAF trata tais casos da mesma forma que trataria um acidente de fato. Dessa forma, os pilotos aprendem que a diferença entre um acidente e um "quase acidente" é, muitas vezes, uma simples questão de sorte. Ao tratar os erros de forma séria e aberta, os pilotos da IAF melhoram e aprendem a evitar tais acidentes no futuro. Para tornar eficiente o aprendizado, os pilotos precisam estar abertos e compartilhar seus erros, mesmo aqueles que talvez passassem despercebidos por seus superiores.

Para ser mais específico, vamos examinar um exemplo de alto risco da IAF que ocorreu durante a Guerra do Yom Kippur em 1973. Duas formações de caças F-4 foram enviadas para atacar o quartel-general sírio em Damasco, uma missão crucial para deter o exército sírio. Cada quarteto de jatos foi liderado por um piloto veterano qualificado. Por um golpe de sorte (ou falta dela), o tempo naquele dia estava terrível para ataques aéreos. Uma camada de nuvens cobria a área de operações inteira, de modo que os aviões só poderiam voar abaixo ou acima dela. Se voassem abaixo, divisariam o alvo, mas todos no solo os veriam com facilidade, tornando-os alvos fáceis. Se voassem acima, estariam mais seguros, mas incapazes de distinguir a localização do alvo. Um líder analisou o clima, percebeu que ambas as opções eram ruins, voltou e abortou a missão. O outro decidiu voar acima da camada de nuvens e, por pura coincidência, descobriu um buraco nelas logo acima do alvo. Sua formação conseguiu atacá-lo e destruí-lo. Durante a reunião de avaliação, o comandante elogiou *ambos* os líderes, afirmando que as duas decisões foram acertadas. A mensagem foi clara: todo líder era livre para tomar decisões sem medo de ser penalizado pelo fracasso.

Claro, nem todos os fracassos ou erros são incentivados, nem deveriam ser. Erros resultantes de más intenções ou de falta de atenção, experiência ou habilidade não são construtivos para nenhuma organização. Os riscos incentivados são aqueles que testam novas ideias e direções. Mesmo que o novo rumo pareça errado para alguns, explorá-lo pode se mostrar lucrativo no longo prazo.

Uma alta taxa de fracasso está associada a inovação, e buscar reduzir as taxas de fracasso nem sempre é uma estratégia útil. No livro *A origem do gênio*, Dean Keith Simonton afirma que as pessoas mais criativas têm um número maior de fracassos porque testam mais ideias.[3] Os gênios criativos não têm uma taxa de sucesso mais alta que seus colegas menos criativos; eles apenas tentam mais. Isso levou o psicólogo organizacional Bob Sutton a sugerir que as empresas não devem penalizar o fracasso, mas sim a inércia.

> As pessoas e empresas mais criativas não têm taxas de fracasso mais baixas; elas fracassam mais rápido e mais barato, e talvez aprendam mais com seus reveses do que seus concorrentes. Um dos maiores obstáculos para fracassos mais rápidos e mais baratos é que, uma vez que alguém tenha se comprometido publicamente com uma determinada ação e dedicado muito tempo e energia a ela, essa pessoa fica convencida de que o que está fazendo é valioso não importa o que digam os fatos. [...] Um antídoto para esse compromisso equivocado é fornecer incentivos para que ela desista o mais cedo possível de projetos fracassados.[4]

Peter Kim levou essa ideia a sério quando foi nomeado chefe de pesquisa e desenvolvimento (P&D) na Merck, onde introduziu uma "taxa de desistência".[5] Logo ao chegar, Kim percebeu que muitos cientistas da empresa insistiam em becos sem saída para evitar admitir o fracasso e sofrer as consequências. Para reduzir esse comportamento custoso, ele introduziu um bônus para cientistas que desistissem cedo de projetos fracassados e partissem para testar novas ideias criativas.

Kim inverteu o incentivo para corrigir o problema do sinal trocado: recompensou o fracasso em vez de penalizá-lo. A Menlo Innovations teve o mesmo raciocínio quando adotou em sua cultura o lema "cometa erros mais rapidamente". A empresa entendia que os erros faziam parte da inovação e incentivava os funcionários a experimentar novas ideias, recompensando-os por fracassar rapidamente.

Em uma TED Talk, Astro Teller, diretor da divisão "X" de P&D da Alphabet (empresa-mãe do Google), discutiu muitas das ideias fracassadas concebidas por sua equipe. Ele se orgulha das ideias ruins em que sua equipe trabalhou e de tê-las abandonado quando se mostraram falhas:

> Você não pode gritar com as pessoas e forçá-las a fracassar rapidamente. Elas resistem – elas se preocupam: "O que vai acontecer comigo se eu fracassar? Será que todos vão rir de mim? Será que vou ser demitido?" […] A única maneira de fazê-las trabalhar em coisas arriscadas e grandes [é] tornar esse o caminho menos complicado para elas. [Aqui na X], trabalhamos duro […] para que fracassar seja algo seguro. As equipes descartam suas ideias assim que chegam as evidências, pois são recompensadas por isso. Elas recebem aplausos dos colegas, abraços e cumprimentos dos gerentes, e de mim em particular. São promovidas por descartar projetos rapidamente. Bonificamos todos os integrantes das equipes que encerram seus projetos, sejam elas formadas por duas pessoas ou por trinta.[6]

A maioria dos projetos desenvolvidos por sua equipe tinha fracassado, é verdade, mas a cultura de recompensar fracassos rápidos levou a sucessos extraordinários, como a largada antecipada na corrida pelos carros autônomos. Outras empresas aprenderam com esse exemplo e o seguiram. Por exemplo, o gigantesco conglomerado indiano Tata Group corre atrás das inovações, pois sabe que elas ajudam a expandir o negócio. Antes de se aposentar, o presidente Ratan Tata criou um prêmio, chamado "Ouse tentar", para a melhor inovação fracassada, proclamando que "o fracasso é uma mina de ouro". Assim, ele enviou o sinal de que, na busca por inovação, tanto os fracassos quanto os sucessos devem ser recompensados.[7]

O custo de não inovar

Existem exemplos de gigantes que despencaram do topo em decorrência do excesso de conservadorismo. A queda da Blockbuster, o caminho percorrido desde o domínio no setor até a falência, é um ótimo exemplo de como evitar a mudança e temer o fracasso pode levar à estagnação e, por fim, à extinção. Fundada por David Cook em 1985, a Blockbuster rapidamente se tornou a principal cadeia de locação de vídeo dos Estados Unidos e logo tomou conta do setor.[8] No final dos anos 1990, a empresa tinha um valor de mercado de 3 bilhões de dólares e possuía mais de 9 mil locadoras nos Estados Unidos. Além das taxas de locação, o principal modelo de receita da gigante do DVD dependia de penalizar os clientes pelo atraso na devolução. Em seu auge, a Blockbuster arrecadava anualmente 800 milhões de dólares em multas por atraso de seus impressionantes 65 milhões de clientes registrados.[9] Inevitavelmente, havia muitos clientes frustrados que detestavam a penalidade, a qual, às vezes, atingia valores significativos. Reed Hastings, fundador da Netflix, era um desses clientes frustrados.

Em 1997, irritado após a Blockbuster lhe cobrar uma multa de 40 dólares, Hastings decidiu fundar a própria empresa de aluguel de filmes. A Netflix cresceu rapidamente com sua nova plataforma digital e o modelo de negócio por assinatura: por 20 dólares ao mês, os assinantes tinham direito a alugar quantos filmes quisessem, sem prazo de devolução ou multas por atraso; sempre que os assinantes devolviam os DVDs que haviam assistido, novos eram enviados a eles. Em 2000, com a alavancagem obtida pelo sucesso inicial da plataforma on-line da Netflix, Hastings voou para Dallas para negociar uma sociedade com a Blockbuster. Ele propôs que a Netflix administrasse o setor on-line da Blockbuster, que em troca promoveria os serviços da Netflix em suas lojas. John Antioco, CEO da Blockbuster na época, riu da ideia e rejeitou a proposta de Hastings. Como você já sabe, ele não riu por último.[10]

O resto da história vocês já conhecem. Com milhões de assinantes e enormes montantes acumulados pela economia de não precisar de pontos de varejo, a Netflix conseguiu inovar sua plataforma on-line de modo a incorporar serviços de streaming revolucionários em 2007 e, por fim, nos primeiros anos da década de 2010, expandiu seu enorme sucesso pelo mundo.[11] Em 2009, a Netflix faturou 116 milhões de dólares, enquanto a Blockbuster perdeu 516 milhões. Lenta e dolorosamente, a Blockbuster fechou todas as suas lojas de varejo, exceto uma.

Por que a Blockbuster fracassou em fazer uma transição? Às vezes, o maior inimigo pode ser o próprio sucesso do momento. Enquanto a Netflix abandonava o aluguel de DVDs e desenvolvia seu domínio inovador, a Blockbuster estava presa ao seu rentável, porém gradativamente moribundo *status quo*. A empresa tentou várias estratégias para salvar o negócio em declínio, porém a maioria era tangencial e avessa a riscos. Ela teve a chance de se transformar e simplificar, mas o conselho teve medo demais do fracasso. O sinal que os membros do conselho receberam foi que deveriam encontrar uma maneira de manter o modelo tradicional; eles não tinham incentivo para buscar a mudança. O CEO Antioco, alguns anos após rejeitar a oferta de aquisição da Netflix, percebeu que esta representava uma enorme ameaça. Ele tentou convencer o conselho a acabar com o modelo de multas por atraso e investir pesadamente em uma plataforma on-line para atender às necessidades da nova geração de serviços digitais. No entanto, o conselho, cego pelos lucros ainda significativos na época, recuou diante do custoso processo de transição.

Jim Keyes, presidente da Blockbuster e principal voz da oposição à transição, destacou que o plano de transição custaria à empresa 200 milhões de dólares e que interromper o modelo de multas por atraso reduziria a receita em mais 200 milhões de dólares. Convencido pela estimativa assustadora de Keyes, o conselho rejeitou a visão progressista de Antioco e, por fim, o demitiu em 2005. Em grande parte, Antioco foi demitido porque propôs uma mudança criativa que se afastava significativamente da maneira como a Blockbuster operava. Keyes assumiu como novo CEO e, a fim de aumentar o lucro no curto prazo, reverteu o último esforço de Antioco para salvar a empresa. Estagnada pelo plano de evitar riscos, a Blockbuster faliu alguns anos depois.

Não olhe para trás

Enquanto algumas empresas têm medo de possíveis fracassos, outras exibem espírito empreendedor e flexibilidade extraordinários. O magnata inglês Sir Richard Branson fundou a marca Virgin nos anos 1970 e, desde então, lançou mais de quatrocentas empresas sob o guarda-chuva do Virgin Group. A marca Virgin cresceu rapidamente nos anos 1980, e Branson nunca parou de se aventurar. Ele mergulhou em negócios de todos os tipos: da Virgin Media à Virgin Mobile, da Virgin Cosmetics à Virgin Clothing, da Virgin Airlines à Virgin Cars.[12]

Alguns fracassaram. Por exemplo, em 1994, um produtor de refrigerantes mostrou a Branson o próprio refrigerante caseiro. Fascinado pelo sabor, ele realizou na escola do filho um teste cego entre o refrigerante original, a Coca-Cola e a Pepsi. Depois de ver a recepção esmagadoramente positiva do refrigerante caseiro, Branson decidiu invadir a indústria de refrigerantes lançando a Virgin Cola. Apesar de ser um Davi enfrentando os Golias – a Coca-Cola e a Pepsi –, a Virgin Cola se tornou surpreendentemente popular no Reino Unido logo no início. Empolgado, ele lançou a Virgin Cola nos Estados Unidos no mesmo ano, atraindo muita atenção da mídia graças à façanha de esmagar com um tanque um muro de latas de Coca-Cola na Times Square. A empolgação inicial não durou, no entanto, pois os titãs da indústria iniciaram o contra-ataque. A Virgin Cola começou a desaparecer das prateleiras das lojas de varejo em todo o mundo. Acontece que a Coca-

-Cola propôs aos varejistas "ofertas que eles não podiam recusar" para interromper o lançamento da Virgin Cola. Com esse "golpe baixo", Branson logo declarou o fim da Virgin Cola. Embora tenha perdido muito dinheiro no processo, e nós, como consumidores, talvez tenhamos perdido um ótimo refrigerante, Branson não ficou chateado com a sabotagem da Coca-Cola ou o fracasso da Virgin Cola; de forma otimista, extraiu uma lição valiosa da empreitada. Afirmou que a experiência o ensinou a "entrar apenas em negócios em que fosse palpavelmente melhor que todos os concorrentes". Branson se considerava alguém que "lutaria com unhas e dentes para fazer algo ter sucesso", mas, no momento em que percebesse que "não teria sucesso, esqueceria isso no dia seguinte" e passaria para a próxima empreitada.[13]

Branson nunca parou de inovar, e os fracassos apenas o levaram a desbravar novas oportunidades. Quando perguntado sobre seu empreendedorismo duradouro, atribuiu à mãe a ideia de não gastar muito tempo chorando pelo leite derramado. Afirmou que ele e sua equipe nunca ficam desanimados por erros e fracassos. "Pelo contrário, mesmo quando uma empreitada fracassa, tentamos enxergar oportunidades, para talvez aproveitar outra lacuna no mercado".[14] Esse apetite por arriscar infiltrou-se do topo até os escalões mais baixos de suas empresas e também no coração dos funcionários, estabelecendo assim uma cultura saudável e inovadora.

Se quiser incentivar a inovação, você precisa motivar sua equipe a correr riscos. Isso significa que ela pode fracassar várias vezes e tudo bem. Jamais diga a seus colaboradores para correr riscos e depois os penalize pelo fracasso – isso gerará menos inovação e mais desperdício de recursos, uma vez que eles tentarão fazer suas ideias funcionar mesmo quando as evidências se mostrarem contrárias. A mensagem é clara e em bom som: incentive o enfrentamento de riscos e recompense os fracassos.

LIÇÃO: se deseja inovar e arriscar, não envie um sinal trocado penalizando os fracassos – recompense-os!

6

Incentivando metas de longo prazo, mas recompensando resultados de curto prazo

Eliminar a concorrência e aumentar os preços é uma tática básica de economia. Como consumidores, não apreciamos esse comportamento, e ele pode ser até mesmo ilegal, como veremos no exemplo a seguir. Em junho de 2012, a Bazaarvoice comprou a PowerReviews. Como resultado dessa aquisição, o preço das ações da Bazaarvoice disparou acima de 20 dólares, e seus executivos faturaram 90 milhões com a valorização de suas participações acionárias.[1] Por que a Bazaarvoice comprou a PowerReviews? Para eliminar a concorrência. "A Bazaarvoice é o principal fornecedor comercial de plataformas de avaliação e críticas de produtos nos Estados Unidos, e a PowerReviews era sua concorrente mais próxima. Antes da transação, a PowerReviews competia agressivamente no preço, e a Bazaarvoice costumava responder à pressão competitiva. Como resultado da concorrência entre elas, muitos varejistas e fabricantes recebiam descontos substanciais nos preços. [...] A Bazaarvoice procurou restringir a concorrência por meio da aquisição da PowerReviews." Os dias de glória da Bazaarvoice duraram pouco. Em janeiro de 2013, o Departamento de Justiça dos Estados Unidos entrou com um processo antitruste que forçou a Bazaarvoice a vender a PowerReviews e fez com que o preço de suas ações caísse abaixo de 7 dólares, causando um grande prejuízo para os acionistas.[2]

Será que os executivos da Bazaarvoice estavam tão mal informados que foram pegos de surpresa pelo processo? Aparentemente, não. Eles esperavam por isso e decidiram correr o risco. O processo cita documentos internos da empresa nos quais executivos graduados da Bazaarvoice descrevem o papel da PowerReviews no mercado, deixando claro que estavam cientes do risco.

Se não foi por ignorância, por que então os executivos da Bazaarvoice deram essa tacada? Os executivos viram cifrões, no caso 90 milhões de dólares, e optaram pelo ganho de curto prazo, apesar de saberem das possíveis consequências de longo prazo para a empresa.

Imagine que acionistas de uma empresa estejam contratando uma nova CEO. Ao contratá-la, eles lhe comunicam suas metas e enfatizam a importância do sucesso da empresa no longo prazo. Embora confiantes na capacidade da nova CEO, os acionistas querem incentivá-la a ter um bom desempenho. Para tanto, baseiam grande parte de sua remuneração em participação nas ações da empresa, ignorando o fato de que o valor das ações pode estar atrelado ao desempenho de curto prazo.

Dados os incentivos da nova CEO, você não deveria se surpreender se ela se concentrar em atingir resultados de curto prazo, um comportamento denominado "curtoprazismo". Ela pode desviar recursos de qualquer coisa que não traga resultados imediatos. Por exemplo, imagine que a empresa terceirize a entrega de seus produtos. Possivelmente, seria lucrativo para ela investir em uma frota de caminhões própria para otimizar as operações, porém tal investimento causaria prejuízos a curto prazo e só geraria lucro a longo prazo. Por que a CEO arriscaria perder o emprego e o bônus para investir em uma frota nova? Para inflar os lucros a curto prazo, ela não investiria em tecnologias novas, que, embora melhorem o desempenho no futuro, geram custos no presente. Ela tomaria decisões que a ajudariam a atingir as metas de lucro a curto prazo, em detrimento do sucesso da empresa a longo prazo.

As evidências apoiam o curtoprazismo: executivos que recebem esse sinal trocado afirmam que atrasariam ou sacrificariam projetos que criam valor a longo prazo se eles prejudicassem os lucros a curto prazo.[3] Conforme demonstrado pelo exemplo da Bazaarvoice, o curtoprazismo também pode afetar os riscos que uma empresa assume. Um artigo recente fornece outra ilustração do problema de usar incentivos de curto prazo para motivar CEOs. Segundo o artigo, os incentivos dos CEOs são considerados de curto prazo quando seu direito a uma participação acionária vier a se tornar efetivo em um dos trimestres próximos (por exemplo, se estiver previsto que terão pleno direito a ações da empresa no ano seguinte). Os autores mostram que os incentivos de curto prazo estão significativamente correlacionados com reduções no crescimento dos investimentos. Os rendimentos das ações são mais positivos nos dois trimestres que cercam a efetivação da participação acionária, mas mais negativos nos anos seguintes. Em outras palavras, os CEOs agem com base nos incentivos de curto prazo, tomando decisões que sacrificam o sucesso da empresa no longo prazo.[4]

Em certos casos, o CEO é substituído após poucos trimestres de desempenho fraco das ações da empresa. Os CEOs são incentivados a afirmar que investirão no futuro, pois é isso o que os acionistas querem ouvir, porém se concentram no presente, já que desejam continuar empregados por muito tempo. Na condição de planejador de incentivos, você precisa estruturar os incentivos de um CEO de forma a destacar que, embora queira bons resultados imediatos, também se preocupa com o sucesso a longo prazo. Uma maneira de fazer com que o CEO se preocupe mais com o longo prazo é celebrar um contrato de depósito em garantia por um período mais longo.[5] O depósito em garantia é um processo no qual um ativo é mantido por uma terceira parte em nome de duas outras partes até que certas obrigações predefinidas sejam cumpridas. No caso dos gestores de empresas, um depósito em garantia assegura que aqueles executivos que recebem como bônus uma participação acionária, além de sua remuneração normal, sujeitem-se a um período obrigatório antes de poderem vender suas ações.[6] O Conselho de Investidores Institucionais dos Estados Unidos (CII, na sigla em inglês) recomenda que:

> A remuneração executiva deve ser concebida para atrair, reter e incentivar o talento executivo com o propósito de agregar valor para os acionistas a longo prazo e promover o pensamento estratégico de longo prazo. O CII considera o "longo prazo" como sendo, pelo menos, cinco anos. As recompensas executivas devem ser, em geral, proporcionais ao retorno de longo prazo para os proprietários da empresa. Recompensar os executivos com base em medidas amplas de desempenho talvez seja apropriado em casos em que isso contribui logicamente para o retorno aos acionistas da empresa no longo prazo.
>
> Para algumas empresas, a ênfase em ações restritas com requisitos de aquisição de longo prazo – por exemplo, aqueles direitos que começam a se tornar efetivos após cinco anos e plenamente efetivos ao longo de dez anos (inclusive após o término do contrato de trabalho) – pode oferecer um equilíbrio adequado entre risco e recompensa, ao mesmo tempo que promove um alinhamento especialmente forte entre acionistas e executivos.[7]

O objetivo dessa sugestão é reduzir o peso atribuído aos resultados de curto prazo em relação aos de prazo mais longo. As ações restritas garantem que os executivos não tenham um foco estreito nos resultados de curto prazo e que avaliem o desempenho positivo e negativo de longo prazo, assim como fazem os acionistas.

Prorrogação da duração de mandato

Outra maneira de alinhar os objetivos dos acionistas e do CEO é prorrogar o mandato garantido, o que alivia a preocupação do CEO com uma possível substituição se a empresa tiver um desempenho aquém do esperado a curto prazo. O problema com os mandatos de curto prazo é bem ilustrado pela política. A prorrogação do mandato afeta considerações de longo prazo. Tomemos o exemplo de um governador que está decidindo se deve investir em projetos de infraestrutura, como pontes ou trens novos. No longo prazo, isso preveniria acidentes e poderia até ser muito lucrativo, já que um trem novo teria o potencial de atrair turistas e dinheiro para o local. Entretanto, o governador tem incentivos de curto prazo, já que quer vencer as próximas eleições daqui a alguns anos. Como reconhece que perder a reeleição provavelmente representaria o fim de sua carreira política, tem fortes incentivos para privilegiar ações que favoreçam sua reeleição. Dado esse forte incentivo de curto prazo, por que um governador investiria em um trem novo que demoraria, pelo menos, uma década para mostrar benefícios? Para construir esse trem, o governador teria que redirecionar recursos de projetos de cronograma mais curto e talvez até aumentar impostos. Essas políticas não melhorariam sua popularidade entre os eleitores e prejudicariam suas chances de reeleição. Para piorar, o trem novo provavelmente estaria pronto apenas depois que ele saísse do cargo, e seria o sucessor a colher os frutos do projeto.

Como podemos resolver os sinais trocados que estamos transmitindo aos nossos políticos? A solução parece simples: acabar com os limites de duração de mandato. Sem precisar se preocupar com a reeleição a cada quatro anos, o governador poderia se concentrar em investir no futuro, sabendo que estará lá para desfrutar dos resultados. No entanto, a política é uma área em que um mandato muito longo talvez não seja uma ideia tão boa assim, pois pode acabar tendo um preço mais alto que o problema original. Mesmo que um mandato de quatro anos incentive considerações de curto prazo, pessoalmente prefiro esse sistema à alternativa de mandatos sem restrições, pois significa que vivemos em uma democracia na qual o líder precisa prestar contas aos eleitores.

Política à parte, incentivar o sucesso a longo prazo por meio de uma prorrogação de mandato não costuma ser tão custoso assim. Considere como os técnicos de basquete determinam quem jogará em certas partidas. Eles escalam seus craques ou dão tempo em quadra a jogadores mais jovens que são promissores, porém inexperientes? Dar tempo de jogo a esses jogadores provavelmente reduziria o sucesso imediato da equipe, mas lhes permitiria ganhar a experiência necessária. Se o treinador estiver enfrentando um risco de demissão no meio da temporada, condicionada aos resultados dos primeiros jogos, é possível que ele opte pela segurança e escale jogadores experientes. Se estiver convicto de que seu cargo está garantido pela primeira temporada inteira, investirá mais na melhoria da equipe como um todo e, provavelmente, verá seus esforços serem recompensados no longo prazo.

Treinando para o teste

Os incentivos de curto prazo predominam para além da área dos negócios e da política – afetam todas as salas de aula em nosso sistema de educação pública. Tradicionalmente, nos Estados Unidos, os professores de escolas públicas são pagos com base no nível de escolaridade, experiência e antiguidade no cargo. Nos últimos anos, no entanto, houve muita discussão e a implementação de uma estrutura de incentivos alternativa: o pagamento por desempenho, em que o salário e os bônus dos professores estão vinculados ao desempenho dos alunos.[8]

Na última década, pelo menos vinte estados implementaram alguma forma de pagamento baseado em desempenho para os professores, e esse número está aumentando, graças ao Fundo de Incentivo ao Professor, um programa de subvenções federal que apoia planos de desempenho.[9] Os recursos destinados ao programa aumentaram cinco vezes em apenas um ano, de 97 milhões de dólares em 2009 para 487 milhões de dólares em 2010.[10] Na década seguinte, o financiamento anual continuou na casa das centenas de milhões, alcançando 225 milhões de dólares em 2016.[11]

A abordagem de pagamento por desempenho foi ainda mais fortalecida pela lei que recebeu o nome de "Nenhuma criança deixada para trás". Em 2002, essa lei introduziu reformas educacionais normativas e exigiu que os estados desenvolvessem e divulgassem avaliações estudantis, na forma, por exemplo, de testes padronizados anuais em todo o país, a fim de receberem financiamento federal. Se as escolas não atingissem o padrão de melhorias estabelecido pelo governo federal, poderiam ser penalizadas por meio de medidas como a redução de financiamentos e o corte dos salários dos professores.[12] Isso talvez afete desproporcionalmente as escolas públicas pobres, uma vez que elas já recebem um financiamento reduzido; assim, uma redução de financiamento pode se transformar em um desempenho pior e em mais cortes de financiamento nos anos seguintes. Com tanta coisa em jogo, será que a estrutura de incentivos de pagamento por desempenho funciona? É intuitivo pensar que, para incentivar os professores a dedicarem mais esforço ao trabalho e para eliminar aqueles que não se encaixam na profissão, os bons professores deveriam ser recompensados. Dessa forma, as escolas poderiam atrair profissionais mais motivados e obter melhor desempenho dos alunos a longo prazo.

O problema está nos detalhes. Para vincular o pagamento ao desempenho dos alunos, as escolas precisam medir objetivamente esse desempenho. Nesse sentido, ele é medido por meio de testes padronizados, dando aos professores a meta de curto prazo de treinar os alunos para o teste. Queremos mesmo que os professores dediquem todos os seus esforços em ensinar os alunos a se saírem bem em um teste padronizado? A forte ênfase nos testes tem várias consequências negativas para a aprendizagem de longo prazo dos alunos. Um currículo que se concentra demais em preparar alunos para exames obrigatórios restringe a gama de conhecimentos e de habilidades, sacrificando assim uma compreensão holística do material, sem falar que fica impossível ensinar os alunos a gostarem de aprender.

Rachel Tustin, uma professora de escola pública dos Estados Unidos, diz que dedica várias semanas de cada ano escolar aos testes padronizados, durante as quais precisa abrir mão de valiosos dias de ensino para gastar com instruções, preparação e revisões exclusivamente para os testes. Como acaba não passando matemática, leitura ou escrita com os alunos, Tustin considera "uma pílula amarga de engolir" a obrigação de sacrificar sua matéria para abrir espaço para esses assuntos objetivamente quantificáveis.[13] Tustin não está sozinha. De acordo com um relatório do Centro de Política Educacional de 2016, 81% dos professores acham que seus alunos passam tempo demais fazendo testes padronizados. Muitos professores precisam "simplificar os tópicos ao máximo para conseguir abordá-los no tempo disponível", abandonando atividades interativas que normalmente ajudam os alunos a aprender as matérias.[14] Devido à falta de tempo, os professores perdem espaço para trabalharem a criatividade e o engajamento dos alunos. O currículo se torna mais simplificado, compacto e árido, diminuindo significativamente o interesse dos discentes pela aprendizagem.

Compare esse estilo de ensino padronizado à abordagem educacional liberal da Finlândia: os professores finlandeses podem personalizar seus planos de aula e escolher os livros didáticos que usarão em sala de aula. Eles têm muita liberdade criativa porque não são obrigados a administrar testes padronizados. Sem essa imposição e sem a vinculação do salário dos professores ao desempenho dos alunos, a Finlândia consistentemente se destaca no topo do Programa Internacional de Avaliação de Alunos (Pisa, na sigla em inglês), um teste internacional aplicado a alunos do ensino médio em 57 países desenvolvidos, enquanto os alunos estadunidenses constantemente encontram dificuldades para obter altas colocações nessa avaliação (discutiremos os problemas do Pisa no Capítulo 13). O sucesso do sistema finlandês sugere que a pressão constante e o foco em exames obrigatórios não estão ajudando o desempenho dos alunos estadunidenses em relação aos de outras partes do mundo. Além do desempenho excepcional nos testes, a Finlândia tem uma taxa de evasão escolar impressionantemente baixa (menos de 1%, em comparação com cerca de 25% nos Estados Unidos).[15]

O debate sobre o uso de incentivos para professores e escolas acontece ao longo dessas duas dimensões: os defensores dos incentivos dizem que é importante motivar os educadores e que tais instrumentos funcionam; a oposição argumenta que o custo do incentivo no curto prazo é prejudicial para os objetivos de longo prazo da educação, uma vez que podem transmitir sinais trocados aos professores. O incentivo de pagamento por desempenho, por exemplo, acrescenta um cifrão ao processo de aprendizagem dos alunos. Muitos professores são fortemente motivados por valores intrínsecos, como o valor de promover o crescimento do aluno, mas essa estrutura de incentivos transmite uma mensagem potencialmente prejudicial: deve-se substituir o objetivo de longo prazo pelo sucesso de curto prazo nos testes.

Esse debate é um bom exemplo de situação em que a decisão vai além do simples exame do efeito do incentivo. Pessoas diferentes podem ter valores diferentes. O objetivo dos economistas aqui é usar o raciocínio econômico e coletar dados sobre o funcionamento de cada sistema. No livro *The Why Axis*, John List e eu discutimos alguns dos experimentos que foram planejados para fornecer subsídios a tomadores de decisão.[16] Em particular, os experimentos podem determinar que tipos de incentivos e sinais funcionam nas diferentes comunidades, já que uma determinada solução não se aplica universalmente. Os economistas podem explicar as perdas e ganhos entre metas de curto e longo prazo. Os formuladores de políticas devem, então, basear suas decisões nessas perdas e ganhos e em resultados de experimentos, levando em consideração as vantagens e desvantagens de cada sistema.

Se você deseja incentivar metas de longo prazo, precisa garantir que os incentivos de curto prazo não tenham peso excessivo. Provavelmente, observará um sucesso menor no curto prazo, mas isso pouco importará se os objetivos de longo prazo forem atendidos. Não diga à equipe para trabalhar visando resultados de longo prazo para então penalizá-la quando os de curto prazo não forem ótimos. O cronograma dos incentivos deve coincidir com o dos seus objetivos finais.

LIÇÃO: se deseja motivar o sucesso de longo prazo, não incentive (apenas) o de curto prazo.

7

Incentivando o trabalho em equipe, mas motivando o sucesso individual

Nasce uma estrela

Em uma entrevista em 2010, o fundador do Facebook, Mark Zuckerberg, falou sobre os 47 milhões de dólares que pagou pela FriendFeed, uma empresa que usava redes sociais como ferramenta para descobrir informações relevantes para os usuários. O produto da FriendFeed parecia secundário em relação ao preço; na verdade, Zuckerberg estava interessado nas pessoas por trás dela. Quando perguntado por que havia pagado tanto, Zuckerberg respondeu: "Alguém excepcional em sua função não é somente um pouco melhor que alguém muito bom. [...] É cem vezes melhor". O ponto de vista de Zuckerberg é reproduzido por Marc Andreessen, cofundador da Netscape, entre outras empresas, e renomado capitalista de risco do Vale do Silício: "A diferença de rendimento entre uma pessoa altamente produtiva e uma com produtividade média está ficando cada vez maior. Cinco ótimos programadores podem superar de longe mil programadores medíocres".[1]

Um exemplo da importância de um talento "excepcional" é o *quarterback* Tom Brady. Ele jogou pelo New England Patriots, time de futebol americano, durante vinte temporadas, contribuindo para a conquista de seis títulos do Super Bowl,* entre muitos outros feitos. Não surpreende que seja considerado por muitos o maior jogador desse esporte de todos os tempos.[2] Quando a temporada de 2019 chegou ao fim, Brady queria negociar um contrato de longo prazo com o Patriots, o que lhe permitiria se aposentar pela equipe de New England. No entanto, o dono do clube, Robert Kraft, e seu técnico, Bill Belichick, relutaram, e ambos preferiram oferecer um contrato de curto prazo ao jogador em fim de carreira.[3] Assim, após vinte temporadas, Brady deixou a equipe mais bem-sucedida do mundo e se mudou para o Tampa Bay Buccaneers, que nunca tinha sido considerado um time poderoso na liga. Eles haviam vencido o Super Bowl apenas uma vez, em 2002, muito antes da chegada de Brady. O resto é história: na primeira temporada de Brady no Tampa Bay, ele levou o time à conquista do Super Bowl LV, com uma vitória sobre o Kansas City Chiefs. A propósito, o New England Patriots não teve um bom desempenho após a saída de Brady.

Mas, às vezes, não basta ser uma estrela. Tome, como exemplo, Lionel (Leo) Messi, um dos melhores jogadores da história do futebol. De acordo com o site oficial do FC Barcelona, time em que ele jogava na época, "Leo Messi é o melhor jogador do mundo. Tecnicamente perfeito, ele combina altruísmo, velocidade, serenidade e gols, o que o torna o número um". Sob sua liderança nas dezesseis temporadas em que jogou no clube, o FC Barcelona conquistou mais de vinte títulos, entre ligas e torneios, e se tornou um dos melhores clubes do planeta. Messi também tem conquistas individuais sem precedentes: ganhou mais prêmios que qualquer outro jogador na história.[4]

Como a maioria dos grandes jogadores de futebol, Messi também joga por sua seleção nacional (Argentina, no caso) em competições inter-

---

* Nota da Tradutora: Final do campeonato de futebol americano nos Estados Unidos.

nacionais como a Copa do Mundo e a Copa América. Mesmo indo tão bem em seu clube, nunca conquistou qualquer torneio significativo com a seleção nacional.* Por quê? Afinal, ele é *a* estrela do futebol. Um artigo de 2018 no jornal *The Guardian*, intitulado "Nada messiânico, Messi parece não se encaixar no jogo coletivo da Argentina", reflete sobre isso: "Sabemos que Messi é ótimo, mas estamos confusos e tristes por ele. Produto tão característico do Barcelona, mas na seleção argentina, até agora, ele não se mostra. Algo está faltando – seria unidade, fé? Messi não se encaixa no jogo coletivo. Eles têm muitos atacantes talentosos, muitos jogadores ofensivos habilidosos, mas parecem não saber extrair o melhor de cada um. Estão sofrendo. Será o sistema? Falta ânimo?".[5]

Acontece que, às vezes, nem mesmo a maior estrela consegue vencer sem sua equipe. Talvez seja, simplesmente, falta de sintonia entre Messi e os jogadores argentinos. Talvez o FC Barcelona tenha sido moldado para favorecer seu incrível talento e, portanto, seja mais adequado ao seu estilo de jogo. Talvez, ainda, ambos os times sejam igualmente bons e solidários, porém o próprio Messi não jogue da mesma forma com sua seleção nacional. Como disse Daniel Passarella, capitão da equipe argentina que conquistou a Copa do Mundo de 1978: "Ele é um grande jogador que pode acrescentar muito a qualquer equipe. Mas, quando joga pelo Barcelona, tem uma atitude diferente. Ele joga melhor lá. Às vezes, essas coisas acontecem. Você joga bem em uma equipe e é amado, mas não se sente à vontade, algo não se encaixa. Não sei o que é, mas deve ser algo que você sente lá no fundo do peito".[6]

Equipe *versus* indivíduos

O exemplo de Messi demonstra que não devemos nos preocupar apenas com o talento individual. O que acontece quando as organi-

---

* Nota da Editora: Em dezembro de 2022, pouco depois da escrita deste livro, a Seleção Argentina de Futebol foi vencedora da Copa do Mundo.

zações enfatizam a importância do trabalho em equipe, mas usam incentivos individuais? Incentivos individuais possuem muitas vantagens: motivam todos a trabalhar mais, porque a recompensa está diretamente vinculada ao próprio desempenho, e atraem profissionais melhores, ao mesmo tempo que ajudam a manter indivíduos de alto desempenho. Ademais, costuma ser mais simples medir o desempenho de um indivíduo do que de um grupo.

Não há problema em estabelecer incentivos individuais se o intuito é aumentar o esforço individual. O sinal trocado acontece quando estabelecemos incentivos individuais, mas enfatizamos a importância do esforço coletivo. O que seu funcionário levaria mais a sério: seus chavões ou o dinheiro? Ele pensaria no dinheiro. Quando o que importa é o esforço e o desempenho coletivo, as desvantagens dos esquemas de incentivos individuais tendem a ser maiores que os benefícios que acabamos de analisar. Os incentivos individuais motivam os indivíduos a se concentrar no próprio desempenho, e não no da equipe. Isso pode gerar competitividade e até mesmo sabotagem para melhorar o desempenho relativo, o que é prejudicial à colaboração.

Quando você deseja incentivar o trabalho coletivo, precisa usar incentivos coletivos – incentivos oferecidos à equipe toda por atingir certo objetivo. Se forem planejados com cuidado, os incentivos coletivos motivam os indivíduos a colaborar, comunicar-se eficazmente entre si e fomentar o espírito comunitário. Considere a prática de mentoria em empresas. O sucesso dos funcionários novos muitas vezes depende da qualidade da mentoria que recebem de colegas mais experientes. Se a organização se concentrar em incentivos individuais, os funcionários experientes estarão menos dispostos a gastar seu valioso tempo para mostrar aos novos como as coisas funcionam. Ainda que estes gostassem da mentoria e quisessem fazê-la, os incentivos individuais transmitiriam o sinal de que a organização gostaria que eles se concentrassem apenas no próprio desempenho. Além disso, a qualidade da mentoria pode ser afetada pelo fato de que o novo funcionário pode ser visto como um futuro concorrente. Esse sinal trocado seria custoso para a organização se considerarmos que os benefícios proporcionados pela mentoria costumam ser significativos. Se, de outra forma, a organização procura incentivar o desempenho coletivo, os funcionários experientes ficam motivados a ajudar os novos, pois entendem que é isso o que a organização realmente deseja.

No entanto, os incentivos coletivos podem ter o efeito negativo de motivar o comportamento "carona". Alguns membros da equipe podem reduzir seu empenho na expectativa de outro integrante assumir a carga. Se muitos membros da equipe agirem dessa maneira, o desempenho geral piorará. A contribuição diferencial para o objetivo talvez aumente o ressentimento e a tensão na equipe, e, se ela não atingir o objetivo, começará um jogo de atribuição de culpa.

O equilíbrio entre os incentivos individuais e coletivos depende da situação. Considere uma corrida de obstáculos entre equipes. A equipe vencedora é aquela cujo corredor cruza a linha de chegada primeiro. Incentivos individuais fazem sentido nesse contexto: você deseja atrair e manter os melhores talentos e deseja recompensá-los. Deseja também que a equipe trabalhe em conjunto para apoiar o membro mais rápido; portanto, seria desejável acrescentar alguns incentivos coletivos, mas eles não serão a força motriz.

Agora, considere, em vez disso, uma corrida de obstáculos em que, para vencer, a equipe inteira precisa cruzar a linha de chegada primeiro. Nesse caso, tudo depende da pessoa mais lenta da equipe. A equipe inteira compete, mas seu sucesso depende de o corredor mais lento terminar mais rápido que o corredor mais lento de outra equipe. Esse tipo de competição exige incentivos muito diferentes, que motivem a equipe inteira a ajudar o membro mais lento em vez do membro mais rápido.

Esse exemplo é comumente observado em disputas de pesquisa e desenvolvimento. Algumas situações de P&D exigem que uma pessoa brilhante tenha uma ideia brilhante, a qual vencerá a competição. Outras situações de P&D exigem que a equipe trabalhe em conjunto para avançar em várias dimensões da pesquisa e, assim, vencer a corrida de longa distância.

Quer drama?

Quando pensamos em concorrência de preços, temos em mente grandes empresas reduzindo seus preços para conquistar uma parcela maior do mercado. A guerra de preços entre a Coca-Cola e a Pepsi mantém o preço dos refrigerantes baixo. Manchetes como "Uma guerra está surgindo entre McDonald's, Burger King e Wendy's – e isso é ótimo para os consumidores" sempre nos deixam felizes, e deveriam mesmo.[7]

Quando pensamos em grandes empresas como essas, devemos considerá-las como um "jogador unitário" ou uma equipe? Às vezes, a própria empresa não é uma grande família feliz. Pode haver tensões, competição e conflitos internos em relação à forma de calcular os preços. Embora muitas vezes ignorada, a organização interna dessas empresas e a possibilidade de haver interesses conflitantes dentro delas são determinantes para seu comportamento. Gary Bornstein e eu desejávamos examinar esse drama em mais detalhes e saber como a estrutura de uma organização afeta a concorrência com outras empresas e os preços de mercado.[8]

Considere, por exemplo, uma companhia aérea interessada em comprar aeronaves novas para sua frota. Os dois principais concorrentes nesse mercado são o Boeing 737 e o Airbus A320. Suponha, para simplificar, que a decisão de compra da companhia aérea se baseie apenas no preço. Esse mercado tem dois jogadores que competem entre si pelo corte nos preços de um e de outro. O CEO da Boeing está tentando oferecer preços mais baixos que o CEO da Airbus e vice-versa.

Alternativamente, podemos considerar um mercado com organizações mais complexas (e, provavelmente, mais realistas), cada uma formada por alianças entre empresas que são responsáveis por uma parte diferente do avião (motor, equipamentos eletrônicos etc.). Cada empresa da aliança define seu preço de maneira independente, e o preço do avião é a soma dos preços exigidos pelas empresas individuais. Embora todos os membros da aliança Boeing tenham o interesse comum em fixar um preço competitivo e vencer a concorrência com a Airbus, cada membro individual também tem interesse em maximizar sua própria parcela no lucro do grupo. Suponha que a Boeing esteja comprando seus motores da General Electric. Ela não pode simplesmente trocar o motor de seu 737 – seria caro e demorado transferir seus negócios para outro fabricante de motores. Portanto, o objetivo da General Electric é cobrar o máximo possível pelo motor e, ao mesmo tempo, manter o preço baixo o bastante para que a Boeing vença o contrato.

Uma vez que não podemos fazer experimentos com a Boeing e a Airbus, Gary e eu criamos um jogo de laboratório para simular essa concorrência. Criamos um mercado competitivo entre duas equipes (pense na Boeing e na Airbus) chamadas Equipe A e Equipe B. Cada equipe consistia em três jogadores (pense em motor; equipamentos eletrônicos e componentes; e peças). Esses "jogadores" eram estudantes que participavam de nosso experimento e que ganhavam dinheiro por suas decisões.

Pedimos aos jogadores que definissem um preço entre 2 e 25 dólares. O preço da equipe era, simplesmente, a soma dos preços de seus três jogadores. Suponha que, na Equipe A, o jogador 1 define o preço em 10 dólares; o jogador 2, em 15 dólares; e o jogador 3, em 5 dólares. Nesse caso, o preço da Equipe A é 10 + 15 + 5 = 30 dólares. Então, o preço da Equipe A foi submetido à concorrência entre as duas equipes. A equipe cujo preço total fosse mais baixo venceria a concorrência e receberia seu preço (os valores eram divididos em caso de empate). Em nosso exemplo, se o preço total da Equipe B fosse inferior a 30 dólares, ela venceria; se fosse superior a 30 dólares, a Equipe A venceria. Nesse jogo simples, cada equipe queria estabelecer o preço mais alto possível para maximizar sua renda, contanto que ele fosse inferior ao da concorrência.

Uma comparação interessante surge das duas maneiras pelas quais os lucros da equipe foram distribuídos entre seus três membros. No caso dos incentivos coletivos, os lucros pela vitória eram rateados igualmente entre os membros, cada um ganhando exatamente um terço do lucro total. No exemplo anterior, se a Equipe A ganhasse, cada jogador receberia 10 dólares.

No caso dos incentivos individuais, cada jogador recebia o preço que pediu, se a equipe vencesse. No exemplo anterior, o jogador 1 ganharia 10 dólares, o jogador 2 ganharia 15 dólares e o jogador 3 ganharia 5 dólares. Como você pode imaginar, conceder incentivos individuais aos jogadores muda totalmente a dinâmica. Seria de se esperar que a concorrência reduzisse os preços. No entanto, no caso dos incentivos individuais, cada jogador tem a oportunidade – a tentação, na verdade – de se aproveitar. Se os outros jogadores da equipe se contentarem com um preço baixo, cada jogador pode exigir um preço mais alto e, ainda assim, tem a possibilidade de vencer. No exemplo da Equipe A, o jogador 2 conseguiu embolsar 15 dólares porque o jogador 3 foi "bonzinho" e apresentou uma demanda bastante modesta. Com os incentivos coletivos, em que os lucros são rateados igualmente, a oportunidade para se aproveitar do sacrifício alheio é eliminada.

Em nosso experimento, permitimos que os participantes jogassem esse jogo cem vezes, cada vez com uma equipe diferente, e observamos a dinâmica. Nossa previsão era que o drama no caso dos incentivos individuais impediria que os preços caíssem acentuadamente. De fato, foi o que verificamos. Após cem rodadas, o preço médio, no caso dos incentivos coletivos, foi inferior a 12 dólares, enquanto, no caso dos incentivos individuais, o preço médio foi duas vezes e meia superior, 30 dólares.

Esse experimento é uma demonstração simples de como a escolha entre esquemas de incentivos coletivos *versus* individuais dentro de uma organização altera a dinâmica interna. Quer drama? Dê incentivos individuais a seus funcionários e deixe-os se digladiarem. Quer uma organização mais pacífica e, talvez, menos ambiciosa? Use incentivos coletivos. Qualquer que seja a sua escolha, certifique-se de que a estrutura de incentivos dentro da equipe é compatível com seu objetivo.

Estudo de caso: incentivos coletivos *versus* incentivos individuais no esporte

Imagine que você é Alexis Sánchez, um jogador profissional de futebol, atacante, que, em 2019, atuava no Manchester United. É o terceiro jogo da temporada na Premier League, a principal liga do futebol inglês. Tendo a equipe adversária errado na coordenação de uma jogada, você toma a posse da bola e inicia um rápido contra-ataque. Avança rapidamente pelo campo rumo ao gol adversário. Nas proximidades da grande área, vê-se diante de uma decisão importante. Pode driblar os dois defensores restantes e tentar marcar sozinho – digamos que sua probabilidade de sucesso seja de 40%. Pode também passar a bola para seu companheiro de equipe Paul Pogba, que está livre a 15 metros de distância – você acredita que a probabilidade de sucesso dele seja de, digamos, 60%.

O que você faria? Do ponto de vista da equipe, a segunda opção é claramente preferível, já que é mais provável que o gol seja marcado. Por que, então, Sánchez hesitaria em passar a bola para Pogba? Se todos os incentivos fossem regulados pelo sucesso da equipe, a escolha seria fácil. No entanto, esse não é o caso. Sánchez, o jogador mais bem pago do Manchester United na época, tinha uma cláusula de bônus em seu contrato que lhe renderia 75 mil libras adicionais a cada gol e mais 20 mil libras a cada assistência.[9] Esse tipo de incentivo individual cria uma relação conflitante entre o sucesso da equipe como um todo e a remuneração do próprio jogador. No caso do jogador, mesmo que passar a bola seja mais benéfico para a equipe, uma tentativa de chute poderia ser muito mais lucrativa, dada a disparidade entre os bônus por gol e aqueles por assistência. Para ilustrar mais claramente a perspectiva de Sánchez, seu processo de decisão é apresentado na árvore de jogo na ilustração a seguir.

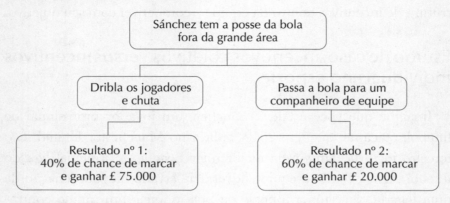

Utilidade de Sánchez. O Resultado nº 1 tem um valor esperado de £ 30.000 (75.000 × 40%). O Resultado nº 2 tem um valor esperado de £ 12.000 (20.000 × 60%). Valor esperado do Resultado nº 1 > Valor esperado do Resultado nº 2 → Sánchez opta por chutar.

Vamos nessa!

Além das motivações conflitantes, esse tipo de incentivo individual pode causar fissuras na equipe. Em outubro de 2019, Sánchez e Pogba tiveram um desentendimento no campo sobre quem deveria cobrar um pênalti. Pogba, o outro grande artilheiro da equipe, recebia 50 mil libras por gol e 20 mil libras por assistência. Sabendo de seus incentivos, não surpreende que ambos ansiassem pelo bônus de marcar gols.[10] As fissuras se estendem para além de desavenças individuais. Um jornal inglês relatou que a disparidade entre os bônus de Pogba e Sánchez em relação ao restante da equipe tinha causado raiva e insatisfação entre os outros jogadores.[11] Os contratos com bônus individual tiveram efeito negativo, uma vez que o espírito coletivo ficou prejudicado, e geraram animosidade entre os companheiros de equipe.

Apesar das desvantagens potenciais dos prêmios individuais elevados, o Manchester United tem um histórico de oferecer bônus astronômicos por gols marcados. Para você ter uma ideia, a Romelu Lukaku foram prometidos 10 milhões de libras caso marcasse 23 gols por temporada durante seus primeiros quatro anos no clube.[12] Já Zlatan Ibrahimović ganhou mais de 3,69 milhões de libras em bônus por gols na temporada de 2017, tendo recebido até 184.900 libras por gol.[13] O Manchester United não é o único a usar essas remunerações individuais – elas são muito comuns na maioria dos grandes clubes.

Por exemplo, de acordo com o contrato de 2016 do atacante Roberto Firmino, do Liverpool, seus bônus por gols aumentavam exponencialmente conforme mais gols ele marcava na temporada, chegando a 85 mil libras por gol após marcar 16 gols.[14] Embora Firmino também tenha ganhado 31 mil libras a cada assistência dada, era muito menos que o valor que ele ganhava por gol marcado após atingir a marca de cinco gols na temporada.[15]

Em contraste, algumas equipes enfatizam a vitória acima do desempenho individual. Por exemplo, os contratos da Major League

Soccer (MLS)* oferecem aos jogadores o mesmo bônus por um gol ou por uma assistência, minimizando assim o conflito entre ganho individual e sucesso coletivo.[16] Em tais contratos, os sinais estão alinhados: o objetivo da equipe e o dos jogadores passa a ser o mesmo. Uma desvantagem é que as estrelas que marcam muitos gols talvez prefiram escolher uma equipe que compense desproporcionalmente o sucesso individual.

Esse problema de incentivo no esporte não é exclusivo do futebol. Os jogadores da NFL** também recebem uma combinação de incentivos individuais e coletivos. Assim como no futebol, o objetivo das equipes é claro: vencer, chegar às fases eliminatórias e terminar na colocação mais alta possível na liga. Entretanto, os administradores costumam considerar que simplesmente oferecer incentivos coletivos não é suficiente para motivar jogadores individuais, então muitos também têm incentivos de desempenho individual em seus contratos, a depender de estatísticas, como jardas ganhas, jardas por tentativa e *touchdowns*.[17] Em 2007, o jogador do Baltimore Ravens Terrell Suggs tinha uma cláusula contratual que previa como incentivo um impressionante bônus de 5,5 milhões de dólares por atingir determinado número de *sacks*.[18] Para quem não está familiarizado, um *sack* acontece quando o *quarterback* é derrubado atrás da linha de *scrimmage* antes de conseguir executar um lançamento. Como esse incentivo poderia mudar a postura de Suggs no jogo? Provavelmente, ele seria mais propenso a correr riscos e a se expor mais para tentar derrubar o *quarterback* adversário. Embora ser agressivo no campo possa ser gratificante, nem sempre a melhor estratégia para a equipe é tentar *sacks* e arriscar ceder jardas cruciais. Suggs acabou sendo bem-sucedido em sua busca pelo número necessário de *sacks* e ganhou o bônus multimilionário, mas os Ravens terminaram a temporada em uma colocação baixa na tabela.[19]

---

* Nota da Tradutora: Principal liga professional de futebol dos EUA.
** Nota da Tradutora: A National Football League é a principal liga profissional de futebol americano dos EUA.

Além dos bônus incluídos em seus contratos, os jogadores da NFL têm direito a receber outra forma de incentivo individual: um fundo baseado em desempenho financiado pela liga. Na temporada de 2019, os jogadores da NFL receberam um total substancial de 147,95 milhões de dólares em pagamentos por desempenho. O fundo compensa os jogadores com base em um índice de atletas, o qual está relacionado ao tempo em campo e ao salário. Em outras palavras, o pagamento aumenta à medida que o tempo em campo do jogador aumenta e seu salário diminui.[20] Sob essa estrutura de pagamento por desempenho, os jogadores costumam ser incentivados a privilegiar o tempo em campo em detrimento de sua saúde. Já que, para muitos jogadores, o tempo em campo é equivalente a dinheiro, eles optam por jogar com lesões ou dores, uma vez que passar tempo em recuperação poderia significar perder parte do pagamento por desempenho. Esse incentivo individual pode acabar causando mais malefícios que benefícios para o sucesso da equipe no longo prazo, no caso de seus melhores jogadores continuamente sacrificarem saúde e tempo de recuperação por causa do pagamento do bônus.

Neste capítulo, discutimos alguns aspectos dos incentivos individuais no contexto de equipes. Os incentivos individuais dos membros da equipe são introduzidos para motivar os jogadores. Será que esses incentivos são de fato necessários? A longo prazo, os jogadores são compensados por seu sucesso, tanto intrinsecamente, no que se refere ao orgulho de ser atleta, quanto pelos contratos futuros que incluem incentivos regulados pelo desempenho coletivo. Isso não basta? O custo dos incentivos individuais, nesse caso, não é trivial. A administração envia um sinal forte aos jogadores: você deve fazer o melhor que puder para que a equipe vença. Tudo gira em torno do trabalho em equipe, do sucesso do time, e assim por diante. No entanto, os incentivos individuais transmitem um sinal muito diferente: esperamos que *você* marque o gol. Esse sinal trocado pode ser custoso.

Os exemplos que abordamos mostram que a escolha entre incentivos individuais e coletivos depende da natureza do trabalho e do resultado desejado. Em certos casos, se você considera importante o "melhor" atleta individual, vá em frente e use incentivos individuais. Contudo, se decidir fazer isso, não incentive a colaboração coletiva ao mesmo tempo que motiva as contribuições individuais, pois assim você enviará sinais trocados. Caso considere importante o esforço coletivo, alinhe seus incentivos com esse objetivo.

Evidentemente, também existem maneiras criativas de combinar os dois incentivos. Por exemplo, no Capítulo 12, que aborda os prêmios, falaremos sobre a oferta de prêmios especiais que incentivarão o investimento dos integrantes da equipe sem ofuscar o esforço individual (por exemplo, o "prêmio de melhor mentor"). Alternativamente, considere a possibilidade de usar incentivos individuais e coletivos – pague um bônus para a equipe inteira a cada vitória e um bônus para cada jogador que marcar um gol.

LIÇÃO: assegure-se de que a relação entre incentivos individuais e coletivos esteja alinhada com seus objetivos.

PARTE TRÊS
Como os incentivos moldam a narrativa

Espero que, a esta altura, você tenha se convencido de que os incentivos transmitem sinais que moldam a história. Economistas comportamentais e psicólogos descobriram maneiras sistemáticas pelas quais as diferentes estruturas de incentivos afetam o significado que atribuímos à história e ao comportamento. Nesta parte, discutiremos algumas dessas regularidades psicológicas e como elas podem ser usadas para alcançar objetivos.

8
Apostas e erros

Tenho um passatempo estranho: colecionar histórias sobre incentivos que malograram. Essas curiosas histórias mostram que as pessoas são muito mais criativas do que pensamos. Neste capítulo, vou compartilhar algumas. Como eu, você descobrirá que, infelizmente, aqueles que concebem incentivos invariavelmente repetem os mesmos erros – uma pena, dado o poderoso potencial dos incentivos inteligentes.

Por que a Wells Fargo precisou se restabelecer?

Recentemente, a Wells Fargo introduziu um toque curioso em seu marketing, com a campanha chamada "Restabelecida". A razão pela qual o banco sentiu a necessidade de se restabelecer é bastante prosaica. Em setembro de 2016, sua reputação escorreu pelo ralo em decorrência de um escândalo de fraude generalizada – resultado de incentivos ruins destinados a gerar mais vendas.

Em 1997, o então CEO, Richard Kovacevich, lançou uma iniciativa cujo objetivo era chegar a uma média de oito produtos bancários por cliente. Os funcionários responsáveis por vender esses produtos que superassem a cota seriam recompensados com aumentos de salário ou promoções.[1] Um incentivo simples e eficaz, certo? Errado.

Muitas vezes, as metas de vendas eram praticamente inatingíveis, levando os funcionários a trapacear para manter o emprego. De 2009 a 2016, milhares de bancários em todo o país solicitaram cartões de crédito falsos, abriram contas não autorizadas e emitiram produtos de seguro para clientes sem a solicitação ou o conhecimento destes. Quando o esquema foi exposto, o número de contas falsas totalizava 3,5 milhões. Quando a fraude foi descoberta, 5,3 mil funcionários foram demitidos.[2]

Você consegue imaginar a rotina diária desses funcionários durante esses sete anos? Eles chegavam ao escritório de manhã, tomavam um café, ligavam o computador e... criavam e gerenciavam uma infinidade de contas falsas! Em um ambiente assim, seria incrivelmente difícil para o funcionário médio permanecer honesto.

Por que os funcionários gastavam tempo trapaceando? Porque esse era o sinal que seus chefes enviavam a eles. A gestão incentivou e até mascarou a fraude: funcionários que denunciaram ao departamento de ética da Wells Fargo os comportamentos fraudulentos relataram posteriormente que tinham sido vítimas de retaliação.[3] Embora a declaração oficial de missão do banco afirmasse que ética era importante, os incentivos e as consequências de relatos de fraude transmitiam uma mensagem muito diferente.

O custo total para o banco foi e continua sendo substancial. O maior dano foi à reputação – um golpe do qual a Wells Fargo ainda está se recuperando. E pensar que tudo isso poderia ter sido evitado se a administração houvesse pensado com mais cuidado nos possíveis efeitos adversos de seu plano de incentivo.

Onde o banco errou? Como discutimos no Capítulo 5, se você planeja incentivos para aumentar a quantidade, deve incorporar um mecanismo que verifique a qualidade. Esse sistema atinge dois objetivos: devido às penalidades, produzir produtos de baixa qualidade se torna custoso para os trabalhadores e, consequentemente, transmite um sinal de que a administração se preocupa com a qualidade. No caso da

Wells Fargo, isso poderia ter sido alcançado com um bom sistema de auditoria que identificasse funcionários que inventassem contas e os punisse. Auditorias e punições por trapaça reduziriam os incentivos para fraudar. Esse efeito direto é chamado de "dissuasão". É importante destacar que, muito mais que uma declaração de missão superficial sobre a importância da ética, um sistema de auditoria desse tipo também transmitiria um sinal aos funcionários de que a administração se preocupa com a honestidade. Investir recursos na proteção dos interesses dos clientes transmite uma mensagem forte: nós nos importamos com nossos clientes e estamos dispostos a gastar dinheiro para protegê-los. Esse sinal estaria alinhado com a mensagem oficial que o banco comunicava e teria mudado a cultura de trabalho. A quantidade de produtos e serviços teria sido menor, mas, em contrapartida, sua qualidade teria sido maior. Em outras palavras, os funcionários teriam aberto menos contas, mas essas contas teriam sido reais e lucrativas.

A Wells Fargo reagiu ao escândalo com um pedido público de desculpas e a eliminação de todos os esquemas internos de incentivo. Desde então, por meio de consultorias ocasionais, fiquei sabendo que esquemas de incentivo foram completamente banidos da atividade bancária. No entanto, remover esquemas de incentivo do arsenal de uma empresa é uma reação exagerada e custosa. A introdução, desde o início, de mecanismos de auditoria apropriados para contrabalançar os incentivos que recompensam a quantidade teria transmitido o sinal certo e evitado o fracasso.

Uma multa é um preço

Chegar à creche no horário certo para buscar os filhos é importante. Lembro-me de um dia – minhas filhas eram bebês – em que fiquei preso no trânsito e tive que dirigir como louco para chegar a tempo à creche. A creche fechava às 16 horas. Cheguei às 16h02. Entrei correndo, ensaiando mentalmente as profusas desculpas que havia preparado durante o trajeto. Fui recebido com o olhar desaprovador da professora, e as palavras imediatamente ficaram presas na minha garganta. Não foi uma boa experiência.

Algumas semanas depois desse incidente, o dono da creche introduziu uma multa de 10 shekels israelenses (isso aconteceu em Israel; o valor de 10 shekels equivalia a cerca de 3 dólares na época) para pais que chegassem após às 16h10. "Ah", pensei, "só 3 dólares? Tudo bem". Quando me atrasei novamente, já não dirigi como um louco. Não valia a pena arriscar a minha vida por 3 dólares.

Inspirados por essa experiência, Aldo Rustichini e eu planejamos um experimento de campo para testar o efeito das multas em creches por atraso dos pais ao buscar os filhos.[4] Começamos com dez creches sem multas. Durante as quatro primeiras semanas, apenas registramos o número de atrasos em cada uma. Em seguida, em seis das creches, introduzimos uma multa de 3 dólares para os pais que chegassem atrasados. Acontece que eu não fui o único a mudar meu comportamento por causa da multa – o número médio de pais que se atrasavam dobrou! A multa, originalmente introduzida para desmotivá-los a chegar tarde, na verdade promoveu atrasos. Por quê?

Antes da implementação dessa política, os pais se sentiam mal quando chegavam tarde. Isso talvez transmitisse um mau sinal para si mesmos, bem como um mau sinal social. Ao introduzir uma pequena multa por atraso, o dono da creche sinalizou que chegar tarde não era tão ruim assim. Os pais aprenderam que a demora não era tão malvista quanto pensavam originalmente – afinal, eles estavam sendo multados em meros 3 dólares. A multa permitia que chegassem atrasados e evitassem o sentimento de culpa. Dessa forma, ela colocou um preço no atraso, o que permitiu que os pais reavaliassem a situação. Um argumento que apoia a afirmação de que uma multa pequena sinaliza que chegar tarde não é tão ruim vem da última parte de nosso estudo, na qual retiramos a multa e observamos o que aconteceu. Bem, o comportamento dos pais permaneceu igual ao do período em que a multa estava em vigor. Com o valor da multa, eles haviam aprendido que atrasar não era tão ruim assim.

Não são apenas as creches pequenas com multas de 3 dólares que transmitem sinais desse tipo. Grandes organizações cometem erros semelhantes. O governo galês aprendeu essa mesma lição quando aprovou uma política que multava os pais em 60 libras esterlinas se tirassem os filhos da escola durante o período letivo.[5] Os pais costumavam fazer isso para tirar férias em família quando os preços das passagens estavam mais baixos e os destinos, menos lotados. Assim como a multa de 3 dólares por atraso nas creches, a de 60 libras colocou um preço na questão: permitiu que os pais decidissem se valia a pena, por esse preço, tirar os filhos da escola por alguns dias. Um relatório constatou que o número de férias em família não autorizadas aumentou após a introdução das multas. Alguns pais declararam que achavam mais vantajoso, financeiramente, pagar a multa de 60 libras do que viajar durante a alta temporada. Os agentes de viagens mais espertos até passaram a oferecer o pagamento da multa como parte de um pacote promocional!

Além de ilustrarem como uma multa pode funcionar como um preço, esses dois exemplos também nos dizem que o valor da multa serve como um forte sinal. Algumas creches nos Estados Unidos impõem uma multa de 5 dólares a cada minuto de atraso do responsável. Outras são ainda mais rigorosas. Uma mãe da Nova Zelândia postou no Facebook que foi multada em 55 dólares por atrasar pouco mais de 1 minuto. A creche do filho tem uma multa fixa de 20 dólares pelo atraso, mais 35 dólares pelo atraso de um a trinta minutos e, ainda, mais 85 dólares pelo atraso de 31 minutos a uma hora. Então uma multa tão alta é eficaz? De acordo com a creche, apenas dois pais foram multados durante a vigência dessa política, que durou um ano. A maioria das creches que conheço nem sonha com dados assim.[6] Han van Dissel, decano da Faculdade de Economia e Negócios da Universidade de Amsterdã, me contou o que talvez seja o melhor exemplo de penalidade severa: em certas creches em Paris, se os pais se atrasam para buscar os filhos, o gerente leva a criança para a delegacia de polícia local, e os pais precisam buscá-la lá. Essa punição severa torna o atraso extremamente caro e sinaliza que é fortemente desaprovado. Da mesma forma, se o governo galês tivesse estabelecido uma multa alta o suficiente por tirar as crianças da escola durante o período letivo, ela teria sido eficaz. Lembre que o tamanho do incentivo serve como um sinal.

A segurança como um incentivo ruim

A imagem a seguir representa um incentivo essencialmente ruim.

Você quer que seu motorista se sinta seguro?

Como passageiro de motocicleta ou ciclomotor, a última coisa que você desejaria é que o motorista tivesse um capacete e você não. Andar de moto sem usar capacete é uma estupidez absoluta, mas não é só isso: pense nos riscos que você assume ao dirigir – talvez você acelere um pouco mais na estrada ou dê uns goles em um *frappuc-*

cino no meio do trânsito. Muitas vezes, assumimos mais riscos que o necessário e, quanto mais seguros nos sentimos, mais riscos estamos dispostos a correr.

A motorista da imagem está usando capacete, o que provavelmente a faz se sentir relativamente segura. É provável que isso a leve a correr mais riscos. Se você for o passageiro sem capacete que está viajando com ela, sua situação não é nada boa. Como Sam Peltzman argumentou em 1975, poucos anos após os cintos de segurança e outras regulamentações de segurança se tornarem obrigatórios nos Estados Unidos, o número de acidentes de carro poderia ter aumentado.[7] Os motoristas talvez assumissem mais riscos porque o cinto de segurança havia reduzido a probabilidade de lesões graves ou fatais em caso de acidente. As novas regulamentações enfraqueceram o incentivo para dirigir com segurança, sinalizando aos motoristas que, mesmo que se envolvessem em um acidente, ficariam bem.

O aumento no número de casos de aids também exemplifica esse ponto. Antes que tratamentos fossem desenvolvidos, contrair aids era uma sentença de morte, e todos tinham muito cuidado quanto à sua disseminação. Agora que existe tratamento e ela é vista apenas como uma doença crônica, as pessoas a consideram menos ameaçadora e correm mais riscos, como ter relações sexuais desprotegidas, o que aumenta o número de infectados. A disponibilidade dos novos tratamentos reduziu o incentivo para tomar cuidado.

Para deixar claro, não estou dizendo que instalar medidas de segurança nos carros (ou desenvolver tratamentos que salvam vidas) seja ruim. Dar ao motorista uma sensação de segurança *enquanto permite que o passageiro ande sem capacete*, por outro lado, é um incentivo ruim.

Steven Landsburg, autor de *Economista de sofá*, levou essa abordagem de sinalização ainda mais longe e ofereceu esta brilhante ideia: como passageiro, você não deveria querer que seu motorista usasse cinto de segurança; você deveria, na verdade, considerar a instalação de um longo e afiado prego no volante do carro que fizesse seu motorista compreender claramente as consequências de um acidente.[8] Você até pode dizer ao motorista que prefere que ele não dirija muito rápido e que a segurança é sua maior preocupação; contudo, coloque esse prego e você terá certeza de que o motorista entenderá o sinal: você quer que ele dirija da forma mais segura possível!

O massacre dos ratos de Hanói

Em 1897, Paul Doumer foi nomeado governador da Indochina Francesa, cuja capital era a cidade hoje conhecida como Hanói, Vietnã. Bem à maneira dos franceses, ele logo deu início a um programa de modernização da cidade, cujo grande marco foi a introdução de banheiros.

Infelizmente, os delicados colonos franceses não foram os únicos que gostaram desse acréscimo à infraestrutura da cidade – os ratos de Hanói também. O sistema de esgoto que corria sob a cidade foi rapidamente infestado. Nem mesmo caçadores profissionais de ratos foram capazes de deter a proliferação dessas criaturas resilientes e abundantes. Algo mais drástico precisava ser feito, de forma eficaz e rápida.[9]

Doumer e equipe se reuniram e conceberam uma solução inovadora: convocar os cidadãos de Hanói a agir em nome do Estado oferecendo como recompensa 1 centavo por rato. Como prova, os cidadãos eram obrigados a entregar os rabos dos ratos às repartições governamentais; lá, um pobre sujeito tinha a tarefa de contá-los e pagar as recompensas. Rabos de ratos começaram a chegar aos montes.

Quando Doumer e sua equipe estavam prestes a decretar o sucesso da ideia, relatos intrigantes foram recebidos: ratos sem rabo corriam soltos pela cidade. Acontece que cidadãos empreendedores perceberam que cortar o rabo de um rato e deixá-lo viver e se reproduzir fazia mais sentido financeiro do que matá-lo. Um rato sem rabo poderia gerar filhotes com rabos que poderiam ser cortados e entregues em troca da recompensa. A criatividade dos cidadãos não parou por aí. Uma nova profissão lucrativa surgiu: fazendas dedicadas à criação de ratos.

Alguns cidadãos ainda mais inovadores até importavam rabos de ratos de lugares distantes!10

O incentivo falhou porque considerava apenas a quantidade e ignorava a qualidade. O governador queria que as pessoas matassem os ratos locais para deter a proliferação dos bichos, mas não era isso o que os incentivos realmente recompensavam. Como no caso da Wells Fargo, o erro foi privilegiar a quantidade em detrimento da qualidade. Uma solução simples poderia ter sido pagar pelos ratos, não apenas por seus rabos.

Casas engraçadas

Numa nota muito mais leve: os incentivos podem criar paisagens estranhas quando se trata de arquitetura. Adoro visitar a encantadora região de Puglia, localizada na base da bota da Itália e conhecida por suas oliveiras, praias espetaculares e comida incrível. No deslumbrante Valle d'Itria, fica um dos atrativos especiais de Puglia, pelo menos para o economista que existe em mim: os *trulli*. *Trulli* é o nome das estruturas que costumavam ser habitadas por camponeses, os quais tinham incentivos para construí-las em estilo único.[11] Note os telhados na imagem a seguir – você não os encontrará em nenhum outro lugar do mundo.

Como os incentivos moldam os telhados.

Como os incentivos moldam as janelas.

Um *trullo* (singular de *trulli*) típico era construído em formato cônico, com uma base cilíndrica de pedra seca e um telhado de telhas de calcário. Construídos sem argamassa ou cimento, os *trulli* podiam ser desmontados rapidamente.[12] Na verdade, essas casas foram construídas com esta intenção em mente: se a pedra mais alta do telhado fosse removida, o telhado inteiro desabava.[13]

Por que alguém iria querer viver em uma estrutura tão precária? Na época, o rei Roberto I de Nápoles (1309-1343) coletava impostos com base no uso da estrutura. As estruturas com telhado eram consideradas domicílios e, portanto, estavam sujeitas a impostos pesados.[14] Os camponeses da Puglia tiveram que inovar: sempre que avistavam um coletor de impostos se aproximando da cidade, rapidamente desmontavam os telhados, para que suas casas não ficassem sujeitas ao tributo. Quando o coletor se dirigia para a cidade seguinte, eles reconstruíam os telhados e tocavam a vida.

Impostos semelhantes moldaram a arquitetura e incentivaram comportamentos de construção inéditos também em outros lugares. Por exemplo, você consegue adivinhar por que algumas das janelas no prédio da imagem anterior estão tampadas com tijolos?

O hoje notório Imposto sobre Janelas foi criado na Inglaterra em 1696 e usado nos séculos XVIII e XIX por governos na França, Irlanda e Escócia.[15] Na época da introdução do imposto, as janelas eram consideradas um reflexo da prosperidade do proprietário: segundo esse raciocínio, pessoas mais ricas tinham casas maiores e, portanto, mais janelas. As autoridades queriam criar um imposto progressivo sobre imóveis, de modo que os mais ricos pagassem impostos mais altos.

Em algum momento, os oficiais perceberam uma queda na receita arrecadada pelo Imposto sobre Janelas. Descobriu-se que os proprietários de imóveis estavam tampando janelas com tijolos, e que casas novas estavam sendo construídas com menos janelas.[16] Para compreender, na íntegra, a astúcia dessa solução alternativa, é importante entender a forma do cálculo do imposto: 6 centavos por janela em uma casa com dez a catorze janelas, 9 centavos por janela em casas com quinze a dezenove janelas e 12 centavos por janela em casas com mais de vinte janelas. Um exame cuidadoso dos registros fiscais daquela época mostra que quase metade das casas magicamente possuía janelas na quantidade mais eficiente em termos fiscais: nove, catorze ou dezenove.[17] Esse projeto reflete, mais uma vez, a criatividade dos cidadãos na busca por brechas para contornar incentivos fiscais ruins.

O curioso é que os extremamente ricos fizeram o oposto: o imposto tornou possível ostentar a riqueza por meio da instalação de mais janelas do que precisavam! É um exemplo de como incentivos podem facilitar a transmissão de sinais para os outros; nesse caso, eles ajudavam a sinalizar a riqueza do proprietário.

O Imposto sobre Janelas foi finalmente abolido em 1851, após anos de reclamações de que a falta de janelas criava ambientes nos quais doenças e problemas de saúde se proliferavam. As janelas tapadas que ainda hoje podem ser vistas em certas partes da Europa servem como lembrete de como incentivos fiscais ruins moldam a aparência do mundo.

As casas ao longo dos canais de Amsterdã são outro exemplo dessa dinâmica. É óbvio o que os incentivos fiscais ruins incentivaram sem querer: casas estreitas.[18] Construídas sobre solo naturalmente macio, a base das casas holandesas requeria estacas compridas e resistentes. Para economizar dinheiro, os cidadãos de Amsterdã reduziam o comprimento das estacas, o que resultava em casas inclinadas. Na tentativa de corrigir o problema, o governo determinou que apenas funcionários credenciados eram autorizados a instalar as estacas. Para cobrir o custo dessa nova mão de obra, o governo introduziu um imposto com base na largura da casa que seria construída, já que casas mais largas exigiam mais estacas.[19]

O resultado perdura, em toda sua beleza, até os dias atuais: casas altas e estreitas com escadas bastante inclinadas. Se algum dia você visitar Amsterdã e se vir subindo escadas infinitamente íngremes com bagagem pesada, culpe os incentivos fiscais. Da mesma forma, deve ser fácil identificar quais casas foram construídas por pessoas que queriam sinalizar que eram ricas o suficiente para pagar o imposto.

Apostas sem erros

Menos divertidos talvez, porém não menos informativos, são os exemplos de incentivos que deram certo. Vejamos agora duas pequenas alterações em incentivos que tiveram grande impacto no mundo.

Primeiro, imagine que você está em San Diego e precisa ir para São Francisco celebrar o aniversário de um amigo. A imagem a seguir mostra o que aparece em sua pesquisa. Provavelmente, você escolherá a opção da Alaska Airlines.

Agora, imagine que você está viajando para São Francisco a trabalho, e não por diversão, e que sua empresa está pagando pela passagem. Você costuma voar com a United e faz parte do plano de milhas da companhia. Nesse caso, você pode acabar escolhendo o voo da United. Afinal, outra pessoa está pagando pela passagem, e você ainda consegue as milhas.

20h00-21h39	1h39m (sem escala)	$ 185	Selecionar
Alaska Airlines	SAN – SFO	Ida	
20h55-22h30	1h37m (sem escala)	$ 339	Selecionar
United	SAN – SFO	Ida	

Qual opção você escolhe? Provavelmente, a da Alaska Airlines.

Hoje, todas as principais companhias aéreas possuem programas de incentivo para viajantes frequentes. Para cada milha voada ou dólar gasto, o cliente acumula pontos que podem ser posteriormente resgatados para a aquisição de passagens aéreas, upgrades e vários outros benefícios. Esses programas nos incentivam a permanecer fiéis, já que aumentam o custo de trocar de companhia. Uma parte engenhosa desse esquema de incentivo é que, em muitos casos, a pessoa que faz a escolha do voo e desfruta dos benefícios do programa de fidelidade não é a mesma pessoa que paga pela passagem. Portanto, um típico viajante de negócios tem o incentivo de escolher a companhia aérea na qual já possui uma conta de viajante frequente, independentemente do custo. Esses viajantes são menos propensos a escolher a opção mais barata – por que o fariam? Ao escolher a companhia aérea com a qual sempre voam, acumulam milhas e, portanto, recompensas, sem gastar nem um centavo. Isso me leva a uma regra importante à qual os planejadores de incentivo deveriam obedecer: saiba quem paga pelo produto e quem goza dos incentivos, tendo em mente que os dois podem ser pessoas diferentes.

O segundo exemplo de incentivos inteligentes nos leva à China de 1978, e a um contrato simples entre agricultores locais e o governo.[20] A história desse contrato começa com dezoito agricultores em Xiaogang, uma pequena vila chinesa empobrecida com uma população na casa das centenas. Em 1978, a China estava no auge do comunismo. Trabalhando em campos coletivizados, os agricultores recebiam por seu trabalho uma ração fixa de comida – tudo que cultivavam ia para o governo. Para obter essa ração, os agricultores precisavam atingir uma cota mínima de produção. Independentemente do tempo ou do empenho que dedicassem ao trabalho além dessa cota, receberiam a mesma ração magra, geralmente o suficiente apenas para sobreviver.

Esse sistema de incentivos não dava aos agricultores motivo para produzir mais que a cota. Por que trabalhar mais que o necessário se as colheitas seriam confiscadas? Nas palavras de um agricultor: "Trabalhando duro ou não, todos recebem a mesma coisa". O sinal era de que não havia necessidade de trabalhar mais que o mínimo requerido.

No inverno de 1978, famintos e derrotados, os agricultores se uniram e tiveram uma ideia revolucionária: em vez de cultivar coletivamente, cada agricultor receberia seu próprio lote de terra para cultivar. Uma parte do produto seria entregue à fazenda coletiva e ao governo para atender à cota, mas eles manteriam o restante em segredo. Yen Hongchang redigiu o contrato, e os demais agricultores assinaram. Na manhã seguinte, todos os agricultores acordaram mais cedo que o habitual e trabalharam até depois do pôr do sol. Com uma simples mudança de incentivos, os agricultores produziram muito mais do que tinham produzido nos anos anteriores.

Mais tarde, os oficiais locais descobriram o que os agricultores estavam fazendo. Em vez de puni-los, o recém-nomeado líder, Deng Xiaoping, decidiu formatar as outras áreas da economia chinesa com base no esquema de incentivos que os agricultores haviam criado. Autorizados a serem proprietários do que cultivavam, agricultores em toda a China aumentaram sua produtividade. Economistas e historiadores veem essa pequena mudança nos incentivos como o pontapé inicial em uma série de ações que, desde 1978, tiraram centenas de milhões de camponeses chineses da pobreza.

Hoje, o contrato e a história por trás dele são ensinados às crianças chinesas, e são um exemplo perfeito de como incentivos inteligentes podem virar o jogo.

LIÇÃO: incentivos ruins podem ser piores que incentivo nenhum. Alinhe os seus sinais.

9

Contabilidade mental: como escolher a moeda de incentivo

Em um vídeo de uma reunião de diretoria da Redfin, empresa de corretagem de imóveis, o CEO, Glenn Kelman, discute, orgulhoso, um brinde que a empresa oferece aos clientes: o reembolso parcial da comissão paga aos corretores. Muito embora a empresa tenha descoberto que as centenas de milhões de dólares dados em reembolso de comissão não têm nenhum efeito na demanda por serviços, a Redfin decidiu manter o incentivo. Nas palavras de Kelman, eles estavam "simplesmente distribuindo dinheiro de graça". O vídeo pretendia ser inspirador e demonstrar que Kelman rejeitara "a atitude racional" para continuar oferecendo os reembolsos, apesar de sua falta de eficácia em aumentar a demanda, provando assim que a Redfin estava comprometida com sua missão de cuidar do consumidor.[1]

O vídeo é intrigante, não porque Kelman tenha decidido manter o incentivo, mas porque decidiu mantê-lo de forma inalterada. Incentivos não são todos iguais; pequenas diferenças na estrutura e na apresentação dos programas de incentivo podem ter grande impacto em sua eficácia. No entanto, é comum que se dedique pouca atenção a fazê-los "funcionar".

O dinheiro que a Redfin dá aos clientes deveria tornar o serviço mais atraente para os compradores de imóveis, que podem receber reembolsos equivalentes a vários milhares de dólares. No entanto, conforme demonstrado por Richard Thaler, as pessoas consideram essa economia no contexto da transação como um todo.[2] Por exemplo, você está prestes a comprar uma nova tela de computador que custa 200 dólares. O vendedor lhe diz que a mesma tela está com 25% de desconto em uma filial da loja que se situa a vinte minutos de distância. Você iria lá para economizar dinheiro? A maioria de nós faria esse esforço; 50 dólares de desconto em uma compra de 200 dólares é uma quantia significativa. Mas e se, em vez de uma tela de 200 dólares, você estiver comprando um novo computador por 2 mil dólares? Novamente, o vendedor lhe diz que a loja a vinte minutos de distância está oferecendo o mesmo computador por 1.950 dólares. Nesse cenário, embora a economia seja dos mesmos 50 dólares, muitas pessoas não optariam por ir à outra loja; 50 dólares de desconto em uma compra de 2 mil dólares talvez não faça a viagem valer a pena.

No contexto da Redfin, embora os milhares de dólares oferecidos em incentivos sejam um montante significativo, eles se tornam menos impressionantes quando comparados ao preço total da compra de uma casa. Considere a história de Katie como exemplo. Ela havia comprado recentemente uma casa com um dos corretores da Redfin. A experiência foi boa, mas, especificamente quanto ao reembolso, a lembrança era um pouco nebulosa. Ela se lembrava de ter recebido um desconto, mas não recordava o valor. Katie é uma compradora que está sempre à procura de boas ofertas, então sua falta de memória detalhada sobre um desconto de alguns milhares de dólares é problemática para a Redfin. Não apenas o valor do reembolso foi pequeno em comparação com o preço da casa, como ficou perdido em meio a uma série de números nos documentos de hipoteca que ela teve que assinar.

Como mudar a percepção

Eu e Katie Baca-Motes, que atualmente é diretora sênior de iniciativas estratégicas no Scripps Research Translational Institute, trabalhamos em um sistema de recompensas semelhante à Edmunds.com, uma grande empresa on-line que oferece informações, análises e preços para compras de automóveis. Digamos que você faça uma pesquisa no Google por "análise do BMW X3 2019". Uma das principais opções que verá será a da Edmunds.com. Clique no site, e terá todas as informações de que precisa para tomar uma decisão de compra: análises, especificações, preços, comparações e assim por diante. Quando estiver tudo pronto, poderá inserir seu código postal e então acessará uma lista de concessionárias em sua região que oferecem o carro de seu interesse. As concessionárias pagam à Edmunds.com para exibir esses anúncios. Como para a Edmunds.com é valioso mostrar às concessionárias que um cliente comprou um carro graças a um anúncio no site, a empresa decidiu oferecer um desconto – de, em média, 450 dólares nas compras de veículos usados – aos clientes que decidissem comprar um carro que haviam visto pela primeira vez em seu site. Esse desconto ajudava a Edmunds.com a mostrar às concessionárias o valor que elas recebiam ao colocar anúncios. Embora o desconto tenha influenciado a demanda, não funcionou tão bem quanto os administradores esperavam.

Quando Katie e eu fomos chamados para ajudar a tornar o incentivo mais eficaz, imaginamos que a razão pela qual o desconto atual não tinha funcionado tão bem quanto o esperado era semelhante ao caso da Redfin. Embora, para a maioria de nós, 450 dólares seja uma quantia significativa, afigura-se menos impressionante quando comparada à compra de um carro de 20 mil dólares.

O problema que tentamos resolver foi como mudar a percepção dos compradores em relação ao desconto, tornando o incentivo mais eficaz sem qualquer custo adicional. A solução que testamos envolveu uma forma diferente de incentivo: cartões de gasolina pré-pagos. Embora 450 dólares não pareça muito dinheiro comparado ao preço total de um carro, o mesmo valor parece alto quando usado para comprar gasolina. A psicologia por trás é simples: qualquer um consegue se imaginar indo ao posto e gastando dinheiro com gasolina e, a cada vez que enchermos o tanque, esses 450 dólares nos deixarão contentes por termos sido consumidores inteligentes. Isso simplesmente "parece" mais significativo que um desconto no preço de um carro. Esse fenômeno é chamado de "contabilidade mental".

Em 2017, Richard Thaler ganhou o Prêmio Nobel em parte em virtude desse conceito de contabilidade mental, que ele define como um conjunto de operações cognitivas que indivíduos e famílias usam para organizar, avaliar e acompanhar atividades financeiras.[3] O cérebro humano contém várias contas mentais, muitas vezes com orçamentos separados. Por exemplo, moradia e alimentação podem ser duas contas mentais com orçamentos distintos. Você pode ter um orçamento definido para comer fora e outro só para moradia, e ficaria alarmado em caso de gastos excessivos em qualquer um deles. Mesmo no quesito alimentação, nem todas as despesas parecem iguais. Embora você possa gastar meia hora procurando uma vaga para estacionar e evitar a taxa de manobrista do restaurante, provavelmente não pensaria duas vezes em gastar essa mesma quantia na sobremesa. Mesmo que as despesas totais para a programação daquela noite sejam a soma de estacionamento, sobremesa e tudo mais, é muito chato pagar pelo estacionamento, então você faria um esforço maior para evitar pagá-lo.

Essas contas mentais separadas violam o princípio econômico da fungibilidade, a saber, que o dinheiro em uma conta mental deve ser um substituto perfeito para o dinheiro em outra conta do mesmo tipo. Taxas de estacionamento e preços de sobremesa de magnitude igual deveriam ser tratados da mesma forma, mas não são.[4] Ao explorar a violação do princípio de fungibilidade, Katie e eu propusemos que direcionar incentivos para uma conta mental específica e altamente desejável poderia ser mais poderoso que um simples desconto no valor da compra.

Para testar o impacto da contabilidade mental em descontos, realizamos um experimento de campo na plataforma Edmunds.com. Os experimentos de campo são semelhantes aos testes A/B feitos pela maioria das empresas on-line, em que elas testam diferentes opções com os clientes. A principal diferença é que tentamos usar descobertas da psicologia e da economia comportamental para orientar nossos testes. Uma vez que você aprende a fazer isso, é fácil realizar esses testes on-line, sobretudo quando se trabalha com uma empresa como a Edmunds.com, que já dominou a arte de realizar tais experimentos. Ao iniciar a pesquisa, os clientes foram distribuídos, ao acaso, em diferentes estruturas de desconto, e depois observamos seu comportamento no site. Assim como nos testes A/B, eles não sabiam que participavam de um experimento.

Nosso principal interesse era saber como as diferentes estruturas de desconto afetavam as decisões de compra. Conforme previmos em nossa hipótese de contabilidade mental, um desconto de 450 dólares no preço de venda de um veículo teve muito menos impacto que o mesmo valor oferecido na forma de cartão de gasolina pré-pago. A mudança na estrutura de desconto de dinheiro para cartão de gasolina mais que dobrou a taxa de sucesso dos incentivos. Em testes adicionais, descobrimos que o efeito perdurava mesmo quando o cartão de gasolina tinha um valor inferior ao do desconto no preço do carro: os compradores responderam mais favoravelmente a um cartão de gasolina de 250 dólares que a um desconto de 450 dólares no preço de compra do veículo.

Existem compras que a maioria de nós considera irritantes: pagar por estacionamento, Wi-Fi, despacho de bagagem e assim por diante. Da mesma forma, ninguém gosta de precisar colocar combustível; logo, gasolina gratuita gera uma sensação ótima. Criar um incentivo em torno de algo pelo qual as pessoas não gostam de pagar pode torná-lo mais eficaz.

Aqui está outro exemplo que usa o mesmo conceito. Juntamente com três professores de Singapura, Teck-Hua Ho, Marcel Bilger e Eric Finkelstein, trabalhamos com uma empresa de táxi em Singapura que estava interessada em melhorar a saúde dos funcionários.[5] A inatividade física é bastante problemática, constituindo o quarto fator de risco mais importante de mortalidade, e ainda impõe custos significativos a governos, seguradoras e empregadores em decorrência do aumento dos gastos médicos e da redução da produtividade no trabalho.

O planejamento de incentivos para mudar comportamentos encontra, nos motoristas de táxi, um público-alvo adequado quando se trata de aumentar a atividade física, uma vez que, dadas as longas horas de trabalho e o ambiente profissional sedentário, a maioria deles é fisicamente inativa e corre alto risco de sofrer de doenças crônicas.

A empresa de Singapura com a qual trabalhamos estava disposta a pagar, por mês, 100 dólares em incentivos para motivar os taxistas a se exercitarem mais. Sugerimos uma pequena variação dessa proposta: da mesma forma que no exemplo do cartão de gasolina, procuramos algo pelo qual eles detestassem pagar. Descobrimos que, em Singapura, os taxistas não são proprietários de seus táxis; eles pagam uma taxa de aluguel de cerca de 100 dólares por dia à empresa proprietária dos automóveis. A transferência eletrônica do pagamento é feita diariamente por meio de débito automático na conta bancária do motorista. A taxa diária de aluguel é muito palpável e desagradável para eles, que ficam pensando nela o tempo todo, a ponto de muitos trabalharem meio expediente nos dias de folga para compensar o prejuízo financeiro. Portanto, para invocar essa conta mental, escolhemos estabelecer como recompensa um crédito de aluguel igual ao valor da taxa de locação diária.

Para monitoramento da atividade física, os taxistas que participaram de nosso experimento receberam um smartwatch e foram pagos para usá-lo. Na primeira fase, simplesmente medimos quantos passos eles davam por dia. Em seguida, durante quatro meses, passamos a pagar uma recompensa se atingissem um número-alvo de passos. Finalmente, nos meses cinco a sete, paramos de pagar a recompensa, mas continuamos a medir o número de passos que cada taxista dava.

Os taxistas foram divididos em dois grupos, e a diferença entre eles foi a estrutura do incentivo: para um grupo, demos uma recompensa em dinheiro de 100 dólares a cada mês em que atingissem a meta mensal; para o outro grupo, demos 100 dólares para cobrir a taxa de aluguel diária do táxi.

O resultado dessa pequena diferença de estruturação foi forte: os taxistas aumentaram o número de passos que davam em ambos os tratamentos de incentivo em comparação com o cenário-base, no qual nenhum incentivo era dado. Por exemplo, no primeiro mês de incentivos, o grupo do dinheiro andou cerca de 1,5 mil passos a mais; já o grupo do aluguel gratuito melhorou o desempenho em cerca de dois mil passos, significativamente mais que o grupo do dinheiro. O simples incentivo em dinheiro motivou os taxistas a se exercitarem mais, mas o incentivo do "aluguel grátis" funcionou muito melhor. Nossa esperança era que levar os motoristas a adquirir o hábito de caminhar mudasse seu comportamento de atividade física a longo prazo, de modo que eles caminhariam mais mesmo depois que o programa de incentivos terminasse. Portanto, medimos a mudança no número de passos durante cada mês do período de intervenção de quatro meses e nos três meses após a retirada das recompensas. E, embora menores, tanto a melhoria quanto a diferença entre os tratamentos continuaram presentes nos meses cinco a sete, depois que paramos de pagá-los.

Lembra quando eu disse que, às vezes, diante da constatação de que seus incentivos falharam, as pessoas concluem erroneamente que eles não funcionam e ponto final? Nesse caso, observamos que, mesmo quando os incentivos funcionam, fazer algumas mudanças comportamentais simples pode aumentar significativamente o retorno sobre o investimento. A pergunta sobre incentivos não deve se limitar a se devemos ou não oferecê-los, mas também se eles estão sendo oferecidos da melhor maneira.

O que a contabilidade mental significa para empresas como a Redfin?

Voltando ao exemplo da Redfin, bastaria um toque de criatividade para aumentar a eficácia dos incentivos, bem como os lucros da empresa, e ao mesmo tempo deixar os clientes ainda mais satisfeitos. Você consegue pensar em métodos de apresentação para melhorar os incentivos da Redfin? Um exemplo seria oferecer reembolsos pelas despesas que surgem com a compra de uma casa nova, como o dinheiro que certamente será gasto na loja de materiais de construção local nos meses após a mudança. Se Katie tivesse usado o crédito do reembolso em uma loja de materiais de construção, teria apreciado muito mais o incentivo!

Eis os fatos: "450 dólares de desconto se comprar um carro conosco" não conta uma história. Deixar a interpretação a cargo dos consumidores pode resultar em uma narrativa da qual eles não vão gostar. É necessário moldar ativamente a história que seus incentivos contam.

Estudo de caso: "As perdas são mais significativas que os ganhos"

Imagine ser professor na cidade de Chicago Heights, localizada a 40 quilômetros ao sul de Chicago. Chicago Heights é composta, principalmente, por estudantes de baixa renda, oriundos de populações minorizadas, que enfrentam dificuldade para melhorar as baixas taxas de desempenho. Você se orgulha de ensinar essas crianças para que elas tenham sucesso, e isso motiva a trabalhar longas horas e a fazer o que for necessário para ajudá-las. Certo dia, uma equipe de pesquisadores aparece na escola com uma oferta de incentivo interessante.[6] Eles lhe pagarão se os estudantes de sua turma melhorarem o desempenho até o final do ano letivo, tendo como base os resultados de testes.[7] Os pesquisadores prometem recompensas variáveis de acordo com os resultados alcançados, sendo a máxima possível de 8 mil dólares. Pelos seus cálculos, o valor esperado de sua recompensa será de 4 mil dólares, o que equivale a cerca de 8% da soma de seus salários no ano.

No entanto, a estrutura dos incentivos é um tanto incomum: os 8 mil dólares totais são transferidos para a sua conta bancária logo no início do ano letivo. Acontece que a devolução de parte ou de todo o valor depende de os alunos conseguirem ou não alcançar determinadas metas de desempenho até o final do ano letivo. Seria você capaz de melhorar os resultados dos testes dos alunos? Você até se sente um pouco insultado, já que receber incentivos financeiros para melhorar o desempenho dos alunos implica que não está fazendo um bom trabalho no momento, mas sabe que, de acordo com pesquisas, alguns professores são mais eficazes que outros. Será que incentivos podem torná-lo um professor melhor? Dado o valor oferecido, você está disposto a tentar.

Um experimento de campo realizado por Roland Fryer, Steven Levitt, John List e Sally Sadoff testou a eficácia dos incentivos de "aversão à perda" em comparação aos incentivos tradicionais de "ganho", nos quais os professores recebem um bônus ao final do ano com base nos mesmos critérios de desempenho. "Aversão à perda" é um princípio psicológico cunhado por Amos Tversky e Daniel Kahneman. De acordo com a teoria deles, recompensas são avaliadas em relação a um ponto de referência, de modo que, no cérebro, o resultado é codificado como um ganho ou uma perda, e perdas são mais significativas que ganhos equivalentes.[8] Em outras palavras, somos mais afetados quando tentamos evitar uma perda do que quando tentamos obter um ganho. Portanto, apresentar uma recompensa na forma de perda teria um efeito maior sobre o comportamento do que apresentá-la como um ganho.

A aversão à perda prevê, portanto, que os professores que recebem os 8 mil dólares no início do ano se esforçarão mais para evitar perdê-

-los do que aqueles que têm a promessa de ganhar essa recompensa no final do ano. Essa previsão é interessante porque tudo se resume à forma como os incentivos são apresentados: tanto os professores no grupo de ganho quanto os no de perda que obtêm o mesmo desempenho dos alunos receberão exatamente o mesmo bônus final.

Você acha que trabalharia mais para evitar devolver o dinheiro que foi depositado na sua conta no início do ano do que se fosse ganhar uma recompensa de igual valor no final do ano?

Os resultados do experimento mostram que, de fato, os professores que foram incentivados pela aversão à perda tiveram um sucesso significativamente maior, enquanto o desempenho dos professores no tratamento de ganho não melhorou em relação ao do grupo de controle, que não recebeu incentivos. Em outras palavras, a promessa de recompensas aos professores se os alunos melhorassem suas notas nos testes não teve nenhum efeito no desempenho dos estudantes. No entanto, apresentar o incentivo em termos de perdas levou a melhorias significativas nos resultados acadêmicos deles, que obtiveram aumento de 10% em suas notas em comparação com os alunos dos professores que não receberam incentivos. Para efeito de comparação, o aumento no desempenho dos alunos foi aproximadamente da mesma ordem de grandeza que o aumento da qualidade média dos professores em mais de um desvio padrão.

O experimento de aversão à perda com professores é um ótimo exemplo de como o uso de incentivos tradicionais pode levar à conclusão de que "incentivos não funcionam"; afinal, as notas dos alunos não melhoraram com os incentivos apresentados na forma de ganhos. No entanto, a conclusão correta é que é preciso entender o raciocínio por trás dos incentivos para que eles funcionem.

Esse resultado mostra a importância da apresentação. A mesma magnitude de recompensas é mais eficaz quando você as apresenta como perda em vez de ganho. Essa narrativa de apresentação de perda funciona em outros contextos também. Em resumo, as pessoas trabalham mais para proteger o que já é "delas".

Imagine que você é operário de uma empresa de alta tecnologia na China, a qual está focada na produção e distribuição de produtos eletrônicos de consumo. Além de receber um salário-base semanal entre 290 renminbis e 375 renminbis (o que equivale, aproximadamente, a 42,50 e 54,96 dólares), você é incentivado por um bônus semanal quando a produção de sua equipe atinge determinado patamar. Você é notificado desse bônus por meio de uma carta da empresa: "Estamos recompensando a produtividade. Você receberá um bônus salarial de 80 renminbis a cada semana em que a média de produção semanal de sua equipe for igual ou superior a vinte unidades por hora".

Ótimo! Seu trabalho árduo adicional será reconhecido e recompensado adequadamente. Uma vez que o bônus representa mais de 20% do seu salário semanal, você tem motivação para se empenhar para atingir a meta de produção.

Agora, e se você recebesse a seguinte carta: "Estamos recompensando a produtividade. Vamos conceder um bônus provisório de 80 renminbis antes do início de cada semana de trabalho. Para cada semana em que a média de produção semanal da sua equipe for abaixo de vinte unidades por hora, o bônus será retirado"?

A aversão à perda prevê que você provavelmente trataria o bônus provisório como seu, desde o início, e trabalharia ainda mais para atingir a meta de produção e mantê-lo em seu salário. Isso é exatamente o que aconteceu em um experimento em uma instalação de manufatura de alta tecnologia na China.[9] Dois grupos de trabalhadores receberam os mesmos incentivos de bônus apresentados de duas maneiras diferentes: como ganho (primeira carta) e como perda (segunda carta). Embora a produtividade dos trabalhadores tenha aumentado em ambos os grupos em comparação com o desempenho original, a equipe incentivada pela perda superou significativamente aquela motivada por ganhos. Os efeitos do tratamento observado persistiram durante todo o período experimental de quatro meses, o que sugere que a apresentação de incentivos pode afetar o crescimento de longo prazo da produtividade nas empresas.

O experimento com os trabalhadores nos diz que as teorias psicológicas são aplicáveis aos mercados de trabalho, onde uma simples mudança na apresentação dos contratos dos funcionários pode aumentar a produtividade de longo prazo. Seu sinal se tornará mais forte e eficaz quanto mais adequada for a abordagem psicológica com que apresentar os incentivos.

Os incentivos moldam a narrativa, e a narrativa "Vou trabalhar duro para ganhar a recompensa" é menos motivadora que "Vou trabalhar duro para evitar perder a recompensa". Sempre que estiver no controle da narrativa, faça as pessoas sentirem que já ganharam a recompensa, mas que ainda podem perdê-la se não alcançarem as metas.

LIÇÃO: mirar nos incentivos concernentes a uma conta mental relevante pode transformar a narrativa e, assim, aumentar o retorno do investimento.

10

O arrependimento como incentivo

Um homem virtuoso reza todas as semanas antes do anúncio dos números da loteria: "Deus, por favor, abençoa-me com uma vitória ao menos uma vez na vida. Eu sempre fui bom, e tenho sete filhos para criar". Durante anos, todas as semanas, depois que os resultados são divulgados, o homem chora por horas: "Por quê? Por que não eu?". Num desses dias de pranto, ele finalmente ouve uma voz que diz: "Que tal comprar um bilhete primeiro?".

Aqui vai uma história pessoal sobre arrependimento. A minha família emigrou para Israel, de Budapeste, após a Segunda Guerra Mundial; caso esteja se perguntando, eles nunca se arrependeram disso. Após uma longa jornada, chegaram a Tel Aviv em 1948. Meus avós paternos tinham quase 50 anos e, como a maioria dos sobreviventes do Holocausto, não tinham posses nem empregos. Deram-lhes um pequeno apartamento num conjunto residencial popular que foi construído rapidamente para acomodar a grande onda de imigrantes no novo país (Israel foi oficialmente estabelecido em maio de 1948). Minha avó começou um pequeno negócio de alfaiataria dentro do pequeno apartamento, e meu avô trabalhou em diversos empregos temporários até conseguir um bom emprego num banco. Eles eram pobres, mas felizes.

Meus avós maternos tiveram uma história muito semelhante, e assim as duas famílias, que já se conheciam de Budapeste, acabaram por viver no mesmo bloco de apartamentos em Tel Aviv. Meus pais se conheceram quando crianças e se reencontraram em Israel quando eram jovens adultos. Apaixonaram-se, casaram-se, tiveram filhos e viveram vidas felizes e plenas até falecerem. Pelo que sei, ali também não houve arrependimentos.

Certa vez, meus pais organizaram uma festa para celebrar o aniversário de alguns anos de casamento. Uma das tias da minha mãe ganhava a vida vendendo bilhetes de loteria, e nessa festa ela e meu avô paterno começaram a conversar sobre a loteria estadual, cujo bilhete tinha seis números. Se os seus seis números fossem tirados no sorteio semanal, você ficava rico. Convencido, meu avô comprou um bilhete.

Depois da festa, meu avô continuou a comprar o bilhete com os mesmos números toda semana, até ficar viciado, e seguiu fazendo isso durante décadas, até a morte. Mesmo quando estava de férias, pedia a alguém para comprar o bilhete para ele. Por quê? É aqui que o arrependimento finalmente entra em cena. Se meu avô tivesse parado de comprar o bilhete e os números escolhidos por ele fossem sorteados, ele se arrependeria imensamente. Isso seria devastador. O custo dos bilhetes semanais não significava nada se comparado ao terrível arrependimento por não tê-los comprado. Ele não queria se arrepender, por isso sustentou o hábito – em grande parte, para lidar com o medo do arrependimento.

Meu avô não era o único no mundo a gostar de loteria. Segundo a Statista, as vendas de loterias nos Estados Unidos totalizaram 91 bilhões de dólares em 2019, com a participação de mais da metade dos adultos do país nesse ano.[1] A grande presença das loterias em nosso cotidiano indica que elas atraem muita gente. Pode haver muitas causas para a atratividade delas, como o fato de as pessoas darem um peso desproporcionalmente grande a eventos de baixa probabilidade, fazendo com que o impacto psicológico desses eventos seja grande em relação à sua probabilidade real.[2]

Em virtude da popularidade das loterias e tendo aprendido com as experiências de pessoas como o meu avô, os holandeses inteligentemente criaram a Loteria do Código Postal. Nela, o "vencedor" é um código postal: todas as semanas, é selecionado, ao acaso, um código postal diferente – cada um tem dezenove endereços em média, sendo 25 o número máximo no mesmo código.[3] Se você morar na área do código postal vencedor, ficará sabendo rapidamente sobre a vitória, assim como seus vizinhos e amigos. A questão é que, para ganhar o prêmio, você precisa comprar um bilhete de loteria válido para aquela semana. Se o fizer, parabéns. Se não, provavelmente terá esse arrependimento por muito, muito tempo.

Para tornar a não compra de um bilhete ainda mais dolorosa, além do dinheiro do prêmio, os vencedores ganham um BMW novinho em folha. O que poderia ser mais motivador do que se imaginar passando pelo elegante BMW do seu vizinho de rua, sabendo que você também poderia ter sido o proprietário de um se tivesse feito o pequeno investimento de comprar um bilhete de loteria?

Numa loteria normal, a menos que compre o mesmo bilhete todas as vezes, como meu avô, você não sabe o contrafactual: se teria ganhado caso tivesse comprado o bilhete. Porém, na loteria do código postal, ficaria sabendo.

Procuramos evitar a dolorosa emoção do arrependimento quando tomamos decisões. Na ciência do comportamento, denominamos esse comportamento de "aversão ao arrependimento". Os criadores da Loteria do Código Postal intensificam esse sentimento. Em seus anúncios, afirmam: "Não comprou nenhum bilhete? Isso significa que seus vizinhos levarão tudo. Compre agora, antes que seja tarde". Outro anúncio diz: "Rabugento – é o que você se torna quando perde pelo menos 2 milhões de euros que estavam na palma da sua mão. Acredite, ver o seu endereço agraciado com um prêmio multimilionário e não levar nada porque não comprou um bilhete é algo que você não quer experimentar".[4]

A aversão ao arrependimento influencia nossa tomada de decisões futuras, já que tenta minimizar o arrependimento futuro. Esse "arrependimento antecipado" é um motivador importante. Prevemos que algumas decisões nos levarão ao arrependimento, e não queremos experimentar esse sentimento – por isso, fazemos escolhas para reduzir as chances de perigo ou de arrependimento. Importante salientar que o arrependimento antecipado é tão mais forte quanto mais fácil for para o indivíduo saber quais serão os resultados de sua decisão.[5]

No caso do meu avô, ele previa que, se os "seus" números fossem sorteados e ele não tivesse o bilhete, acabaria por arrepender-se. Por isso, continuou a comprar bilhetes toda semana. Na Loteria do Código Postal holandesa, as pessoas preveem que, se o seu código postal for sorteado e elas não tiverem um bilhete, irão arrepender-se, por isso decidem sempre adquirir um. Como demonstrado em ambas as histórias, o arrependimento pode influenciar fortemente as nossas decisões.

Será que motivadores fortes como o arrependimento antecipado podem ser usados como incentivos para a mudança de comportamento na vida real? Há alguns anos, visitei a Fundação Bill & Melinda Gates para falar sobre incentivos. A fundação acabara de abrir o seu novo campus em Seattle, o qual fora bem recebido pela cidade, mas havia preocupações quanto ao impacto que ele – que tinha capacidade para mais de mil funcionários – poderia ter no tráfego ao redor. Para reduzir esse impacto negativo, fui informado de que a fundação havia introduzido alguns incentivos para seus funcionários reduzirem o uso de automóveis particulares. Especificamente, oferecera acesso gratuito aos transportes públicos e fizera com que os funcionários pagassem 9 dólares por dia para estacionar nas instalações da fundação se optassem por fazê-lo.

Um elemento adicional desse incentivo me interessou bastante: os funcionários recebiam 3 dólares de bônus a cada dia em que fossem trabalhar sem carro. Como cerca de quinhentos funcionários por dia não usavam o estacionamento, o custo do incentivo de 3 dólares para a fundação equivalia a cerca de 1.500 dólares por dia. Esquemas de incentivo desse tipo estão sendo usados por muitas organizações. Dado o alto custo diário, a fundação solicitou que eu planejasse um esquema mais eficaz: que gastasse menos dinheiro e mantivesse a participação atual ou que usasse o mesmo orçamento, mas fizesse com que mais pessoas usassem o transporte público.

Com base no poder do arrependimento, propus uma forma diferente de usar o incentivo de 1.500 dólares: fazer um "sorteio do arrependimento" que pagasse esse valor todas as tardes. O sorteio escolheria, aleatoriamente, um nome numa pequena cerimônia transmitida na intranet da fundação. O nome seria anunciado e, em seguida, o sistema verificaria se o funcionário havia parado seu carro no estacionamento do prédio naquele dia. Caso não tivesse, teríamos um vencedor. Se o funcionário tivesse estacionado nas instalações, tocaria uma música triste e um novo nome seria escolhido como vencedor. O processo seria repetido até que um funcionário que não tivesse estacionado fosse sorteado. A pessoa cujo nome fosse sorteado e que tivesse estacionado o carro acabaria se arrependendo por ter ido para o trabalho de carro. Isso certamente causaria um burburinho no escritório!

A fundação não quis testar a minha proposta, citando o receio de reações negativas dos funcionários como uma das razões, porém outra empresa ficou interessada. Ela tem um grande espaço comercial com salas de aula em que diferentes tipos de seminários são realizados. A empresa fornece estacionamento gratuito para os participantes dos seminários num local nas proximidades, validando seus bilhetes de estacionamento. Uma vez que a empresa paga ao estacionamento cada bilhete validado, a administração sabia o custo preciso de cada carro estacionado e estava disposta a experimentar incentivos que reduzissem o uso do estacionamento e, ao mesmo tempo, poupassem dinheiro para a empresa.

O estudo começou com um projeto piloto realizado como "prova de conceito" para a administração, com o objetivo de convencê-la de que o uso de incentivos aumentaria os lucros da empresa sem criar tensões com participantes insatisfeitos. O piloto foi um sucesso, e a empresa confirmou que podia lucrar com incentivos sem incomodar os participantes (conforme revelado por uma pesquisa após um dos seminários a qual não encontrou diferença na satisfação em relação aos seminários regulares). A empresa foi convencida pelo piloto e concordou em seguir em frente.

Assim, o estudo começou. Ele durou uma semana, em que 240 pessoas participaram de uma oficina de cinco dias (de segunda a sexta-feira) e assistiram a diferentes aulas. Foi prometido aos participantes estacionamento gratuito durante a semana. Na segunda-feira, cada grupo de participantes recebeu um incentivo diferente.

Após todos os bilhetes de estacionamento terem sido validados para aquele dia, um representante da empresa foi a cada classe e pediu aos participantes que, se possível, evitassem usar seus carros pelo resto da semana, citando questões ambientais e de tráfego. A empresa e eu então dividimos, aleatoriamente, os participantes em quatro grupos, com sessenta pessoas em cada um:

- *Controle*: nenhuma menção a incentivos para esse grupo.
- *5 dólares fixos*: prometeram aos participantes 5 dólares a cada dia em que comparecessem à aula e não precisassem validar um bilhete de estacionamento.
- *Sorteio de 500 dólares*: os participantes foram informados de que haveria um sorteio de 500 dólares na sexta-feira. Para cada dia em que um participante não tivesse precisado de validação do estacionamento, um bilhete com o seu nome seria colocado em uma caixa. Um nome seria sorteado dessa caixa na sexta-feira, e o vencedor sorteado seria chamado para receber 500 dólares.

- *Sorteio de 500 dólares com arrependimento*: o procedimento era semelhante ao do grupo do sorteio de 500 dólares, mas cada nome que entrava na caixa a cada dia tinha uma marca indicando se aquela pessoa precisou ou não de validação. Na sexta-feira, após o sorteio do bilhete "premiado", o nome da pessoa era chamado. Se o bilhete indicasse que ela não tinha validado o estacionamento, ela ganhava os 500 dólares. Se ela tivesse validado o bilhete de estacionamento, então haveria outro sorteio para a retirada de um novo nome da caixa. Isso seria repetido até que um bilhete elegível fosse sorteado.

Esse projeto permitiu que a empresa realizasse uma análise de custo-benefício simples para os diferentes esquemas de incentivo. Ele também mediu, com precisão, a eficácia relativa dos incentivos, evitando uma situação em que a empresa pudesse usar os que "funcionam", mas que são menos eficazes que outros esquemas de pagamento.

Embora as pessoas gostem de participar de sorteios, não está claro se eles são úteis quando se trata de intervir em comportamentos. Alguns estudos concluem que pagar incentivos em dinheiro gera uma taxa de resposta maior que oferecer uma opção de sorteio ou não oferecer incentivo nenhum, enquanto outros concluem o resultado oposto.[6] Trabalhos recentes promissores – sobretudo no campo da saúde – revelaram que os incentivos de sorteio funcionam melhor que um prêmio garantido.[7] É só quando analisamos os detalhes da estrutura de sorteio que os problemas surgem. Portanto, é importante estudar a eficácia de tais incentivos na indústria específica que deseja utilizá-los.

Os resultados do nosso estudo mostraram que, de fato, incentivos diferentes tiveram efeitos diferentes. Embora todos eles fossem mais eficazes que o grupo de controle, alguns causaram mais impacto que outros. Qual incentivo você acha que foi o mais eficaz em termos de custo?

Os participantes com incentivo de 5 dólares fixos usaram o estacionamento 10% menos que o grupo de controle. No entanto, essa redução foi acompanhada por um custo alto, uma vez que todos os que não foram de automóvel (incluindo participantes que não teriam usado o estacionamento de qualquer maneira) precisaram ser pagos. Em média, o custo do incentivo por dia adicional em que o estacionamento não foi usado foi de 36 dólares, muito acima do que a empresa se dispunha a pagar.

Conforme previsto, o sorteio de 500 dólares teve um desempenho melhor. Reduziu o uso do estacionamento em 18% em relação ao grupo de controle, com custo mais baixo. O custo médio marginal do incentivo por dia adicional em que o estacionamento não foi usado foi de 12 dólares, inferior ao custo do estacionamento, o que já bastou para deixar a empresa satisfeita. Eis que os resultados do sorteio de 500 dólares com arrependimento foram ainda melhores. Ele reduziu o uso do estacionamento em 26%, e o custo do incentivo marginal foi de apenas 8 dólares por dia adicional em que o estacionamento não foi usado.

O custo de 8 dólares para reduzir o uso do estacionamento no sorteio com arrependimento foi muito inferior ao de validação de um bilhete de estacionamento, então a empresa decidiu implementar esse esquema de incentivos. O experimento demonstrou à administração que incentivos simples podem aumentar os lucros. Também reforça a lição segundo a qual, mesmo quando os incentivos são lucrativos, como no caso dos sorteios simples, devemos continuar a buscar maneiras de melhorá-los. Uma pequena mudança na estrutura e na implementação do incentivo, como adicionar um componente de arrependimento, pode reformular a história e ter um impacto maior.

LIÇÃO: o arrependimento antecipado é uma emoção poderosa que pode ser usada para motivar as pessoas.

11

Incentivos pró-sociais

A maioria dos esquemas de incentivos que discutimos até agora usa compensações diretas para motivar o esforço. No entanto, às vezes, nossas ações têm outras motivações, como ajudar os outros. Considere a seguir dois cenários em que uma empresa deseja motivar os funcionários a parar de fumar:

- *Cenário 1*: o funcionário fumante é recompensado com 5 dólares a cada semana de cessação.
- *Cenário 2*: a cada semana de cessação, o funcionário fumante pode doar 5 dólares para uma instituição de caridade local.

Qual projeto de incentivo você acha mais eficaz para motivar os funcionários a parar de fumar? Observe que os níveis de incentivo são baixos em ambos os cenários. As evidências sugerem que incentivos monetários pequenos tendem a ser ineficazes ou até mesmo gerar efeitos adversos.

Aldo Rustichini e eu investigamos essa questão em nosso artigo "Ou pague o suficiente ou não pague nada", de 2000.[1] Em um de nossos experimentos de campo, reunimos 180 estudantes do ensino médio a fim de arrecadar doações porta a porta para uma campanha de levantamento de fundos. Os estudantes foram distribuídos aleatoriamente em três grupos: um grupo sem compensação, no qual eram motivados apenas por um discurso que expressava a importância das doações; um grupo com compensação pequena, no qual, além do discurso, os estudantes ouviram a promessa de que receberiam 1% do valor arrecadado em dólares; e um grupo com compensação alta, no qual os estudantes ouviram o discurso e a promessa de receber 10% do valor arrecadado em dólar. Qual grupo acabou arrecadando mais doações? Você talvez esperasse que os estudantes que recebessem uma taxa de comissão mais alta arrecadassem mais doações, mas, como o título do artigo sugere, os alunos do grupo sem compensação investiram mais esforço e arrecadaram um valor médio maior que aqueles no tratamento de 1%. Os estudantes do grupo de compensação alta (10%), embora tenham arrecadado mais dinheiro que os do grupo de compensação baixa, ainda assim se saíram pior que aqueles sem qualquer compensação. O que constitui um incentivo pequeno ou grande depende do caso, mas o efeito de deslocamento demonstrado por esse experimento reforça a ideia de que o Cenário 1 talvez não seja tão eficaz quanto o Cenário 2.

Então, por que o esquema de incentivo no Cenário 2 é eficaz, apesar de seu nível de incentivo ser igualmente baixo? Bem, ao doar para uma instituição de caridade, não apenas melhoramos o resultado geral dos beneficiários por meio de nosso ato altruístico, mas também derivamos um valor privado e experimentamos aquilo que meu colega da UC San Diego, Jim Andreoni, chamou de "efeito caloroso": uma sensação de alegria e satisfação resultante de fazermos a nossa parte para ajudar os outros. O efeito caloroso é um ótimo exemplo de autossinalização: ao ajudar, doar ou fazer trabalho voluntário, sinalizamos para nós mesmos que somos pessoas boas e, portanto, recebemos um impulso positivo em nossa autoimagem. As evidências sugerem que a fonte desse calor depende, sobretudo, do esforço dedicado a ajudar os outros, e não da magnitude do resultado. Desde que reconheçamos que estamos fazendo um esforço para ajudar os outros, podemos experimentar a autossinalização positiva produzida pelo efeito caloroso, não importa o quanto tenhamos realmente ajudado.

A prevalência e o sucesso dos corpos de bombeiros voluntários refletem o poder dessa motivação intrínseca. Como o nome sugere, a maioria dos bombeiros voluntários trabalha de graça e deve responder a chamadas de emergência. Muitos deles têm outros empregos fora das brigadas de bombeiros. Por que ser voluntário? Ron Roy, chefe de divisão do Corpo de Bombeiros do Condado de Douglas e bombeiro voluntário com 47 anos de experiência, explicou: "É pela nossa comunidade, pela cidade em que escolhemos viver e criar nossas famílias. Devemos nos preocupar com todos ao nosso redor e reconhecer suas necessidades. [...] Esse orgulho [do voluntariado] é um bem valioso ao qual a comunidade não tem como atribuir um preço monetário. Trata-se de obter uma recompensa pessoal para aqueles que se importam profundamente".[2]

De fato, colocar um preço na ajuda às comunidades talvez desmotivasse e diminuísse o sentimento de orgulho dos voluntários. Roy representa a maioria dos bombeiros estadunidenses: cerca de 67% de todos os bombeiros (1,11 milhão) nos Estados Unidos, em 2018, eram voluntários.[3] Essa proporção é ainda mais alta em outros países: 80% dos bombeiros argentinos são voluntários; 100% dos bombeiros no Chile e no Peru não são remunerados.[4] Evidentemente, as pessoas são muito motivadas pelo voluntariado e pelo poder de sinalização do altruísmo.

Isso significa que os incentivos pró-sociais são sempre melhores que os monetários? Quando devemos utilizar incentivos pró-sociais em vez de incentivos monetários? Alex Imas, meu ex-aluno de doutorado, projetou um experimento inteligente para testar essas questões.[5] Ele recrutou universitários para testar se eles se esforçariam mais em um projeto com incentivo pró-social ou em um projeto com incentivo monetário. Para medir o esforço, Imas usou um dinamômetro manual que registrava a força em Newtons que os estudantes aplicavam ao apertar o dispositivo. Antes do experimento, para obter uma medida de referência, pediu-se que todos apertassem o dispositivo por 60 segundos, durante os quais o dispositivo registrava a força média de cada estudante. Depois, em uma segunda rodada que envolvia um incentivo, os universitários deveriam apertar o dinamômetro novamente.

Os estudantes foram distribuídos aleatoriamente em um grupo de controle ou em um de quatro grupos com tratamentos diferentes. Esses tratamentos manipulavam o quanto eles seriam pagos por apertar com mais força na segunda rodada (quantia baixa ou alta) e quem receberia o dinheiro (eles mesmos ou uma instituição de caridade).

De modo consistente com a intuição anterior, quando os incentivos foram baixos, os estudantes se esforçaram mais ao trabalharem para uma instituição de caridade do que quando trabalhavam para si mesmos. No entanto, quando os incentivos eram altos, eles não se empenharam tanto pelos incentivos pró-sociais quanto pelos incentivos monetários. A diferença nos níveis de esforço diminuiu: os estudantes se empenharam mais quando recebiam mais, mas não se dedicaram mais quando o pagamento era mais alto e destinado à caridade.

Esses resultados nos dizem que os projetos de incentivo pró-sociais são melhores quando a recompensa é pequena, uma vez que, em geral, somos insensíveis em relação à magnitude da contribuição caridosa e nos importamos mais com o fato de termos contribuído. Por outro lado, projetos de incentivo que beneficiam o sujeito são melhores quando a recompensa é grande, já que, embora pequenas recompensas monetárias possam desestimular nossa motivação, somos muito responsivos a grandes quantias de dinheiro.

Existe uma ampla gama de aplicações práticas dessas percepções. A Pret a Manger, uma cadeia internacional de refeições rápidas, alavancou esse conceito para motivar seus funcionários e promover um ambiente de trabalho positivo. Na década de 2010, depois de estabelecer centenas de lojas na Grã-Bretanha, a franquia de sucesso expandiu-se lentamente para grandes cidades dos Estados Unidos, como Manhattan e Chicago, e foi elogiada por ter funcionários acolhedores e um atendimento personalizado ao cliente. Qual é o segredo da Pret a Manger? O *New York Times* revelou várias estratégias da empresa, como contratação, pagamento e promoção de funcionários com base em qualidades como alegria. Uma estratégia específica que vale a pena ser destacada é como a empresa distribui os bônus: ao serem promovidos ou atingirem metas de treinamento, os funcionários recebem um bônus de, pelo menos, 50 euros em vouchers. Em vez de embolsar o bônus, como nos tradicionais incentivos de empresa, os funcionários devem dar o voucher aos colegas que os ajudaram.[6] Esse projeto de incentivo provoca no funcionário doador um "efeito caloroso" positivo e, no funcionário receptor, a gratidão pelo presente, o que melhora o ambiente de trabalho e, consequentemente, a satisfação do cliente.

Embora os incentivos monetários tradicionais costumem ser eficazes, nem sempre são a melhor opção. Às vezes, converter um incentivo que autobeneficia em um que seja pró-social pode transformar o significado da recompensa, reformular a história e alcançar resultados melhores.

LIÇÃO: quando as recompensas são pequenas, os incentivos pró-sociais podem ser mais eficazes que os incentivos que beneficiam o receptor.

12

Prêmios como sinais

"O tempo passou lentamente até que só restaram 60 segundos para seu batalhão começar a 'missão suicida' em Okinawa."[1] Esse é o início de um artigo, no *Knoxville News-Sentinel*, que descreve as ações de Desmond Doss, que, apesar de ser sargento do exército dos Estados Unidos e médico de combate, ainda assim opunha-se a combater em guerras e a portar armas.

Em 5 de maio de 1945, após um mês de batalhas inconclusivas em Okinawa, a unidade de Doss, encarregada de subir e tomar o controle da posição inimiga, aproximou-se da Hacksaw Ridge.[2*] O exército japonês esperou até que as tropas estadunidenses alcançassem o platô da serra e então iniciou o contra-ataque. Quando as tropas estadunidenses necessitaram desesperadamente de atendimento médico, Doss estava lá, tratando os soldados um a um em meio a tiroteios e fogo de artilharia, sabendo que, se não fosse ele, aqueles soldados seriam deixados para morrer ou capturados e torturados. Doss carregou os soldados feridos um a um até a beira da escarpa, onde poderiam ser arriados para um local seguro e receber tratamento adicional. Estima-se que Doss tenha salvado 75 soldados naquele dia.

---

* Nota da Tradutora: Serra do Serrote.

A maioria de nós concorda que o que Doss fez é incrível e merece reconhecimento. E, de fato, em 12 de outubro de 1945, ele recebeu a mais alta condecoração militar individual dos Estados Unidos: a Medalha de Honra. A cerimônia emocionante foi realizada na Casa Branca, onde o presidente Truman, em pessoa, lhe entregou a condecoração.[3] Doss viveu até os 87 anos, sempre orgulhoso de suas ações e da medalha.

Prêmios assumem várias formas: podem ser grandes, como a Medalha de Honra, o Oscar ou o Prêmio Nobel. Também podem ser mais modestos, como Funcionário do Mês, Funcionário Mais Valioso, Prêmios de Atendimento ao Cliente ou Programas de Frequência Perfeita.

Embora prêmios sejam utilizados como incentivos, eles são diferentes dos incentivos monetários tradicionais. Imagine, por exemplo, que, em vez da cerimônia na Casa Branca, Doss tivesse recebido um cheque de 10 mil dólares acompanhado de uma carta de agradecimento. Seria bom receber o cheque, mas o significado seria muito diferente da medalha. Embora os prêmios em dinheiro sejam aceitáveis em muitos casos, são malvistos em outros. Premiar Doss com 10 mil dólares em vez de uma medalha não apenas violaria a norma social de não ser remunerado por arriscar a vida pelo país, mas poderia mesmo ser insultante. O aspecto monetário coloca um preço em um prêmio atribuído a alguém por sua coragem – o que talvez tenha até um efeito psicológico contraproducente –, mas não o torna valioso. Será que reconhecimento e dinheiro se somariam nesse caso, de modo que Doss teria ficado mais satisfeito se recebesse a medalha e um cheque? Ou será que o cheque "ofuscaria" o reconhecimento, já que, potencialmente, estabelece, de forma oficial, que o ato de arriscar a vida no campo de batalha vale apenas 10 mil dólares?

Como você pode usar prêmios a seu favor? Como pode alavancar os sinais para fortalecer os incentivos e moldar a história que seus prêmios transmitem? Este capítulo se baseia no trabalho que realizei com

Sandy Campbell e Jana Gallus.[4] No Capítulo 1, discutimos os sinais sociais – como as ações de uma pessoa podem revelar informações convincentes sobre ela para os outros. Muitas vezes, os prêmios têm uma dimensão de sinalização social que aumenta bastante seu valor percebido. O recebimento de uma medalha de bravura por Doss sinaliza de forma convincente para o mundo que ele foi corajoso, ainda que não se conheça os pormenores de seus feitos. Ganhar um Prêmio Nobel em Física sinaliza – mesmo para aqueles que não entendem ou apreciam a contribuição em si – uma grande capacidade acadêmica.

O prêmio sinaliza não apenas as habilidades e qualidades do premiado, mas também os valores de quem o concede. No Capítulo 5, por exemplo, falamos sobre empresas que valorizam a inovação, mas não incentivam a assumir riscos. Usar prêmios para incentivar a assumir riscos é uma ótima oportunidade para, de forma eficaz, sinalizar aos funcionários os valores da empresa. Se você se lembra do Capítulo 5, a Tata, a holding multinacional indiana, faz exatamente isso e reconhece ideias inovadoras, tentativas e fracassos, dando o prêmio "Ouse tentar", que incentiva os funcionários a experimentar ideias arriscadas.[5]

O sucesso dos prêmios depende também da autossinalização. No Capítulo 2, discutimos como a compra de um carro híbrido pode sinalizar a si mesmo que você se preocupa com o meio ambiente. Por outro lado, as pessoas não escolhem ganhar um prêmio. Um prêmio valioso, em geral, não é algo que pode ser comprado; é algo concedido a alguém em reconhecimento de uma realização significativa. Digamos que você acaba de ganhar o prêmio de Funcionário do Mês em sua empresa. Você provavelmente estava se atentando à pontualidade ou se empenhando mais no trabalho. Receber o prêmio afirma a crença de que seu desempenho vem sendo bom e seu esforço foi reconhecido. Dessa forma, os prêmios reforçam nossos próprios sinais e servem para validar e até mesmo transformar crenças sobre nós mesmos.

Um prêmio, qualquer que seja, é multifacetado, e os diferentes aspectos dele podem alterar os sinais sociais que estão sendo transmitidos e aqueles que enviamos a nós mesmos. O sucesso de um prêmio, portanto, depende dos detalhes desses aspectos de seu projeto. Vamos dar uma olhada em alguns recursos cruciais dos prêmios que afetam a sinalização e acabam por moldar a narrativa.

A plateia

Quando uma árvore cai na floresta e ninguém está por perto para ouvir, será que ela faz barulho? Quando um prêmio é concedido de forma privada, ele tem algum efeito? Sim, mas menor. A ausência de uma plateia significa ausência de sinalização social.

Pense na cerimônia anual do Oscar. Parte do valor da cerimônia reside no fato de que muita gente assiste a ela. Receber um prêmio privadamente, com poucas pessoas sabendo dele, tem menos valor de sinalização social. No entanto, às vezes, a plateia não precisa estar presente na cerimônia para que o prêmio tenha esse valor; é suficiente que placas ou estatuetas sejam vistas nas prateleiras do escritório. Quem assiste à entrega do prêmio também é um fator importante: talvez sejam colegas capazes de avaliar sua atuação, ou amigos e familiares que você gostaria de impressionar, ou um grupo de estranhos que você nunca mais encontrará. A identidade da plateia contribui para o poder de sinalização social embutido no prêmio.

Contraste a medalha de Doss com outra história de bravura. Em 9 de agosto de 2009, uma base militar dos Estados Unidos no Afeganistão foi alvo de um ataque coordenado. Imediatamente, um atirador inimigo feriu o médico da unidade estadunidense e uma granada lançada por foguete provocou um grande incêndio no paiol. À medida que o fogo se alastrava, uma explosão desastrosa parecia inevitável. Quando a unidade estava prestes a abandonar a base, um membro não identificado dos SEALs da Marinha entrou em ação. Ele enfrentou tiroteios intensos e arrastou o médico ferido do ponto crítico para um local seguro. Em seguida, entrou correndo no paiol e retirou as caixas de explosivos. Esse membro não identificado acabou recebendo uma Cruz da Marinha, a segunda maior condecoração da Marinha e dos Fuzileiros Navais dos Estados Unidos, concedida por bravura em combate e heroísmo extraordinário.[6]

O membro não identificado não está sozinho. Quase 1 em cada 5 agraciados com as maiores honrarias militares dos Estados Unidos passa despercebido ou sem ser nomeado publicamente para proteger o sigilo das missões furtivas.[7] Como você pode imaginar, sem uma plateia, os sinais sociais transmitidos por uma Cruz da Marinha são bastante diminuídos – apenas algumas pessoas envolvidas naquela missão sigilosa sabem sobre o heroísmo excepcional daqueles indivíduos.

Embora, na ausência de uma plateia, inexistam os sinais sociais, o SEAL da Marinha não identificado provavelmente não deixou de experimentar fortes autossinais em relação à sua bravura. A cerimônia privada reforçou nele o valor de seu sacrifício e bravura e intensificou sua autoimagem patriótica e corajosa.

Escassez

Outro aspecto importante dos prêmios é a escassez. Quanto mais raro é o prêmio, mais valor de sinalização social e pessoal ele possui, uma vez que conceder o mesmo prêmio com muita frequência ou distribuir muitos prêmios diferentes em um determinado campo dispersa a relevância. O Prêmio Nobel atrai muita atenção, em parte, em virtude da raridade do evento. Se o prêmio fosse concedido uma vez por semana, em vez de uma vez ao ano, sua prestigiosa reputação sofreria. Da mesma forma, imagine como seria uma cerimônia semanal do Oscar.

A Wikipédia é um bom exemplo de como aplicar a escassez de prêmios na prática. Por ser um domínio gratuito, com operação inteiramente dependente de voluntários, a Wikipédia precisa continuamente atrair e reter colaboradores valiosos. Após a maior enciclopédia on-

-line ter alcançado o número máximo de editores em 2007, houve uma queda preocupante no número de contribuições e edições do site.[8] Sem esses voluntários, a Wikipédia deixaria de existir em meio à turbulenta competição na internet.

Para mudar essa tendência, o fundador, Jimmy Wales, concebeu os Prêmios Wikipédia.[9] Esses prêmios variam quanto à escassez, ao doador e à importância: indo de Editor da Semana – um prêmio de reconhecimento concedido com frequência pela comunidade para agradecer aos editores por seu trabalho – até Wikimediano do Ano, um prêmio anual apresentado no Wikimania, a convenção oficial da Wikimedia, para celebrar as grandes realizações de um wikipedista individual. O prêmio mais importante é a rara Ordem do Dia, concedida a um desenvolvedor da Wikimedia por serviços excepcionais à comunidade. Esses prêmios intangíveis acabaram sendo um grande sucesso. Jana Gallus, que estudou os Prêmios Wikipédia em 2017, relata que eles aumentaram a retenção de novos membros em 20%, efeito que persistiu por mais de um ano após a entrega do primeiro prêmio.[10]

Às vezes, no entanto, uma organização acaba exagerando. Tomemos o Troféu Tríplice Coroa* como exemplo. Talvez seja uma das realizações esportivas mais difíceis e, portanto, raras. Sendo a maior conquista das corridas de cavalos, faz 42 anos desde a última vez que um animal recebeu essa honra.[11] Para ganhar o troféu, o cavalo campeão precisa vencer três corridas diferentes em três pistas distintas com comprimentos únicos. Assim como os seres humanos, cavalos de corrida tendem a se especializar em determinadas distâncias: alguns são bons em corridas curtas, enquanto outros se destacam em longa distância. Considerando a extrema dificuldade e a escassez do prêmio, a maioria dos proprietários de cavalos não prioriza a conquista do Troféu Tríplice Coroa. Muitos deles evitam treinar seus cavalos para se-

---

* Nota da Tradutora: A Tríplice Coroa é uma série de três tradicionais e prestigiosas corridas de cavalos: Kentucky Derby, Preakness Stakes e Belmont Stakes.

rem versáteis em diversas distâncias. Eles reconhecem que as chances de um cavalo ganhar o Troféu Tríplice Coroa são tão pequenas que é melhor se concentrar na especialização em uma só distância.

Por outro lado, prêmios que são muito comuns podem provocar um efeito contraproducente. Os prêmios por frequência estão entre os prêmios educacionais mais atribuídos. Desde o jardim de infância até o ensino médio, professores distribuem prêmios por frequência para motivar os alunos. No entanto, ao contrário do que se costuma pensar, eles não parecem funcionar, pois enviam sinais não intencionais aos estudantes: se tantos podem ganhá-lo, por que eu deveria me importar em conquistá-lo?[12]

Quem concede o prêmio e como decide quem o receberá?

O renomado ator e diretor de cinema Marlon Brando vivenciou um acentuado declínio em sua carreira na década de 1960. Em 1972, retornou em grande estilo, estrelando *O poderoso chefão*, que arrecadou 135 milhões de dólares nos Estados Unidos e, até hoje, é considerado um dos maiores filmes de todos os tempos.[13] O desempenho fenomenal de Brando como o Don Corleone original, implacável, mas cheio de humanidade, o levou ao Oscar.

Em 5 de março de 1973, todas as atenções se voltaram para o palco onde as estrelas Liv Ullmann e Roger Moore anunciariam o vencedor do Oscar de Melhor Ator da 45ª edição dos Prêmios da Academia. A multidão ficou emocionada quando Moore declarou Marlon Brando como o vencedor. O que aconteceu em seguida se tornou um clássico que continua sendo um espetáculo incrível: para a surpresa de todos, Sacheen Littlefeather, uma indígena estadunidense, subiu ao palco. Ela estendeu o braço com a mão espalmada e recusou a estatueta do Oscar. Em uma atmosfera tensa, Littlefeather se apresentou como apache e presidente do Comitê de Imagem Afirmativa dos Indígenas

Estadunidenses. Representando Brando, ela afirmou que, embora ele estivesse muito honrado, não poderia aceitar o prêmio generoso em razão do tratamento aos indígenas estadunidenses na indústria cinematográfica e em reprises de filmes na televisão.[14]

A multidão começou a vaiar. Em seguida, as vaias foram abafadas por uma salva de palmas, enquanto Littlefeather dizia que esperava que, no futuro, "nossos corações e entendimentos se encontrem com amor e generosidade".[15] Brando, a segunda pessoa na história a rejeitar um Oscar de Melhor Ator, disse que, no fundo, aceitar um prêmio mostrava tolerância a ações e valores da organização.[16] Apesar de enfrentarem muitas críticas, Brando e Littlefeather continuaram a defender seus valores, recusando-se a apoiar uma organização que viabiliza uma indústria cinematográfica discriminatória. Suas ações sob os holofotes internacionais trouxeram reconhecimento público para o tratamento inadequado aos indígenas estadunidenses pela indústria cinematográfica e inspiraram outros boicotes ao Oscar.

O boicote de Brando demonstrou o que acontece quando os valores de quem concede o prêmio não se alinham com os do agraciado. Na maioria dos casos, no entanto, o prestígio e o status de quem concede o prêmio levam os agraciados a inferir que compartilham os objetivos do concedente, o que pode evocar uma maior identificação com este. Doss recebeu a Medalha de Honra do presidente dos Estados Unidos em nome do Congresso do país, duas instituições pelas quais ele tinha o maior respeito. Aquele momento íntimo com o presidente fez parte da honraria. No caso da Wikipédia, o fundador, Wales, concede o prêmio Ordem do Dia pessoalmente, para realçar sua importância e apelar para uma conexão com o agraciado. Jana Gallus sugere que o aumento da autoidentificação como "wikipediano" foi um dos principais mecanismos por trás do efeito positivo duradouro do prêmio.[17]

E se o status de quem concede o prêmio não for claro (digamos, por exemplo, que o órgão concedente é novo)? Nesses casos, e em contraste com o exemplo de pagar 10 mil dólares por bravura no campo de batalha, adicionar um elemento tangível significativo pode servir para estabelecer o prêmio como igualmente significativo, tornando-o um valioso sinal pessoal e social. O montante significativo associado ao Prêmio Nobel, por exemplo, provavelmente contribuiu desde cedo para sua consolidação como um prêmio importante, apesar do legado controverso do próprio Alfred Nobel.* Com o tempo, o prêmio ganhou importância muito além de seu valor monetário.

Espero que você tenha se convencido de que *quem* concede um prêmio é um fator importante, assim como é relevante *como* os agraciados são escolhidos. É um processo de seleção elaborado, que começa com indicações e envolve uma avaliação minuciosa por pares e a análise de especialistas? Existem requisitos técnicos, como a existência de uma comitiva? Ou é possível que o processo seja corrompido?

A Medalha de Honra de Doss se enquadra na categoria de avaliação subjetiva, na qual outros avaliam a qualificação do agraciado com base em opiniões e recomendações. A avaliação subjetiva pode ser necessária quando o desempenho é difícil de medir objetivamente, como no caso de "descobertas revolucionárias" ou "realizações artísticas". Pense na indústria da música: embora existam avaliações objetivas, como os dados de streaming da *Billboard*, o Grammy, os Prêmios BET e o Hall da Fama do Rock servem como comitês subjetivos que fornecem validações da comunidade.

No entanto, as avaliações subjetivas podem ser manipuladas. Em 2016, Denzel Washington teve a honra de ganhar o Prêmio Cecil B. DeMille do Globo de Ouro, concedido a atores que fizeram "contribuições excepcionais para o mundo do entretenimento".[18] A Associação de Imprensa Estrangeira de Hollywood (HFPA, na sigla em inglês) concede apenas um prêmio individual a cada ano. Entre os vencedores notáveis, destacam-se: Walt Disney, Morgan Freeman, Jodie Foster e Robert De Niro.[19] A maioria dos atores

---

* Nota da Tradutora: Criador do Prêmio Nobel, foi o inventor da dinamite.

consagrados deseja conquistar essa honra, que solidifica o status de lenda na indústria cinematográfica.

Durante o discurso de aceitação de Washington, ele disse que seu amigo Freddy Fields, produtor de cinema, previu com confiança sua vitória naquele ano. Com um prêmio tão disputado, é bastante difícil prever qual ator vencerá. Como Fields sabia que Washington seria o vencedor na disputa com tantos outros atores talentosos?

A capacidade de previsão tinha uma explicação simples: Fields convidara Washington para o almoço da imprensa estrangeira de Hollywood naquele ano e dissera a ele: "[A HFPA] vai assistir ao filme, nós vamos alimentá-los, eles vão vir para cá, você vai tirar fotos com todo mundo, vai segurar as revistas, vai tirar fotos, e vai ganhar o prêmio".[20] Ele seguiu o plano de Fields; compareceu ao luxuoso almoço e à festa da indústria cinematográfica, fez amizade e tirou fotos com os votantes do Globo de Ouro.

O discurso de aceitação de Washington expôs ao ridículo a parcialidade nos bastidores do processo de avaliação. Desnecessário dizer que, embora a multidão tenha se divertido com o que ouviu, a HFPA não gostou nada. Essa história é apenas a ponta do iceberg. Pode também não ser uma coincidência que o filme *A musa*, com uma classificação de 53% no Rotten Tomatoes,* tenha sido indicado ao Globo de Ouro depois que Sharon Stone, um dos principais membros do elenco, mandou seu representante enviar 84 relógios de ouro, um para cada votante da HFPA.[21]

O público está percebendo cada vez mais a existência de votos partidários que não representam a qualidade real dos artistas e de seu trabalho. Um processo de avaliação no qual a autoridade ou a integridade do comitê de avaliação seja colocada em questão, como o que Washington expôs, diminui o valor de sinalização social do prêmio.

---

* Nota da Tradutora: Site agregador de críticas de filmes e programas de televisão.

A conclusão é simples: prêmios bem executados enviam sinais poderosos e funcionam como um incentivo forte para as pessoas. Para moldar a história que seu prêmio transmite, considere com cuidado cada aspecto. Use os prêmios com sabedoria!

LIÇÃO: plateia, escassez, o status de quem concede um prêmio e o processo de seleção afetam o valor de sinalização do prêmio e promovem identificação com a organização.

PARTE QUATRO
Use incentivos para identificar o problema

Um homem vai consultar um médico a respeito de sua esposa, com quem está casado há 37 anos. "Doutor, estou preocupado. Acho que minha esposa está desenvolvendo problemas de audição", diz ele. "Mas não sei como comentar com ela que é melhor fazer um exame. Alguma sugestão de como fazer isso sem chateá-la?" O médico o tranquiliza dizendo que é comum a audição se deteriorar com a idade. Ele sugere um teste simples que o próprio homem pode fazer com ela. "Da próxima vez que vocês estiverem juntos e ela estiver de costas para você, chame-a em voz baixa. Se ela não ouvir, chegue um pouco mais perto e tente novamente. Se não funcionar, se aproxime ainda mais dela." O homem segue a sugestão do médico na primeira oportunidade. Naquela noite, vê a esposa sentada no sofá da sala. Do outro lado do cômodo, ele a chama em voz baixa. "Jane?" Nenhuma reação. Mais preocupado, ele se aproxima dela e sussurra: "Jane?". Novamente, nenhuma reação. Ele se aproxima ainda mais e tenta novamente: "Jane?". A esposa se vira para ele e diz: "Pela terceira vez, homem, o que você quer?!".

Essa piada antiga sempre foi engraçada e reveladora para mim. O homem estava fundamentalmente errado no diagnóstico do problema. Muitas vezes, as pessoas que estudam o comportamento humano também estão erradas. É vexatório, para dizer o mínimo. Como o homem na piada, eu e outros economistas e psicólogos na minha área com frequência acreditamos que "os outros" são a fonte de um problema, quando na realidade somos nós. Afirmamos que as pessoas cometem erros e chamamos esses erros de comportamento "irracional" (uma maneira científica e sofisticada de dizer "imbecil"). No entanto, não raro, é o pesquisador que comete um erro quando não entende as razões por trás de um comportamento.

Tais diagnósticos incorretos não são exclusivos de cientistas sociais. Eles acontecem bastante também no campo médico – mais do que gostaríamos de conceber. Nos Estados Unidos, a cada ano, cerca de 12 milhões de pessoas que buscam atendimento médico ambulatorial são diagnosticadas erroneamente.[1] Isso significa 1 em cada 20 pacientes! Quando o diagnóstico errado é corrigido com rapidez, não há dano algum, nenhum problema. Quando não, existe o potencial de resultar em lesões graves, tanto físicas quanto financeiras. Afinal, para tratar com eficácia uma doença, o médico precisa primeiro saber qual doença é – daí a bateria de testes, como exames e coletas de sangue. Esses procedimentos não curam o paciente, mas ajudam a diagnosticar o problema. Somente então o médico pode iniciar o tratamento. Se o problema for diagnosticado incorretamente desde o primeiro momento, o médico tratará o problema errado.

Grande parte dos trabalhos que apresentei até agora envolvem o uso de incentivos como solução para um problema. Eles também podem ser usados para ajudar a diagnosticar um problema logo no início, assim como os exames de sangue ajudam a diagnosticar uma doença.

Qual é o problema? Depende de quem está perguntando.

Resolver o problema errado também pode ser o resultado de uma perspectiva errada (veja o veado na figura).

Nesta parte do livro, apresento quatro exemplos para discutir como os incentivos podem ser usados para entender melhor por que as pessoas fazem o que fazem. Use incentivos desde o início para diagnosticar corretamente o problema e, assim, você poderá trabalhar com vista a uma solução.

13

Os estudantes dos Estados Unidos são realmente tão ruins assim?

Segunda-feira, 8h da manhã. Tyler, 15 anos, entra descontraído na sala de aula do ensino médio e vê trinta carteiras com envelopes fechados em cima delas. Seu bocejo se transforma em um gemido. Isso não pode ser bom. Vai até à última fileira, se afunda na cadeira de plástico dura e se espreguiça, esperando que os demais colegas entrem. Ele vê o sr. Grossman diante do quadro-negro escrevendo "Hora de início" e "Hora de término", mas Tyler mantém a esperança de que não seja o que está pensando. Sem sorte. Assim que o último aluno chega, o sr. Grossman anuncia que a escola foi escolhida aleatoriamente para participar do Programa Internacional de Avaliação de Estudantes (Pisa, na sigla em inglês). O teste durará três horas. Mas, em seguida, Tyler descobre que os resultados não afetarão suas notas escolares. Ninguém com quem ele se importa saberá seu desempenho no teste. Ele não terá acesso à pontuação, nem seus pais, nem a escola. O sr. Grossman inicia o cronômetro. *Vamos acabar logo com isso*, pensa Tyler.

Tyler termina muito antes do final das três horas. Afinal, ele não tem absolutamente nenhum incentivo para querer fazer esse teste ou ter um bom desempenho nele. Ele tem *15* anos – a classificação nacional dos Estados Unidos em testes padronizados não significa nada para ele. Tyler já está entediado antes de chegar na palavra "classificações". Sua apatia em relação ao Pisa provavelmente é compartilhada por muitos de seus colegas.

Apesar disso, atribui-se muita importância a esses testes padronizados no campo da educação escolar. Eles são considerados uma medida precisa do aprendizado do aluno. Os formuladores de políticas estão cada vez mais interessados em usar os resultados de testes de estudantes como forma de avaliar o sucesso do sistema educacional. O fato de os alunos dos Estados Unidos se saírem tão mal neles vem sendo uma preocupação há muitos anos.[1]

O Pisa é uma pesquisa internacional trienal realizada pela Organização para a Cooperação e Desenvolvimento Econômico (OCDE), que visa a avaliar os sistemas de educação em todo o mundo por meio de testes de habilidades e conhecimentos de estudantes de 15 anos.[2] Mais de meio milhão de estudantes de 72 países fazem o teste, que avalia o conhecimento em ciências, matemática, leitura, resolução colaborativa de problemas e alfabetização financeira.[3]

Assim como os Estados Unidos, muitos países moldam suas decisões relativas à política educacional com base, entre outros, nos resultados de testes padronizados. Conforme discutimos antes, a Finlândia se saiu inesperadamente bem no Pisa de 2000; os analistas atestaram que as práticas escolares do país agora são um modelo para o mundo. A Alemanha, por outro lado, teve um desempenho surpreendentemente ruim; então, ela convocou uma conferência de ministros e propôs mudanças urgentes para melhorar seu sistema educacional.[4]

No Pisa de 2012, entre os 65 países e economias participantes, os estudantes do ensino médio dos Estados Unidos ficaram em 36º lugar em desempenho de matemática, com pontuações em declínio desde 2009.[5] Em resposta ao fraco desempenho em tais avaliações, Arne Duncan, o secretário de Educação dos Estados Unidos na época, teve presença de espírito ao dizer: "Temos que encarar isso como um alerta. Sei que os céticos vão questionar os resultados, mas achamos que eles são precisos e confiáveis. [...] Podemos questionar, ou podemos encarar a dura realidade de que estamos sendo superados no quesito educação".[6]

Muitas explicações a respeito dessa questão surgiram nos Estados Unidos. Alguns sugeriram que o problema era o sistema escolar, enquanto outros apontaram para fatores socioeconômicos (por exemplo, altas taxas de desigualdade e estudantes desfavorecidos), cultura ou a maneira como os pais criam os filhos.[7] Contudo, ninguém parou para perguntar: podemos mesmo concluir, com base nesse teste, que a capacidade acadêmica dos estudantes dos Estados Unidos é baixa? Eu e meus colegas John List, Jeffrey Livingston, Sally Sadoff, Xiangdong Qin e Yang Xu exploramos uma hipótese completamente diferente: e se os estudantes estadunidenses simplesmente não estiverem se empenhando tanto quanto os de outros países durante a realização do teste?[8]

Veja bem, as pontuações são baseadas em dois fatores: a capacidade dos alunos *e* o empenho dedicado ao teste. A interpretação prevalecente é que os resultados refletem diferenças de capacidade; sugerimos que eles também refletem diferenças entre países quanto ao esforço dos estudantes. Se estudantes de diferentes países tiverem níveis diferentes de motivação intrínseca para ter um bom desempenho no teste de avaliação, aqueles desmotivados podem ser igualmente inteligentes e capazes, mas suas pontuações não necessariamente refletirão isso em um teste de baixa importância. Neste caso, o fraco desempenho dos Estados Unidos em relação a outros países pode ser parcialmente explicado por uma diferença no esforço aplicado no próprio teste, em vez de diferenças reais de capacidade. Em outras palavras, Tyler e seus amigos podem não se sentir motivados a ter um bom desempenho em um teste com o qual não se importam, mas essa falta de preocupação não significa que eles não sejam tão inteligentes e instruídos quanto alunos chineses (que estão entre os primeiros da lista) ou finlandeses.

A pontuação baixa significa apenas que eles não estão se esforçando da mesma forma no teste.

Para investigar se os formuladores de políticas públicas estavam errados no diagnóstico do problema, realizamos um experimento com incentivos em escolas de ensino médio nos Estados Unidos e em Xangai, na China. Escolhemos Xangai, especificamente, porque a cidade ficou em primeiro lugar em matemática no Pisa de 2012, enquanto os Estados Unidos ficaram em 36º. Realizamos uma versão resumida do teste oficial, com 25 perguntas de matemática retiradas de testes antigos do Pisa, e demos aos estudantes 25 minutos para resolvê-las.

A nossa manipulação foi simples: nos grupos de controle, os estudantes simplesmente foram solicitados a responder ao maior número de perguntas possível dentro do período de 25 minutos. Esses grupos de controle espelhavam as condições enfrentadas pelos estudantes no teste Pisa real, uma vez que eles não tinham motivação externa para se sair bem no teste. A árvore de jogo mostrada aqui representa a decisão enfrentada pelos estudantes nos grupos de controle. Eles poderiam se esforçar e não obter nenhum retorno extrínseco (Resultado nº 1) ou poderiam fazer o teste rápida e displicentemente, sem se esforçar muito (Resultado nº 2).

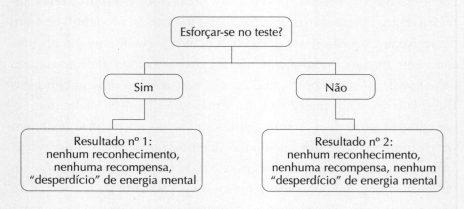

Quando não há incentivo para se esforçar no teste.

O Resultado nº 1 não é nenhum exagero nos Estados Unidos. Em algum momento, alguém achou que os adolescentes se esforçariam ao máximo em um teste sem qualquer incentivo. Repetindo, os estudantes selecionados aleatoriamente para fazer o teste Pisa nem mesmo recebem seus resultados no teste. Eles não têm a chance de sentir orgulho ou a pressão de dar o melhor de si. Ninguém vai cutucar o ombro de Tyler um ano depois e dizer: "Ei, lembra aquele teste que você fez quando tinha 15 anos? Você se saiu mal, e agora os Estados Unidos estão em 36º lugar. Está de parabéns, viu?". É possível que os adolescentes de 15 anos tenham esquecido o teste minutos após fazê-lo e é possível que nunca mais ouçam falar sobre ele. Não deve surpreender nenhum de nós que, nos Estados Unidos, muitos deles escolheriam o Resultado nº 2. Pensando em como eu era aos 15 anos, tenho certeza de que eu faria bem isso.

No entanto, para que nossa hipótese fosse validada e para demonstrar que o problema era o esforço e não a capacidade, precisávamos de algo mais. Repito, os formuladores de políticas públicas tendem a atribuir a diferença nas pontuações dos testes a uma diferença de *capacidade* entre os estudantes de Xangai e os dos Estados Unidos.[9] Nossa hipótese, por outro lado, era que os primeiros tendem a se esforçar nos testes de baixo risco simplesmente porque são solicitados a fazê-lo. Por quê? Uma razão pode ser que a cultura chinesa enfatiza o esforço, ao passo que a cultura estadunidense enfatiza a capacidade inata. Na China, o esforço é adicionalmente inspirado por um senso de comunidade e orgulho: os estudantes sabem que, ao fazer um teste como o Pisa, estão representando a capacidade acadêmica de seu país, o que os motiva a se esforçar mais para demonstrar patriotismo. Talvez os professores também enfatizem a importância de representar o país em um exame desse tipo e encorajem ainda mais os estudantes a dar o melhor de si. Essa distinção se traduz em uma diferença cultural de atitudes, mas precisávamos mostrá-la em um experimento. Para isso, usamos (você adivinha?) incentivos. Então, o que oferecemos aos estudantes para fazê-los se esforçar e que simplesmente não havia sido oferecido antes?

> Segunda-feira, 8h da manhã. Tyler entra na sala de aula do ensino médio e vê sobre todas as trinta mesas dois envelopes fechados. O garoto está prestes a soltar um grunhido quando percebe uma pontinha verde saindo de um dos envelopes. Ele corre para a carteira, e suas suspeitas são confirmadas: o segundo envelope está recheado com 25 cédulas de 1 dólar novinhas em folha. Seus olhos se arregalam. Assim que o restante da turma entra, o sr. Fitzgerald anuncia que a escola foi selecionada aleatoriamente para participar de um experimento. O teste tem 25 perguntas e, a cada pergunta respondida incorretamente, 1 dólar será retirado. Se responderem corretamente às 25 perguntas, ganharão 25 dólares. O sr. Fitzgerald dispara o cronômetro. *Vamos lá*, pensa Tyler com um sorriso determinado.

Isso mesmo – nós oferecemos dinheiro a eles. Nos grupos de tratamento, assim que os estudantes se sentaram, receberam 25 dólares e foram informados de que tiraríamos 1 dólar a cada pergunta respondida incorretamente (os chineses tiveram incentivos equivalentes em sua moeda local). Com esses incentivos, utilizamos o fenômeno psicológico da "aversão à perda", discutido no Capítulo 10. Ter o dinheiro físico em mãos, sabendo que há a possibilidade de perdê-lo, é mais doloroso que pensar em não receber um montante que, para começo de conversa, é intangível (ou seja, pensar em receber alguns dólares a menos em algum momento no futuro). Em virtude da aversão à perda, esse esquema de incentivo também é mais motivador que aquele em que os alunos ganham 1 dólar a cada pergunta que respondem corretamente.

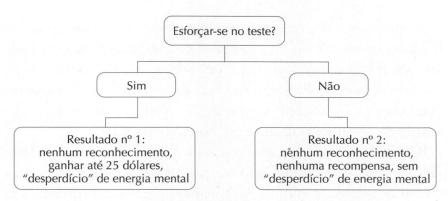

Quando o incentivo para se esforçar no teste é adicionado.

Nosso projeto experimental nos proporcionou quatro grupos para compararmos entre si: estudantes dos Estados Unidos *versus* de Xangai, com e sem incentivos cada um. Em especial, queríamos garantir que os incentivos influenciassem apenas o esforço no próprio teste, e não na preparação para o exame. Para isolar o esforço, os grupos de tratamento foram informados sobre o incentivo monetário pouco antes de fazerem o teste, para que a única coisa que pudessem fazer de diferente fosse se esforçar mais durante a prova.

Agora, nossos alunos de ensino médio dos Estados Unidos enfrentavam dois conjuntos muito diferentes de incentivos ao tomarem sua decisão. Eles poderiam se esforçar mais e ganhar até 25 dólares (Resultado n° 1 na árvore de jogo anterior) ou poderiam fazer o teste com rapidez, sem esmero, e ganhar pouco dinheiro (Resultado n° 2).

Os estudantes passaram a ter uma motivação forte para se esforçar, porque tinham o potencial de ganhar dinheiro ao fazê-lo. Os incentivos eram grandes o suficiente para tornar o Resultado n° 1 mais atraente que o Resultado n° 2 na árvore de jogo? Sim.

Os resultados confirmaram nossa hipótese: em resposta aos incentivos, pouco mudou no desempenho dos estudantes de Xangai. Aparentemente, eles já estavam se esforçando ao máximo sem qualquer incentivo, e a introdução de um incentivo adicional não provocou nenhuma mudança.

As pontuações dos estudantes estadunidenses, no entanto, subiram de forma drástica. Com os incentivos, eles responderam a mais perguntas e aumentaram as probabilidades de acerto. Estimamos que, se recebessem incentivos no teste Pisa real, os Estados Unidos reduziriam a diferença na classificação com relação a Xangai pela metade, aproximadamente, subindo da atual 36ª posição para a 19ª.

Bilhões de dólares são gastos com base na suposição de que os testes padronizados, como o Pisa, revelam a verdadeira capacidade dos estudantes e refletem a eficácia dos sistemas de educação acadêmica tal como estão estruturados nos diferentes países. As políticas dos Estados Unidos, influenciadas por esses testes padronizados, pressupõem que a capacidade de seus estudantes é inferior à dos estudantes de outros países. Na realidade, embora os resultados desses testes sejam influenciados em parte pela capacidade, também são fortemente afetados por motivações intrínsecas e diferenças culturais na atitude em relação a testes de baixo risco. O uso de incentivos mostrou que não se trata apenas de capacidade.

O experimento com o Pisa demonstra a importância de usar os incentivos como ferramenta de diagnóstico para identificar corretamente o problema. Não estou sugerindo que devemos pagar aos estudantes para se empenharem nos testes; apenas que incentivar uma pequena amostra pode nos ajudar a diagnosticar o problema. A primeira etapa para resolver o problema é diagnosticá-lo corretamente, assim como acontece quando se vai ao médico. Lembra a piada sobre o cara que achava que a esposa estava perdendo a audição? Não pressuponha que você sabe a origem do problema; sempre que possível, faça experimentos para testar a sua intuição.

LIÇÃO: a suposição de que testes de baixo risco refletem diferenças apenas na capacidade dos estudantes é rejeitada pelos dados. Políticas públicas baseadas nessa suposição talvez sejam um desperdício.

14

Aversão a despesas gerais: como organizações sem fins lucrativos adquirem má reputação

Em uma conferência na noite passada, você se comoveu com o discurso emocionante do CEO de uma importante instituição de caridade que cuida de crianças e decidiu doar mil dólares. Transferiu o dinheiro de manhã e sentiu uma sensação boa ao fazê-lo. Em seguida, dirigiu-se ao aeroporto para pegar seu voo de volta para casa. Durante o check-in, você ainda está se sentindo bem. Entra no avião e procura seu assento na classe econômica. Enquanto percorre o corredor, vê alguém familiar sentado na primeira classe. É o CEO da instituição de caridade para a qual acabou de fazer uma doação. Como você se sente?

Depois de ver o CEO na primeira classe, é possível que você sinta um certo ressentimento e irritação. Você pode até se arrepender de ter feito a transferência bancária, porque sente que tudo que fez foi ajudar a pagar aquele assento de primeira classe. Não é só você. Muitas pessoas não gostam de instituições de caridade cujas *despesas gerais* são altas – gastos que não estão diretamente relacionados à atividade-fim da entidade, incluindo as despesas de viagem do CEO. Na hora de tomar a decisão de doar, nossa visão limitada sobre despesas gerais muitas vezes não nos permite pensar no quão eficaz será a doação. Com pouco tempo e energia para pesquisar, baseamos nossa decisão, sobretudo, em uma pergunta: qual parcela da minha doação é destinada às despesas gerais? Essa preocupação destaca outra pergunta: por que as pessoas são tão avessas a pagar despesas gerais, para início de conversa? A resposta para essa pergunta é o tópico deste capítulo. É necessário um pouco de contextualização antes de entrarmos no assunto.

É tão reconfortante saber que doei dinheiro para que o CEO tenha mais espaço para esticar as pernas!

A filantropia sempre enfatizou o enorme potencial e o impacto das doações. Muitos de nós acreditam no poder que a doação tem de criar mudanças significativas. Em 2019, apenas nos Estados Unidos, indivíduos doaram quase 300 bilhões de dólares para instituições de caridade.[1] Entretanto, até no mercado das boas intenções é importante fornecer alguns incentivos econômicos para motivar as organizações.

Em uma palestra TED em 2013, o ativista e arrecadador de fundos Dan Pallotta criticou a contradição que permeia nosso relacionamento com as instituições de caridade. Ele argumentou que, quando se trata de organizações sem fins lucrativos, fazemos uma associação entre frugalidade e moralidade – examinamos de perto os gastos dessas instituições e as recompensamos pelos reduzidos gastos, não pelas realizações. Parece que temos uma regra para o terceiro setor e outra para o restante do mundo econômico. Não julgamos os CEOs de empresas privadas pelo grau de modéstia de seus gastos, mas sim por seus resultados, como o lucro da empresa. Pallotta argumenta que essa regra discrimina o terceiro setor e impede que essas organizações concretizem seu pleno potencial.[2]

Os "dois pesos e duas medidas" são especialmente notáveis na remuneração dos funcionários. Ganhar milhões de dólares vendendo livros ou armas no setor privado é aceitável; contudo, se você ganhar milhões de sua organização sem fins lucrativos que tenta curar o câncer, receberá desdém e repreensões de todos os lados. Na visão da população em geral, um indivíduo com MBA ganhar 400 mil dólares por ano em um banco é aceitável, mas e se o CEO de uma instituição de caridade ganhasse o mesmo? De jeito nenhum – completamente inaceitável. Essa percepção pública distorcida afasta gente talentosa do setor de caridade. Pessoas que poderiam fazer uma grande diferença nesse setor sem fins lucrativos acabam escolhendo o setor com fins lucrativos porque não estão dispostas ou não podem fazer esse sacrifício econômico ao longo da vida.

Vamos voltar à aversão às despesas gerais. Uma das razões pelas quais gosto deste tópico é que, como economista, entendo que, ao doar, devo me preocupar com o impacto geral de meu dinheiro e não com as despesas gerais da instituição de caridade; no entanto, como ser humano, eu me sentiria mal ao passar pelo CEO na primeira classe a caminho do meu assento na classe econômica. Em outras palavras, embora eu entenda que deveria me importar com o impacto das ações da instituição e não com suas despesas gerais, na prática me importo com ambos. E certamente não sou o único: estudos mostraram que doadores têm uma forte preferência por instituições de caridade com despesas gerais baixas, independentemente da relação custo-eficácia.[3]

Em geral, dois motivos são citados para explicar por que não gostamos de instituições de caridade com despesas altas. O primeiro é que estas podem indicar que a organização é ineficiente e que seus administradores não trabalham bem. O segundo é que despesas gerais altas podem sugerir corrupção dentro da instituição de caridade, seja por meio de dispêndio excessivo ou fraude. Todos já ouvimos falar de exemplos desses dois tipos de problemas em instituições de caridade. Portanto, os doadores podem ficar ressabiados e usar os gastos com despesas gerais de uma instituição de caridade como sinal do quanto ela realmente realiza pela sua causa.

Embora eu aceite as duas primeiras razões, proponho uma terceira, diretamente relacionada aos sentimentos do doador e inspirada em nosso experimento imaginário do CEO na primeira classe: os doadores desejam que o dinheiro *deles* tenha um impacto direto na causa que apoiam. Eles sentem que tiveram impacto maior se souberem que suas contribuições foram direcionadas diretamente para as refeições das crianças, não para o assento de primeira classe do CEO. Em outras palavras, pensar que seu dinheiro foi integralmente repassado para as crianças amplifica sua autossinalização e confirma que você é uma pessoa boa por ajudar os necessitados.

Ayelet Gneezy, Elizabeth Keenan e eu nos perguntamos: seria esse sentimento o motivo pelo qual as pessoas relutam em pagar por despesas gerais?[4] Qual dos três motivos recém-descritos é a principal causa da aversão a elas? Além da mera curiosidade, achamos que uma melhor compreensão do motivo por trás dessa aversão às despesas gerais poderia gerar uma nova maneira de aumentar as doações. Nossa ideia foi motivada por um simples experimento mental: imagine que você é o CEO de uma instituição de caridade que acabou de conseguir a contribuição de um generoso doador privado para ajudar a lançar uma nova campanha de captação de recursos. Como você poderia usar essa doação inicial como um incentivo projetado para maximizar as contribuições de outros doadores em potencial?

Não é uma situação meramente hipotética – os membros dos conselhos de organizações de caridade fazem essa pergunta sempre que recebem grandes doações. Tradicionalmente, as instituições de caridade usam esses presentes financeiros iniciais para solicitar doações adicionais de duas maneiras principais: (a) descrevendo a doação inicial como "capital semente" ("um generoso doador já nos deu 10 milhões de dólares para a causa") ou (b) usando um modelo de gastos casados, no qual a instituição de caridade gasta 1 dólar da doação inicial a cada novo dólar doado. Esses dois usos de uma doação inicial – capital semente e doações casadas – foram estudados, e sua capacidade de aumentar as contribuições dos doadores foi comprovada.[5] Em nosso experimento, queríamos usar incentivos como ferramenta de diagnóstico, oferecendo uma nova abordagem de captação de recursos que revelaria a *razão* pela qual as pessoas odeiam pagar despesas gerais. Para fazer isso, propusemos um terceiro incentivo alternativo: informar aos doadores que sua doação seria isenta de despesas gerais.

Visualize o momento em que você passou por aquele CEO na primeira classe, mas agora imagine que ele e sua instituição de caridade tivessem prometido, na conferência, que 100% dos dólares doados seriam usados para cobrir o custo de refeições de crianças necessitadas. Outra pessoa havia doado à organização sem fins lucrativos o dinheiro necessário para cobrir todas as despesas gerais, incluindo salários, viagens e demais custos administrativos. Agora, quando você passa pelo CEO na primeira classe, não se sente tão mal – não foi o seu dinheiro que o colocou lá. Seu dinheiro foi usado diretamente para uma boa causa. Será que essa informação ajudaria a aliviar suas emoções negativas?

Nós supomos que sim. E, se de fato ajudar, ela poderá ser usada para testar nossas suposições de que as pessoas relutam em pagar por despesas gerais e estão mais dispostas a doar quando acreditam que seu dinheiro será usado diretamente para resolver um problema. Examinar a veracidade dessa intuição poderia nos orientar sobre o melhor uso dos fundos iniciais para atrair mais doações e sobre como aumentar as doações caridosas, contornando a aversão às despesas gerais. Para testar esse incentivo em nosso experimento, usamos o capital semente a fim de cobrir as despesas gerais da instituição de caridade, permitindo que todas as doações subsequentes fossem isentas delas e aplicadas apenas na causa.

Assim como no caso do Pisa, realizamos um experimento de campo para diagnosticar sistematicamente o raciocínio por trás da aversão às despesas gerais e testar se as duas explicações-padrão omitiam algo crucial – nesse caso, o aspecto emocional associado à própria contribuição do doador. Testamos a ideia com uma fundação especializada em ensino. A fundação comprou o direito de enviar uma única carta de solicitação de doação para 40 mil doadores em potencial nos Estados Unidos que haviam doado para causas semelhantes nos cinco anos anteriores. Todos os participantes foram informados sobre a nova iniciativa da fundação e que o custo do novo programa era de 20 mil dólares, e foram convidados a doar para esse objetivo.

Juntamente com a fundação, conseguimos os recursos necessários para os incentivos e criamos quatro grupos diferentes; cada um recebeu um tipo diferente de incentivo para doar. Especificamente, cada grupo – composto por 10 mil indivíduos selecionados de forma aleatória na lista de 40 mil pessoas que haviam doado no passado – recebeu um dos seguintes incentivos:

- *Grupo de controle*: nenhum incentivo adicional foi oferecido.
- *Grupo de capital semente*: os participantes foram informados de que a fundação já havia recebido 10 mil dólares de um doador privado para o projeto.
- *Grupo de doação casada*: os participantes foram informados de que a fundação já havia recebido 10 mil dólares de um doador privado para o projeto, os quais seriam usados na forma de doação casada. Essa doação casada corresponderia a cada dólar doado até atingir a soma de 10 mil dólares.
- *Grupo isento de despesas gerais*: os participantes foram informados de que a fundação já havia recebido 10 mil dólares de um doador privado para o projeto, os quais seriam usados para cobrir todas as despesas gerais. Portanto, todo dólar arrecadado iria diretamente para o programa.

Esse experimento de campo nos permitiu aprender mais sobre o que faz os doadores desistirem de contribuir para entidades com altas despesas gerais: é o tamanho destas que afasta os doadores, ou o que os repele é pagar por elas? É importante diagnosticar a causa raiz da aversão às despesas gerais antes de correr para encontrar uma solução. Nossa hipótese era que, se cobríssemos todas as despesas gerais associadas ao projeto, os doadores seriam incentivados a contribuir, já que teriam a garantia de que cada dólar doado por *eles* iria diretamente para a causa.

O gráfico a seguir apresenta as doações totais coletadas após as 10 mil solicitações em cada um dos quatro grupos. Os tratamentos de capital semente e de doação casada foram eficazes em aumentar o valor da doação em relação ao grupo de controle, mas o tratamento de despesas gerais provou ser ainda mais eficaz.

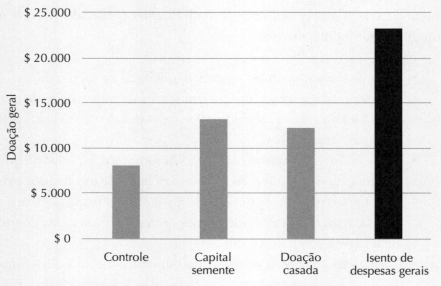

Doação geral nos quatro tipos de incentivos à doação.

O resultado foi impulsionado, sobretudo, pelo fato de que mais pessoas foram convencidas a doar no grupo isento de despesas gerais. Incentivar potenciais doadores, informando-os de que as despesas gerais seriam cobertas pelo capital semente, aumentou significativamente o número de pessoas que decidiram doar, assim como o valor total das doações, em comparação com as abordagens de incentivo de capital semente e de doação casada.

Esses resultados nos ajudaram a diagnosticar a razão subjacente à aversão às despesas gerais; eles mostraram que a explicação alternativa fazia sentido: não é só ajudar a causa que é importante para os doadores, mas também a forma como se sentem ao fazê-lo.

Compreender a razão subjacente à aversão às despesas gerais não é somente um exercício teórico; pode também ajudar a aumentar as doações. Uma possível abordagem seria "educar" os doadores pequenos, que doam 100 dólares, a não se preocupar com as despesas gerais, mas sim concentrar-se no impacto das ações da organização.

No entanto, dado que, em geral, existem muitos doadores pequenos, essa abordagem seria muito desafiadora. Além disso, medir o impacto de uma instituição de caridade é difícil.[6]

Em vez disso, imagine que você, como responsável pelo desenvolvimento de um hospital, está lidando com um grande doador que está prestes a doar 5 milhões de dólares para sua instituição. Você poderia informar-lhe como o dinheiro será usado – em um novo prédio ou em aparelhos de última geração. Alternativamente, poderia tentar convencer o doador a usar a doação para cobrir as despesas gerais da campanha de arrecadação de recursos para o desenvolvimento do hospital. Essa conversa talvez permita ao hospital oferecer uma campanha isenta de despesas gerais para os doadores pequenos, os quais, sem exceção, se importam se estão doando diretamente para a causa. Nossa pesquisa sugere que essa abordagem – usar a doação como um incentivo na forma de doações sem despesas gerais para doadores menores – ajuda a aumentar o número de doações e o valor total delas. Com a alocação do dinheiro para cobrir as despesas gerais, os 5 milhões de dólares podem ter impacto muito maior do que se fossem simplesmente destinados a um prédio novo.

Um exemplo notável dessa abordagem em ação é uma organização sem fins lucrativos chamada *charity: water*, que se divide em duas organizações separadas: "charity: water" [caridade: água], cujas doações recebidas são integralmente usadas para a causa, e "O poço", que consiste em um grupo dedicado de doadores privados que pagam todas as despesas gerais.[7] Essa abordagem atende ao desejo das pessoas de exercerem um impacto direto, bem como aumenta as doações totais. Permite que as organizações concentrem seus esforços em convencer um punhado de grandes doadores de que seu dinheiro é mais bem gasto com despesas gerais, o que sustenta o desenvolvimento e a manutenção de uma infraestrutura sólida. Os membros do público em geral, por outro lado, se sentem bem ao participar de doações isentas de despesas gerais – uma solução vantajosa para todos.

Em sentido mais amplo, a eficiência relativa de pagar por despesas gerais demonstra, de novo, como é importante controlar a narrativa. Os três incentivos que testamos nesse experimento de campo eram exatamente iguais do ponto de vista econômico tradicional. No entanto, assim como no exemplo da Coca-Cola na introdução deste livro, a maneira como você conta a história é importante. Encontre uma maneira que mexa com as pessoas e seus incentivos terão um impacto maior do que nunca.

LIÇÃO: a origem da aversão às despesas gerais não é apenas uma preocupação com corrupção, ineficiências e gastos excessivos. Enfatizar o impacto pessoal dos doadores é importante.

15

Estratégia do "pagamento para sair": como fazer os funcionários se comprometerem com o que acreditam

Imagine que você é um gerente de projeto em uma empresa de porte médio e supervisiona dezenas de funcionários. Com frequência, você lhes atribui tarefas simples e espera obter bons resultados, mas acaba recebendo resultados medíocres. Você não duvida da capacidade deles, tendo em vista suas qualificações e realizações passadas. Qual poderia ser a causa do fraco desempenho? Existem muitas explicações plausíveis, como falta de tempo para concluir a tarefa, problemas de saúde ou falta de motivação. Embora seja fácil descartar algumas das explicações externas – basta perguntar a eles –, é quase impossível descobrir a verdade quando se trata de suas motivações.

Isso é válido desde o primeiro instante em que o funcionário põe os pés nas dependências da empresa. Em negociações, existe uma ocasião em que é aceitável mentir: quando se está em uma entrevista para um novo emprego, devemos mostrar entusiasmo com relação à futura empresa, independentemente de nossos verdadeiros sentimentos. Na maioria das negociações, a estratégia correta é mostrar frieza e tentar convencer a outra parte de que, mesmo que você queira fazer um acordo, não faz muita diferença para você. Imagine entrar em uma concessionária de carros usados e dizer: "Uau! Estou procurando esse modelo há mais de um ano. É um carro incrível e único – eu quero! Qual é o preço?" Você provavelmente acabará pagando muito mais caro do que deveria. No entanto, em uma entrevista de emprego, vale o oposto. Um candidato entusiasmado é mais valioso para a empresa. A melhor estratégia é mostrar o máximo possível de entusiasmo pelo trabalho, mesmo que isso signifique exagerar um pouco.

Dado que todos têm incentivos para mostrar entusiasmo, como empregador, como você identifica quem está fingindo? Não faz sentido perguntar aos candidatos o quanto eles estão animados para trabalhar em sua empresa, porque é claro que eles vão dizer: "Estou muito animado!". Embora alguns talvez estejam sendo sinceros, não há como diferenciar aqueles que estão verdadeiramente motivados e os que não estão.

Como determinar se o problema do fraco desempenho de um funcionário tem a ver com sua motivação? Para diagnosticar o problema usando incentivos, uma das estratégias que implementamos na economia comportamental é criar situações nas quais dizer a verdade seja "compatível com o incentivo". Em vez de fazer perguntas que provavelmente renderão respostas talhadas para agradar, queremos motivar as pessoas a nos mostrar as verdadeiras preferências por meio de incentivos.

No papel de empregador, como criar um ambiente em que os funcionários revelem o quanto desejam trabalhar para você? Algumas empresas usaram uma interessante estratégia, chamada de "pagamento para sair", a qual começou com a Zappos oferecendo 2 mil dólares a seus funcionários para que se demitissem, seguida pela Amazon, que ofereceu até 5 mil dólares. A empresa de videogames

Riot Games inflacionou ainda mais os valores e ofereceu 25 mil dólares para seus funcionários saírem, sem quaisquer condições prévias.[1]

Leia a explicação do CEO da Amazon, Jeff Bezos, para a estratégia do "pagamento para sair", feita em sua carta anual aos acionistas:

> O "pagamento para sair" é bem simples. Uma vez por ano, oferecemos a nossos colaboradores dinheiro para se demitirem. No primeiro ano em que a oferta é feita, ela é de 2 mil dólares. Depois, sobe mil dólares por ano até atingir 5 mil dólares. O título da oferta é "Por favor, não aceite esta oferta". Esperamos que eles não a aceitem; queremos que fiquem. Por que fazemos essa oferta? O objetivo é incentivá-los a parar um momento para refletir sobre o que realmente desejam. A longo prazo, o fato de um colaborador permanecer em um lugar onde ele não quer estar não é saudável para ele nem para a empresa.[2]

A estratégia do "pagamento para sair" é uma maneira inteligente de testar o entusiasmo dos funcionários, forçando-os a se comprometer com o que acreditam. A empresa não precisa mais perguntar aos funcionários sobre seus verdadeiros sentimentos – basta oferecer-lhes uma escolha e observar sua decisão. Na maioria das empresas, os funcionários insatisfeitos não têm motivo para revelar seus verdadeiros sentimentos. No entanto, para o funcionário, o incentivo monetário adicional coloca um preço alto em esconder esses sentimentos. O "pagamento para sair" encarece a mentira, sobretudo se os funcionários estiverem realmente insatisfeitos. Esse incentivo pode, por si só, fazer com que alguns decidam procurar outro lugar para trabalhar. Ele não apenas serve como ferramenta de diagnóstico para revelar se o funcionário tem dificuldades motivacionais, mas também apresenta uma solução: o funcionário desmotivado sai feliz, o que é uma situação vantajosa tanto para ele quanto para a empresa. Ele vai procurar outra posição após ter aceitado um bônus considerável, e a empresa se beneficia na medida em que os funcionários remanescentes, que recusaram as tentações, estarão mais comprometidos em atingir os objetivos de longo prazo.[3]

A Zappos, a empresa pioneira do "pagamento para sair", aumentou suas vendas anuais esperadas de 70 milhões de dólares em 2003 para mais de 1 bilhão de dólares em 2008, até ser adquirida pela Amazon, em 2009. Bill Taylor, da *Harvard Business Review*, creditou parte do sucesso da Zappos a seu excelente atendimento ao cliente. A empresa "transbordava de personalidade", e o bônus de saída era um fator crucial na seleção dos funcionários simpáticos e engajados da central de atendimento que satisfaziam os clientes.[4]

O "pagamento para sair" é uma estratégia drástica, mas, como gerente, você pode procurar sinais que demonstrem que o funcionário permanece na empresa não por falta de alternativas, mas porque prefere você a outras opções muito atraentes.

Trabalhei com uma grande empresa de consultoria que estava interessada em implementar o "pagamento para sair". O sonho dourado dos trabalhadores da empresa é se tornarem sócios. A maioria dos funcionários que ingressam nela acabam não alcançando esse objetivo. Eles adquirem experiência e conhecimento e depois vão trabalhar em outros lugares, beneficiando-se da experiência que obtiveram. Esse processo é bom tanto para a empresa quanto para os funcionários, os quais, em geral, saem em bons termos e satisfeitos com a experiência.

Uma empresa de consultoria tinha uma preocupação específica: estava determinada a realizar uma grande transformação tecnológica em suas operações, exigindo que os funcionários investissem tempo em aprender uma tecnologia nova e mudassem drasticamente a maneira de trabalhar. Embora alguns estivessem animados com a oportunidade, outros não queriam sair da zona de conforto. No entanto, a empresa estava enfrentando uma seleção adversa: não sabia quais funcionários queriam fazer a mudança e quais não queriam. Se simplesmente perguntasse, todos diriam estar entusiasmados com a mudança.

Imaginemos que a empresa avalie os funcionários após completarem cinco anos de casa. Como discutido anteriormente, ao perguntar a um funcionário se ele está satisfeito em trabalhar na empresa, a resposta provavelmente será: "Claro!". Mesmo que ele não esteja muito motivado e que planeje sair em breve, não vai revelar seu sentimento e sua intenção. A empresa pode aprender muito mais sobre as verdadeiras preferências dos funcionários nessa fase se lhes oferecer um bom bônus de saída. Para ilustrar essa situação, o processo decisório de um funcionário está representado na árvore de jogo apresentada a seguir.

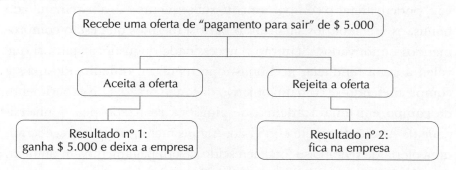

Decisão do funcionário ante uma oferta de "pagamento para sair": utilidade do funcionário. Se estiver motivado o suficiente para se comprometer a longo prazo, então Resultado nº 1 < Resultado nº 2 → rejeita o bônus para sair. Se não, Resultado nº 1 > Resultado nº 2 → aceita o bônus para sair e deixa a empresa.

Se o funcionário realmente desejar sair, provavelmente será bom para a empresa descobrir isso nessa fase e liberá-lo com um bom bônus, o que fará dele um bom embaixador que terá apenas coisas boas a dizer sobre o tempo que passou ali. No Resultado nº 1, em que os funcionários desmotivados aceitam a oferta, o "pagamento para sair" ajuda a empresa a evitar o custo de funcionários de baixa qualidade, o qual cresce significativamente a longo prazo.

No Resultado nº 2, aqueles que escolherem renunciar ao bônus mostrarão sua dedicação e tentarão alcançar a posição de sócio. O resultado desse processo de seleção será que os funcionários que decidirem ficar serão os mais motivados e que desempenharão melhor suas funções. Pesquisas em mercados de trabalho on-line mostram que os trabalhadores que ficaram após recusarem a oferta de "pagamento para sair" tiveram uma precisão média de tarefas 28,3% superior à dos trabalhadores de grupos de controle, os quais não receberam nenhuma oferta de incentivo.[5]

Além disso, a lógica da situação sugere que os custos irrecuperáveis* podem afetar o comportamento subsequente. Ao abrirem mão do bônus, os funcionários sinalizarão para si mesmos que estão comprometidos e motivados. Sentirão a necessidade de justificar para si que valeu a pena renunciar ao bônus e permanecer, trabalhando mais e comprometendo-se com um objetivo de longo prazo. Um experimento de campo em uma academia de ginástica realizado pela Universidade de Amsterdã reflete essa visão. Alguns membros novos receberam uma oferta de reembolso total acrescido de um pagamento em dinheiro de 10% do valor da inscrição para sair da academia. Quando comparados aos participantes do grupo de controle, os membros que receberam e rejeitaram a oferta de reembolso e pagamento em dinheiro apresentaram uma probabilidade estatística maior de frequentar a academia em 0,29 vez por semana, de renovar a matrícula em 4%, e de obter resultados pós-treino melhores em 0,76 (em uma escala de 10 pontos).[6]

LIÇÃO: oferecer dinheiro aos funcionários para que saiam da empresa pode eliminar aqueles que estão desmotivados e manter por mais tempo os que são dedicados ao emprego. O sinal "Estou motivado" agora é confiável.

---

* Nota da Tradutora: Na teoria econômica, custos irrecuperáveis, custos incorridos, são recursos empregados na construção de ativos que, uma vez realizados, não podem ser recuperados em qualquer grau significativo.

16

Como subornar-se: trapaças e autossinalização

Já aconteceu de você ir ao mecânico achando que seu carro tinha um pequeno problema e acabar pagando caro por "consertos importantes" dos quais não entendia nada? Comigo, sim. Já aconteceu de você ir ao médico com dor nas costas e ouvir que a melhor solução para o seu problema era uma cirurgia na coluna? Comigo, sim. E, como a maioria da população, eu não tenho a perícia necessária para julgar se essas recomendações eram as melhores para mim.

Como consumidores, temos conhecimento limitado e, muitas vezes, para tomar uma decisão, dependemos da orientação e das recomendações de especialistas. No entanto, essas recomendações nem sempre são as melhores para nós. O que se observa com frequência nessas situações é uma assimetria de informações entre o consultor e o consumidor: o mecânico sabe muito mais que eu sobre conserto de carros, e o médico sabe melhor que eu aliviar dores nas costas. Portanto, a confiança é um componente importante nessas relações. Pense no médico: ele se empenhou muito para obter um diploma a fim de ser capaz de ajudá-lo, não de enganá-lo. Embora a área da medicina seja cheia de assimetrias de informações e conflitos de interesse, você confia que seu médico colocará a sua saúde no topo da lista de prioridades dele.

No entanto, devido, entre outros, ao fato de os médicos recomendarem procedimentos desnecessários pelos quais recebem uma compensação direta, estima-se que, nos Estados Unidos, o excesso de medicação na área da saúde alcance 210 bilhões de dólares em gastos anuais desperdiçados.[1] Uma cirurgia nas costas por causa de dor, por exemplo, não é uma anomalia. Existem cada vez mais opções cirúrgicas disponíveis como solução para dores nas costas, muitas das quais já se mostraram desnecessárias e até prejudiciais.[2] Além das cirurgias desnecessárias, uma grande parte do desperdício médico vem da prescrição excessiva de medicamentos. Estudos mostraram que médicos que recebem pagamentos da indústria farmacêutica tendem a receitar medicamentos de maneira diferente dos que não os recebem.[3] Como os médicos podem se sentir bem colocando os próprios interesses financeiros na frente da saúde de seus pacientes?

Não são apenas os médicos. Consultores financeiros também costumam ser diretamente compensados por determinados produtos. Embora alguns deles talvez ignorem os próprios incentivos e deem uma recomendação imparcial a seus clientes, muitos dão conselhos tendenciosos para aumentar os próprios lucros – às vezes, em detrimento dos interesses dos clientes. Assim como acontece com os médicos, a estrutura de compensação do consultor financeiro exerce um papel importante. As duas mais comuns são as estruturas de honorário fixo e as baseadas em taxas. Os consultores em uma estrutura de honorário fixo são remunerados apenas por seus serviços de consultoria, em geral na forma de uma porcentagem dos ativos, e não pelos produtos financeiros que recomendam. Por sua vez, os consultores com uma estrutura baseada em taxas são, em geral, afiliados a corretoras registradas ou a empresas de seguros, de modo que eles ganham comissões vinculadas aos produtos que recomendam.[4] Esses consultores muitas vezes tentam ocultar tal fato de seus clientes. O que está por trás da decisão dos consultores de recomendar um produto financeiramente egoísta que sacrifica os melhores interesses dos clientes? Como eles podem reconciliar o ganho financeiro com a ameaça à sua integridade profissional?

Especialistas podem se sentir mal por darem conselhos ruins; em nossa terminologia, eles recebem um autossinal negativo. Após reflexão, o consultor pode chegar à conclusão de que não é uma boa pessoa por enganar o consumidor.

"Felizmente", existe uma solução. Para atenuar esse conflito entre o ganho financeiro e a autoimagem, os consultores podem se *autoenganar* convencendo-se de que seus conselhos são éticos. Um médico pode se convencer de que uma cirurgia não apenas maximiza os lucros, mas também é a melhor opção para o paciente.

A melhor maneira para se enganar é criar espaço para ambiguidade ou para a subjetividade na recomendação. No que diz respeito à necessidade de uma cirurgia, por exemplo, muitas vezes sua indicação como método ideal para aliviar a dor nas costas de um paciente depende de uma avaliação subjetiva e, em geral, não existe um contrafactual que sugira que a cirurgia é excessiva. Utilizando-se dessa ambiguidade, os especialistas encontram maneiras de se convencer de que suas recomendações – que maximizam os próprios ganhos materiais – são realmente a melhor opção para os clientes, preservando a própria imagem, a qual, de outra maneira, sairia prejudicada.

Eu e meus colegas Silvia Saccardo, Marta Serra-Garcia e Roel van Veldhuizen queríamos entender como esse autoengano funciona e usar incentivos para diagnosticar a lógica subjacente às recomendações tendenciosas – como as pessoas podem dar conselhos egoístas com base nos próprios incentivos e ainda acreditar que se comportaram de forma ética.[5] Para isso, criamos um simples Jogo de Conselhos, no qual os consultores têm a tarefa de recomendar uma entre duas opções de investimento, A ou B, a um cliente desinformado. Manipulamos sistematicamente a capacidade dos consultores de se autoenganar – ou seja, o quanto eles justificam a si mesmos suas recomendações de maximização de lucros – e medimos a magnitude do viés tendencioso em seus conselhos.

O Jogo de Conselhos que criamos é simples. O consultor vê duas opções. O Investimento A é uma loteria 50-50 entre 2 e 4 dólares. O Investimento B é uma loteria 50-50 entre 1 e 7 dólares. Criamos essas duas loterias de forma que o pagamento esperado de B (4 dólares) seja maior que o de A (3 dólares). No entanto, B tem uma variabilidade maior. Pense por um segundo: qual investimento você escolheria para si mesmo?

Nossos consultores no jogo deveriam decidir qual investimento recomendar aos clientes. Não informamos os clientes sobre os investimentos; então, apenas os consultores os conheciam, e a única informação disponível aos clientes era a recomendação dos consultores.

Entra aqui a nossa manipulação para testar o autoengano. No primeiro tratamento, os consultores não tinham incentivos para recomendar nenhum dos investimentos. Esse grupo foi o controle no experimento. Nesse caso, 31% dos consultores recomendaram o investimento A, e o restante recomendou o investimento B. Evidentemente, o investimento B é preferível na opinião da maioria dos consultores.

Em seguida, contrastamos esse resultado com dois tratamentos nos quais os consultores tinham um incentivo de 1 dólar para recomendar o investimento A. Em outras palavras, se os consultores recomendassem o investimento A, automaticamente receberiam um bônus de 1 dólar. Esse bônus seria o suficiente para que suas recomendações fossem tendenciosas? Pelo visto, isso dependia de *quando* eles tomavam conhecimento do incentivo extra.

Em um tratamento, chamado "antes", primeiro informamos os consultores sobre seus incentivos e só depois contamos a eles os detalhes dos investimentos e pedimos suas recomendações. Em contraste, no tratamento "depois", mudamos a ordem das informações. Primeiro informamos aos consultores as opções de investimento, pedimos que pensassem (não nos dissessem, apenas pensassem) qual delas acreditavam ser melhor e só depois informamos sobre os incentivos extras para recomendar o investimento A.

A figura a seguir apresenta o fluxo do experimento para o consultor.

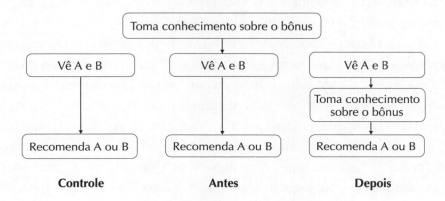

Três tipos de linha do tempo de decisão do consultor.

Por que variamos o momento em que os consultores foram informados sobre os incentivos? Se os consultores fossem informados sobre os incentivos *antes* de ter a chance de avaliar os investimentos, poderiam acabar se autoenganando. Poderiam distorcer suas crenças se convencendo de que recomendar o investimento A – e receber os incentivos – também era a melhor opção para os clientes. Sabendo que receberão um bônus se recomendarem A, já estão propensos ao ler a descrição dos investimentos. Assim, procuram maneiras de justificar a escolha do investimento A e de se convencer de que o cliente de fato o preferiria. Eles podem justificar os benefícios de A afirmando, por exemplo, que há ambiguidade sobre qual opção é melhor, porque depende do perfil de risco do cliente, e que A, por ter uma variabilidade mais baixa, é uma opção mais segura para ele.

Se invertermos a ordem e informarmos sobre os incentivos *depois* que os consultores fizerem a avaliação (a qual provavelmente será de que o investimento B é melhor para o cliente), eles não poderão voltar no tempo e se convencer de que o A é melhor. Se o consultor avaliar consigo mesmo os investimentos antes de ser informado a respeito dos incentivos, será mais difícil autoenganar-se. Nesse caso, o consultor não pode mais recomendar o investimento incentivado e, ao mesmo tempo, manter uma imagem positiva de si mesmo.

Aqui está o que constatamos: conforme mencionado anteriormente, apenas 31% dos consultores recomendaram o investimento A no grupo de controle, quando não tinham incentivos para recomendá-lo. Esse percentual quase dobrou (61%) no tratamento "antes", no qual lhes dissemos antes que ganhariam mais dinheiro se recomendassem A. No entanto, no tratamento "depois", eles escolheram o investimento A apenas 33% das vezes – o que não é uma diferença estatisticamente significativa em comparação com a taxa de escolha de A no grupo de controle. Usando incentivos, diagnosticamos com sucesso o dilema das recomendações "éticas" tendenciosas e descobrimos o processo psicológico envolvido quando os consultores se autoenganam para manter uma percepção positiva de si mesmos ao se defrontarem com conselhos egoístas.

Para relacionar esses resultados com a situação em que os médicos recomendam tratamentos desnecessários, pensamos que eles podem realmente acreditar estar procedendo da maneira correta. Eles sabem quais são seus incentivos antes de fazer a recomendação, mas não acreditam que esse interesse egoísta afeta suas escolhas. Os dados refletem esse tipo de crença tendenciosa. Por exemplo, quando um repórter pediu a médicos que fizessem algum comentário sobre descobertas relacionadas ao excesso de medicação, "vários deles que receberam grandes pagamentos da indústria farmacêutica e tinham taxas de prescrição de medicamentos de grandes marcas acima da média afirmaram que agiam no melhor interesse dos pacientes".[6] Nossa pesquisa mostra que eles talvez acreditem mesmo que estão agindo também no melhor interesse de seus pacientes. Contudo, é provável que sejam influenciados por seus incentivos e usem o autoengano a fim de evitar transmitir um sinal negativo a si mesmos e, assim, proteger a própria imagem.

Essa descoberta lança luz sobre o processo decisório subjacente às recomendações tendenciosas e apresenta um desafio para quem cria sistemas nos quais consultores informados podem tornar tendenciosas suas recomendações e, portanto, os resultados. Uma solução é criar ou participar de sistemas nos quais os consultores não tenham um interesse financeiro nas escolhas que o cliente faz. Por exemplo, você pode considerar pedir uma segunda opinião a um médico diferente, que não tenha laços financeiros com sua decisão. Outra solução é projetar procedimentos que reforcem o papel dos custos da imagem pessoal para reduzir o comportamento antiético de indivíduos éticos, porém tendenciosos.

LIÇÃO: o autoengano permite que consultores recomendem opções que os beneficiam, em detrimento dos interesses dos clientes, sem que se sintam mal com isso.

PARTE CINCO
Como os incentivos causam mudanças de comportamento

> Minha experiência diz que as pessoas sem vícios têm pouquíssimas virtudes. (Abraham Lincoln)

"Dez, nove, oito... três, dois, um! Feliz Ano Novo!" Quando o relógio marca meia-noite, Sandra e seus amigos pulam e gritam em uníssono, celebrando o início de um novo capítulo. Com um olhar determinado, Sandra anuncia aos amigos: "Deste ano não passa! Vou entrar em forma e perder, pelo menos, 8 quilos". Seus solidários amigos aplaudem com entusiasmo. Inspirados pela declaração de Sandra, muitos compartilham as próprias resoluções de ano novo, que variam desde economizar dinheiro até se alimentar de forma mais saudável. Todos saem da festa se sentindo energizados e motivados. Algumas semanas depois, no entanto, Sandra já cancelou a recente matrícula na academia alegando que o trabalho não está dando sossego e que é um desperdício de dinheiro continuar pagando a mensalidade.

Não precisa ser uma resolução de ano novo. Tome o exemplo de John, 55 anos, que vai à consulta anual de rotina. Só de olhar para o médico, John já sabe que más notícias estão por vir. O médico lhe diz que ele está 15 quilos acima do peso, pré-diabético e com alto risco de sofrer um derrame. Aconselha John a tomar um remédio, comer de forma mais saudável e caminhar pelo menos trinta minutos todos os dias. John deixa o consultório com essa nova resolução, determinado a mudar. Apenas dois dias depois, John está deitado no sofá, assistindo a reprises de *Friends*. Os únicos passos que ele deu foram para percorrer o curto caminho entre o sofá e a geladeira, em busca de uma garrafa de cerveja gelada.

É fácil menosprezar Sandra e John, zombar e dizer que eles têm pouca força de vontade ou que lhes falta autodisciplina, mas eles não são os únicos. Muitos de nós já experimentamos resoluções de curta duração. Embora seja fácil declarar "ano novo, vida nova" e estabelecer metas ambiciosas de longo prazo, é difícil cumprir as promessas e manter o compromisso. Dados de academias de ginástica nos Estados Unidos retratam esse fenômeno: mais matrículas são feitas em janeiro do que em qualquer outro mês; elas representam cerca de 11% do total de matrículas anuais.[1] No entanto, muitas pessoas são como Sandra; não conseguem manter o embalo. Cerca de 50% dos novos frequentadores de academias nos Estados Unidos desistem da matrícula até o final de janeiro, e apenas 22% deles chegam a outubro.[2]

Parece que as pessoas têm uma confiança excessiva em seu autocontrole futuro e, portanto, superestimam a própria capacidade de mudar de comportamento, como ir com mais frequência à academia. Esse excesso de confiança pode ser muito custoso. Por exemplo, Stefano DellaVigna e Ulrike Malmendier, professores da UC Berkeley, analisaram a escolha contratual de 7.752 membros de academias de ginástica dos Estados Unidos ao longo de três anos e descobriram que os membros com mensalidades superiores a 70 dólares compareciam em média 4,3 vezes por mês, o que equivalia a pagar mais de 17 dólares por visita. De acordo com seus cálculos, 80% desses membros teriam se saído melhor se usassem um passe de dez visitas, ao custo de 10 dólares por visita. Durante o tempo da matrícula, o total perdido foi em média 600 dólares; DellaVigna e Malmendier chamaram esse comportamento de "pagar para não ir à academia".[3]

Existem duas razões possíveis para esse comportamento. Como mencionei antes, a primeira é o excesso de confiança: ao me matricular, estou exageradamente otimista e acredito que frequentarei a academia muito mais do que acabo realmente frequentando. A outra razão pode ser uma espécie de jogo que faço comigo mesmo. Sei que, no futuro, vou ficar tentado a não me levantar do sofá e ir à academia. E, se eu optar por comprar os passes individuais e eles custarem 10 dólares a cada ida à academia, é mais provável que eu acabe ficando no sofá. Portanto, prefiro pagar as mensalidades antecipadamente para assegurar que meu eu do futuro tenha menos desculpas para não ir.

Voltando para John largado no sofá apenas dois dias após a consulta, esse tipo de comportamento ilustra o desafio que economistas comportamentais e formuladores de políticas enfrentam quando tentam usar incentivos para mudar hábitos. Você consegue pensar em uma motivação mais forte que a enfrentada por John? É, literalmente, questão de vida ou morte. É possível que o fracasso de John em mudar seu comportamento não se deva a falta de informação ou de motivação. A informação aterrorizante de que ele é pré-diabético provavelmente ainda está fresca em sua memória, e a motivação em jogo já é muito mais forte que qualquer coisa que outros possam oferecer. Afinal, John não precisa correr uma maratona para ficar consideravelmente mais saudável; ele só precisa caminhar meia hora por dia.

Nesse espaço, no qual a motivação para mudar já é tão forte, os cientistas comportamentais vêm tentando inserir incentivos extrínsecos. Está em andamento um esforço crescente para tentar descobrir o que funciona e o que não funciona. Um grupo notável nesse espaço é a Behavior Change for Good Initiative [iniciativa para mudar o comportamento para o bem], liderada pela economista Katherine Milkman e pela psicóloga Angela Duckworth, ambas da Universidade da Pensilvânia. Milkman e Duckworth criam equipes interdisciplinares de especialistas acadêmicos, apresentam-nas a grandes organizações e, com elas, testam o que funciona em grande escala na mudança do comportamento. Elas conduzem amplos estudos e, paralelamente, testam as melhores ideias da equipe científica para mudar determinado comportamento. Acho essa abordagem, que inclui intervenções comportamentais e incentivos, muito promissora.

O conhecimento acadêmico também pode se traduzir em sucesso econômico. Há alguns anos, Samantha Pantazopoulos, na época com 22 anos e recém-formada na faculdade, me chamou para conversar sobre um aplicativo que ela tinha em mente. Passamos uma hora no meu escritório, durante a qual Sam descreveu sua ideia. Costumo encontrar pessoas com projetos interessantes, mas esse era diferente. Não só a ideia era interessante, como ficou claro para mim que Sam era uma força da natureza. Ela convenceu o primo Dylan Barbour (da sexta temporada da série *Bachelor in Paradise*) a se associar a ela como cofundador da Vizer.[4] A ideia deles era simples: criar um aplicativo que monitorasse a atividade física por meio de um smartphone, Apple Watch ou Fitbit, e usar os dados para incentivar os usuários a cumprir metas diárias de condicionamento físico. Uma parte do incentivo que eles oferecem é social: cada vez que um usuário atinge a meta, uma refeição é doada e distribuída pela Feeding America. Discutimos esse tipo de incentivo social no Capítulo 11. A segunda parte é um incentivo mais tradicional: quando atingem a meta, os membros ganham um ponto, que podem posteriormente trocar por uma recompensa saudável. Isso foi há quatro anos. Dylan e Sam continuam desenvolvendo o aplicativo e estão se tornando atores importantes no universo do bem-estar.

Antes de discutirmos como os incentivos podem fazer a diferença, existe um ponto que precisa ser esclarecido: o fato de as pessoas não conseguirem mudar seu comportamento é um erro? O fato de John não caminhar meia hora por dia ou de Sandra não alcançar a meta de exercícios físicos é um erro? De acordo com os economistas tradicionais, sim: as pessoas são consideradas criaturas perfeitamente racionais que podem, facilmente, incorporar novas informações e agir de acordo com elas. Minha abordagem é diferente. Não estou aqui para julgar se algo é um erro. Faço uma pergunta muito mais simples: como posso ajudar? Não sei se Sandra e John estão sendo irracionais e cometendo erros; só sei que eles querem mudar o próprio comportamento, mas, por algum motivo, fracassam. O desafio é encontrar uma maneira de implementar a mudança de comportamento de forma que pessoas como Sandra e John optem por ela e se comprometam com o sucesso.

Esta parte do livro discute a lógica subjacente à incapacidade de alguns de persistir com as mudanças de comportamento e como os incentivos podem ser usados para promover hábitos desejáveis e reduzir hábitos mal adaptativos no longo prazo. A questão fundamental é como podemos motivar as pessoas a mudar um comportamento que desejam mudar e fazê-lo ao menor custo possível. Nosso dinheiro é muito útil, sobretudo se os incentivos também ajudarem a formar hábitos duradouros. Intervenções boas resultam em mudanças de comportamento que permanecem mesmo após a retirada dos incentivos. Nesta parte, descrevo quatro canais pelos quais os incentivos podem impactar a mudança de comportamento. Ela é baseada no trabalho que fiz com Agne Kajackaite e Stephan Meier.[5]

Grande parte do esforço é dedicado a tentar criar mudanças comportamentais duradouras em várias áreas, e os incentivos podem ajudar. Compreender como eles interagem com outras motivações é fundamental para o sucesso de alguns esforços, como melhorar resultados de saúde, produtividade, proteção ambiental e poupança.

17

Como criar hábitos: a mudança dá um passo de cada vez... literalmente

John quer se exercitar durante uma hora por dia. Ao ir pela primeira vez à academia, ele encontra dificuldades. Mal consegue se exercitar por dez minutos e volta para casa, suado e exausto. Acorda no dia seguinte bastante dolorido e continua mais flácido do que musculoso. Contudo, se continuar indo à academia, desenvolverá um "conjunto de hábitos" – uma maneira pomposa de dizer que ganhará certa prática e experiência. A atividade física pode se tornar mais agradável (ou, pelo menos, menos dolorosa) à medida que os benefícios se tornam tangíveis, visíveis e claros: John se sentirá melhor e mais forte em suas atividades cotidianas, perderá alguns quilos e distinguirá alguns leves contornos de definição nos músculos das pernas. As evidências sugerem que começar é a parte mais difícil.

Os incentivos podem ajudar uma pessoa a começar algo novo, o que proporciona o desenvolvimento desse conjunto de hábitos. Se John receber uma recompensa a cada vez que for à academia, terá uma motivação extrínseca mais forte para frequentá-la para valer. Mesmo que sofra bastante no início, acabará sofrendo menos, quem sabe até comece a gostar, e é mais provável que continue mesmo após a retirada dos incentivos. Nos próximos tópicos, discutiremos experimentos que usam incentivos para promover o exercício físico, mostrando que pagar às pessoas para que comecem a frequentar a academia vale a pena mesmo após os incentivos serem retirados. Essa evidência corrobora a ideia do conjunto de hábitos, sugerindo que o exercício físico torna-se gradualmente agradável para aqueles que se levantam do sofá e continuam a se exercitar mais. A regra geral que aprendemos é que os incentivos podem ajudar uma pessoa a iniciar uma atividade, desenvolver esse conjunto de hábitos de comportamento e, então, passar a sustentar um determinado comportamento.

Formação de hábito.

Pago para suar

Para pesquisadores como eu, um artigo acadêmico é quase como um filho: os detalhes de seu desenvolvimento estão sempre vívidos na mente. A história de como foi despertado meu interesse em "incentivos para fazer exercício físico" começa em uma conferência em Tucson. Eu e meu amigo Gary Charness estávamos em uma banheira de hidromassagem, ao lado de uma piscina, admirando as impressionantes montanhas do Arizona e conversando sobre incentivos. Essa conversa aconteceu depois que eu publiquei artigos sobre como os incentivos podem destruir a motivação intrínseca para fazer coisas porque as pessoas fazem bem e não pelo fato de estarem sendo pagas para fazê-las. Em especial, discutimos se seria possível "subornar" nossos filhos para mudar o comportamento deles. Em alguns casos, ficou claro que seria possível fazer isso sem gerar problemas duradouros.

Se você está tentando desfraldar seu filho, por exemplo, dar a ele uma recompensa cada vez que usar o penico pode acelerar o processo. Depois, quando ele tiver parado de usar fraldas, você pode parar de suborná-lo, provavelmente sem se preocupar se ele voltará a precisar delas. Em geral, mudanças de comportamento desse tipo, que são "de uma vez por todas", são mais fáceis de influenciar com incentivos. A mudança mais difícil é aquela que requer uma ação repetitiva: por exemplo, é fácil fazer crianças lerem livros, mas é mais difícil fazê-las gostar de ler com regularidade.

Gary e eu começamos a discutir a questão do exercício físico, uma mudança comportamental difícil, que provavelmente requer ação repetitiva. Por que há períodos em nossas vidas em que somos mais propensos a nos exercitar e outros em que não conseguimos nos mexer? Achamos que dar incentivos a uma pessoa para começar a se exercitar e mantê-los por um tempo poderia criar um hábito que persistiria mesmo depois que parássemos de pagá-los.

Então, planejamos um experimento de campo para testar se os incentivos realmente podem criar hábitos de exercício físico.

Nosso experimento tinha alguns tratamentos diferentes; discutirei os mais interessantes aqui. Oferecemos incentivos a estudantes universitários para frequentar a academia do campus.[1] Os estudantes compareceram ao nosso laboratório, leram algum material sobre a importância de se exercitar, e então lhes prometemos 25 dólares para que frequentassem a academia pelo menos uma vez durante a semana seguinte. Verificamos a presença deles por meio dos registros de entrada e saída da academia. Quando eles voltaram ao laboratório na semana seguinte, nós os dividimos aleatoriamente em dois grupos. O primeiro era apenas o grupo de controle. Os universitários no segundo tratamento receberam a promessa de um pagamento adicional de 100 dólares (a serem pagos após a conclusão do experimento) se frequentassem a academia mais oito vezes durante as quatro semanas seguintes. Obtivemos a frequência deles antes, durante e após a intervenção.

Pagar aos estudantes para frequentar a academia de ginástica funcionou? Claro que sim. Nossos universitários fariam quase qualquer coisa por 100 dólares, mas não era isso o que estávamos procurando saber. Queríamos saber o que aconteceria com as idas à academia *depois* que parássemos de pagar-lhes para se exercitar. Nossa hipótese era que fazer as pessoas começarem e acumularem esse "conjunto de hábitos" as tornaria mais propensas a continuar se exercitando, porque, pouco tempo após o início da rotina de exercícios, ir à academia seria menos doloroso e mais agradável.

Estávamos testando a ideia de que as primeiras idas são sofridas e pouco divertidas, mas que, após quatro semanas, o custo-benefício muda e as pessoas continuam a se exercitar mesmo sem incentivos.

Como era de se esperar, encontramos um aumento muito grande nas idas à academia entre o grupo recebedor de incentivo; esse aumento durou até a quinta semana, quando paramos com os incentivos. A parte interessante é o que acontece depois: entre a quinta e a

12ª semana, depois de pararmos de pagar aos participantes do grupo incentivado, eles tenderam a frequentar a academia duas vezes mais, em média. Essa melhoria na frequência à academia foi totalmente impulsionada pelas pessoas que não eram frequentadoras regulares anteriormente. Em outras palavras, os estudantes que já frequentavam a academia com regularidade antes do nosso estudo não ficaram muito motivados pelos incentivos.

Nossos experimentos indicam que é, sim, possível promover a formação de bons hábitos por meio da oferta de uma compensação financeira por um número suficiente de ocorrências. Conforme discutido anteriormente, fazer isso parece levar algumas pessoas além do limiar do conjunto de hábitos necessário para se envolver com a prática constante de exercícios. Ao estabelecer que os incentivos para promover exercício físico funcionam, o artigo baseado no estudo iniciou um debate sobre o uso de intervenções monetárias para promover exercício físico e formação de hábitos. Vamos examinar alguns estudos subsequentes que replicaram e aprofundaram nosso experimento e forneceram informações adicionais sobre a formação de hábitos.

Erros ingênuos

Nosso estudo deixou perguntas em aberto que foram investigadas em estudos posteriores. Os primeiros foram os de Dan Acland, professor em Berkeley, e Mathew Levy, professor da London School of Economics.[2] A principal questão foi: o que pessoas incentivadas a se exercitar fisicamente pensam a respeito de suas futuras idas à academia? Será que acreditam que, após essa intervenção, serão frequentadoras assíduas? E será que estão certas em suas previsões?

Acland e Levy também incentivaram os participantes a frequentar a academia por um mês e usaram um projeto experimental semelhante ao nosso. Já havíamos comprovado que os estudantes incentivados, mais que os não incentivados, continuam a frequentar a academia nas semanas após o término dos incentivos, mas será que tal hábito diminuiria ao longo do tempo? Acland e Lelvy conseguiram coletar dados de frequência que iam de 37 semanas antes a 33 semanas após a intervenção. O período como um todo incluiu três semestres letivos, assim como as férias de verão e de inverno, e apresenta um quadro mais completo para monitorar a formação de hábitos e seu declínio. Esse estudo replicou nossos resultados: incentivar a frequência à academia de fato motiva a formação do hábito no curto prazo. No entanto, não há bem que nunca acabe: o efeito diminuiu durante as quatro semanas de férias de inverno. Isso sugere que, embora os incentivos possam levar à formação de hábitos após uma intervenção, seu efeito possui um prazo de validade. Também sugere que, para obter um impacto de longo prazo, precisamos de algo mais que um empurrão inicial.

Para responder à pergunta principal sobre as crenças dos participantes em relação à futura frequência à academia de ginástica, Acland e Levy solicitaram as previsões pré e pós-tratamento dos participantes sobre sua frequência após o término da intervenção. Antes e depois do período de incentivo, os participantes foram questionados sobre a frequência em que continuariam a frequentar a academia após o término da intervenção. Acland e Levy descobriram que os participantes tinham problemas de autocontrole gerados pelo viés do presente (um conceito que exploraremos em maior profundidade no Capítulo 19) e, o que é mais importante, que os participantes eram, em parte, ingênuos em relação a seus problemas de autocontrole: eles superestimavam sobremaneira sua futura frequência à academia. Esse resultado mostra que as pessoas não estão totalmente cientes de sua falta de autocontrole e tendem a superestimar seus futuros eus quando se trata do compromisso com o exercício físico.

Esses tipos de crenças podem explicar as resoluções de curta duração e a constatação, mencionada anteriormente, de que pessoas pagam mensalidades e anuidades de academia quando, se levassem em conta seu comparecimento concreto, deveriam optar por passes diários: elas acreditam, ingenuamente, que usarão a academia de ginástica muito mais do que, de fato, usam.

Amarre-me ao mastro!

Dados os problemas de autocontrole, como garantir, por meio de programas de incentivo, que pessoas como Sandra e John perseverem no esforço de se exercitar? Uma maneira é usar dispositivos de comprometimento – uma forma de obrigar a cumprir um plano que, de outro modo, seria difícil de seguir apenas com força de vontade. Um dos exemplos mais antigos vem da mitologia grega: as sereias eram criaturas perigosas, especializadas em atrair, com música e vozes encantadoras, marinheiros que passavam por perto. Ulisses, o lendário herói e rei de Ítaca, desenvolveu uma estratégia para impedir o desastre: amarrou-se ao mastro do navio para evitar se jogar no mar ao ouvir o canto delas.[3]

Em 2015, os economistas Heather Royer, Mark Stehr e Justin Sydnor usaram dispositivos de comprometimento em um experimento de campo para tratar o problema de autocontrole dos frequentadores de academia. Os participantes eram mil funcionários de uma empresa Fortune 500.[4] Os funcionários foram aleatoriamente alocados em um de dois grupos: um grupo de controle sem incentivos e um grupo incentivado, cujos participantes recebiam 10 dólares por ida à academia, até um limite máximo de três idas por semana.

Conforme seria de se esperar, os incentivos funcionaram, mostrando efeito positivo na criação do hábito de fazer exercícios físicos. Replicando os resultados da experiência que Gary e eu conduzimos, o efeito positivo também foi observado apenas naqueles que não frequentavam a academia antes da experiência. Aqueles que já frequentavam a academia voltaram ao nível anterior de frequência após a retirada dos incentivos.

A principal intervenção na experiência ocorreu após o término do período de incentivo. Metade dos participantes no grupo incentivado recebeu um dispositivo de comprometimento autofinanciado: eles poderiam optar por usar o próprio dinheiro. Os participantes dispostos a usá-lo se comprometeram a continuar frequentando as instalações de ginástica e a não ficar mais de catorze dias consecutivos sem se exercitar ao longo dos dois meses seguintes. Se os usuários não atingissem a meta de exercícios declarada, o depósito seria doado para uma instituição de caridade. Basicamente, os usuários tinham a opção de "se amarrar ao mastro" e se comprometer a atingir a meta de exercícios que eles próprios haviam estabelecido. Eles não tinham nada a ganhar arriscando seu dinheiro, a não ser convencer seus futuros eus a frequentar a academia – caso contrário, perderiam o próprio dinheiro.

Além da aversão à perda financeira em jogo, os participantes experimentaram o poder da autossinalização: quebrar a meta de comprometimento após se comprometer formalmente a cumpri-la transmitiria um sinal negativo para si mesmos, de fraqueza de vontade, e isso prejudicaria sua autoimagem. Já a capacidade de cumprir promessas feitas a si mesmos transmitiria um sinal positivo, de determinação, inflando sua autoimagem e os incentivando a continuar a se exercitar. Esse dispositivo de comprometimento foi eficaz? Sim! Levou à formação de hábitos com melhor impacto duradouro. Durante os dois meses após o término do incentivo original, o grupo que adotou o contrato de comprometimento manteve metade do aumento induzido pelo incentivo a se exercitar. Em outras palavras, o "prazo de validade" do programa de incentivo foi significativamente estendido com a ajuda de uma opção de comprometimento, sem qualquer custo adicional. Esse efeito de longo prazo na formação de hábitos persistiu, mesmo após o término do período do contrato de comprometimento, o que sugere que os dispositivos de comprometimento podem ser usados para incentivar as pessoas a continuar se exercitando após a intervenção.

Melhor juntos

Imagine duas situações, ambas em uma tarde preguiçosa de domingo: na primeira, você prometeu a si mesmo que iria à academia, mas seu sofá está mais confortável que o normal; na segunda, você também está relaxando no sofá, mas de repente recebe uma mensagem de uma amiga dizendo que está a caminho da academia. Você lembra que combinou de treinar junto com ela. Em qual situação você tem mais chances de sair do sofá? Será que amigos podem incentivar a frequência à academia e facilitar os incentivos ao exercício físico e à formação de hábitos?

Em 2010, em um experimento de campo, os economistas Philip Babcock e John Hartman investigaram essa questão com foco nos efeitos sociais dos incentivos ao exercício físico.[5] Eles pesquisaram e incentivaram estudantes universitários a irem ao centro recreativo do campus. Para testar os efeitos sociais, Babcock e Hartman fizeram com que os alunos respondessem a uma pesquisa sobre amizade antes da experiência. Nessa pesquisa, os alunos receberam uma lista com os nomes de quem estava participando do experimento e marcaram nela aqueles que eles conheciam. Os pesquisadores obtiveram assim uma detalhada rede de amizades dos participantes, todos os quais viviam no mesmo alojamento. Em seguida, os alunos foram aleatoriamente divididos entre um grupo de tratamento e um de controle. Àqueles selecionados para o grupo de tratamento foram prometidos 80 dólares se fossem à academia da universidade pelo menos oito vezes nas quatro semanas seguintes.

Após a distribuição ao acaso, os participantes individuais foram naturalmente expostos a um número aleatório de colegas que haviam recebido tratamento e outros que não. Para analisar os efeitos sociais dos incentivos ao exercício físico, Babcock e Hartman observaram de que forma essa variação aleatória no número de colegas com e sem tratamento aos quais cada participante era exposto influenciava a eficácia dos incentivos. Em consonância com o raciocínio ilustrado por nossos cenários iniciais, a intuição deles era que um participante incentivado iria à academia com mais frequência se fosse amigo de outros colegas que também haviam recebido incentivos para se exercitar.

Conhecer outras pessoas que haviam sido incentivadas a se exercitar aumentou a frequência à academia. Foi o que os autores descobriram. Por outro lado, os estudantes incentivados frequentaram menos a academia quando tinham mais amigos no grupo de controle, não incentivado. Parece que o comportamento de exercício físico dos estudantes era muito influenciado pelos amigos.

Se amizades com interesses semelhantes podem aumentar a frequência à academia de ginástica, será que um parceiro dependente pode motivar frequentadores de academia? Em 2017, Simon Condliffe, Ebru Işgın e Brynne Fitzgerald, economistas da Universidade de West Chester, conceberam uma experiência para testar se o trabalho em equipe aumenta a frequência de exercícios físicos.[6] Eles recrutaram estudantes universitários para irem ao centro recreativo estudantil do campus, de maneira semelhante às experiências descritas anteriormente. A comparação mais interessante nessa experiência foi entre um tratamento individual, no qual os estudantes participavam da experiência sem um parceiro, e um tratamento no qual cada estudante era vinculado, aleatoriamente, a um parceiro. No tratamento com parceiros, os dois participantes estavam financeiramente ligados: cada dupla só teria direito ao incentivo se ambos os membros atingissem a meta estipulada. Os pesquisadores constataram que, quando os estudantes recebiam incentivos como uma dupla, eles frequentavam a academia bem mais.

Os resultados sugerem que as redes sociais e a presença de um colega podem incrementar o efeito dos incentivos na formação de hábitos. As implicações também são interessantes quando você deseja retomar sua rotina de exercícios físicos: combine com um amigo e você pode acabar sendo mais bem-sucedido em se exercitar com constância. Esse efeito de rede também pode atuar como dispositivo de comprometimento, discutido na seção anterior. Você talvez não queira ir à academia agora, mas sabe que seu amigo está esperando por você e não deseja decepcioná-lo.

O compromisso de não decepcionar um amigo reflete a força da sinalização social. Se cancelar de última hora os planos de se exercitar com seu amigo, você estará sinalizando para ele que não é confiável, o que prejudica sua imagem social. Por outro lado, cumprir consistentemente as promessas e seguir o plano melhora sua imagem social, estimulando-o a se exercitar mais. Um amigo me contou uma história que ilustra muito bem esse aspecto: ele queria ir à academia, mas não conseguia se motivar. A esposa lhe deu um voucher para três meses de aulas quinzenais com um treinador particular, e ele nunca mais perdeu uma aula. O treinador serviu como um dispositivo de comprometimento; se meu amigo não pudesse comparecer, teria que explicar o motivo ao simpático treinador. Em resumo, exercitar-se junto com alguém pode gerar melhores resultados que fazer exercícios sozinho.

Rotina ou flexibilidade?

Hábitos estáveis são desenvolvidos com rotinas. Repetir consistentemente um comportamento envolve menos esforço cognitivo, e o comportamento se torna quase automático. Pense na sua rotina matinal: ao longo dos anos, você desenvolveu uma rotina mais ou menos regular que se tornou um processo eficiente. Com as associações mentais fluidas consolidadas, a execução do comportamento dessa rotina se torna, em grande parte, automática.[7] Assim, embora as experiências mencionadas anteriormente tenham incentivado a frequência regular à academia, os participantes tinham um cronograma de incentivos flexível: precisavam frequentar a academia várias vezes por semana para terem direito à compensação financeira, mas não havia orientações com relação a um horário específico para fazer exercício. Será que impor uma rotina rígida de frequência à academia induziria o participante a fazer exercícios com mais persistência que oferecer incentivos flexíveis?

Recentemente, uma equipe de economistas de Harvard e Wharton (John Beshears, Hae Nim Lee, Katherine Milkman, Robert Mislavsky e Jessica Wisdom) investigou essa questão em um experimento de campo com 2.508 funcionários do Google, que, como muitas outras empresas, tem interesse em fazer com que seus funcionários frequentem a academia no local de trabalho com mais regularidade.[8] No início do experimento, todos os funcionários participantes selecionaram um período diário de duas horas (que melhor se adequasse à sua rotina) para se exercitar, e diariamente recebiam lembretes no início desse período. Para testar a eficácia dos incentivos baseados em rotina em comparação com os incentivos flexíveis, os participantes foram divididos aleatoriamente em três tipos de tratamentos: um grupo de controle sem incentivos; grupos flexíveis, nos quais os participantes eram pagos caso se exercitassem por, pelo menos, trinta minutos em qualquer dia da semana; ou grupos de rotina, nos quais os participantes só eram pagos caso se exercitassem por, pelo menos, trinta minutos dentro do período de duas horas escolhido por eles, em qualquer dia da semana. A diferença entre o segundo e o terceiro tratamento estava na flexibilidade de escolher o horário do exercício a cada dia.

Para um economista, parece óbvio que a flexibilidade é melhor. Afinal, oferece mais opções. Conforme discutido anteriormente, no entanto, os psicólogos talvez supusessem que fixar o horário ajudaria na criação de hábito. Então, o que foi mais eficaz para levar os funcionários à academia de ginástica, as rotinas rígidas ou um horário flexível? No final das contas, os participantes que tinham a flexibilidade de escolher quando se exercitar a cada dia o fizeram bem mais que os que precisavam seguir horários de exercício predefinidos. O resultado persistiu após a retirada dos incentivos. Contrariando teorias psicológicas do passado e nossa intuição, esse achado sugere que, quando as pessoas seguem um programa de exercícios físicos com uma frequência igual, mas com uma rotina restrita, elas tendem a se exercitar menos e a formar hábitos de longo prazo mais fracos.

No entanto, antes de você intempestivamente abandonar sua rotina de exercícios físicos e começar a ir à academia durante qualquer período livre, é importante notar que o resultado depende muito do contexto. O ambiente de trabalho do Google é acelerado, e o horário de expediente pode ser muito incerto e variável. Portanto, é difícil para os funcionários manterem um período predefinido de duas horas de tempo livre que não seja interrompido por compromissos inesperados, mesmo recebendo um pagamento de 7 dólares a cada ida à academia. É bem possível que os incentivos baseados em rotina sejam eficazes na formação de hábitos quando utilizados por alguém com horários e ambiente de trabalho mais estáveis e consistentes.

LIÇÃO: os incentivos podem motivar a frequência à academia de ginástica e desenvolver o hábito de fazer exercício físico a longo prazo. Quando possível, acrescente outras recompensas psicológicas, como dispositivos de comprometimento e redes sociais, para aumentar os incentivos e prolongar o hábito.

18

Como quebrar hábitos: jogando para escanteio os comportamentos negativos

Da mesma forma que incentivos ajudam a criar hábitos, eles podem ajudar a *quebrá-los*. John pode estar se exercitando mais agora, graças aos incentivos, mas seu consumo de cerveja não mudou, e o médico não está nada satisfeito com isso. Se o consumo pode ajudar a formar hábitos pelo acúmulo de um conjunto deles, será que diminuir o consumo poderia "matar" hábitos por meio da redução desse conjunto?

Sim, sem dúvida. Tanto hábitos bons quanto ruins são criados pelo consumo contínuo e, da mesma forma que aumentar o consumo pode formar hábitos, reduzi-lo pode "matá-los" ao diminuir o conjunto total. Pense no exemplo do exercício físico: é provável que o prazer de frequentar a academia de ginástica hoje seja mais influenciado pela frequência durante o último mês do que no ano passado. Portanto, o melhor indicador da probabilidade de você frequentar a academia na próxima semana é se esteve lá esta semana, não há um ano. Da mesma forma, o melhor indicador da probabilidade de você fumar cigarros hoje é se fumou ontem. Se o conjunto de hábitos se degrada ao longo do tempo, incentivar as pessoas a parar de fazer determinada atividade por um tempo reduz a probabilidade de elas voltarem aos velhos hábitos assim que os incentivos forem retirados.

Como incentivos podem ajudar a quebrar o hábito de John de beber cerveja? Se ele recebesse um incentivo a cada dia em que bebesse apenas água, poderia parar de beber cerveja ou, pelo menos, quebrar o hábito de abrir uma lata assim que chegasse em casa do trabalho. Em outras palavras, uma possível maneira de eliminar um hábito é incentivar a interrupção dessa atividade *por um tempo*. Dessa forma, o conjunto de hábitos começará a diminuir. O objetivo é esgotar esse estoque de modo que, quando os incentivos forem retirados, ele tenha diminuído a ponto de a atividade ser descontinuada. Mais adiante, discutirei uma maneira prática pela qual John poderia se incentivar a parar de beber cerveja.

Este capítulo se concentra em um hábito incrivelmente popular, porém prejudicial: o tabagismo. Cerca de uma em cada cinco mortes nos Estados Unidos a cada ano é causada pelo consumo de cigarros.[1] Além de cerca de meio milhão de mortes por ano, as doenças relacionadas ao tabagismo acumulam bilhões de dólares em custos com saúde e danos físicos incalculáveis. A maioria dos fumantes está ciente dessas consequências negativas, e 70% deles desejam parar de fumar, mas apenas cerca de 3% conseguem a cada ano.[2] Por que é tão difícil parar de fumar? Ao contrário do exercício físico, o prazer de fumar é imediato, mas as consequências dolorosas aparecem no futuro. Essa é a maneira como os programas de cessação de incentivos tentam ajudar.

Pagamento para parar de fumar

Em 2009, Kevin Volpp e seus colegas conduziram um experimento de campo em uma empresa multinacional no qual pagaram aos funcionários para que parassem de fumar.[3] As empresas interessadas em fazer com que os funcionários se exercitem mais também têm uma motivação econômica direta para que eles parem de fumar: o tabagismo acarreta custos mais elevados com saúde e reduz a produtividade dos trabalhadores.

O primeiro passo na experiência foi atribuir, aleatoriamente, 878 funcionários à condição de controle, em que apenas recebiam informações sobre programas de cessação do tabagismo; ou à condição de tratamento, em que recebiam as mesmas informações sobre os programas de cessação acrescidas de incentivos financeiros.

Para receber os incentivos para parar de fumar, os funcionários do grupo incentivado precisavam passar por testes bioquímicos. Foi-lhes prometido 100 dólares por concluir o programa de cessação do tabagismo, 250 dólares por parar de fumar dentro de seis meses após a inscrição no estudo e mais 400 dólares por continuar abstinentes por mais seis meses após a cessação inicial. A periodização do pagamento foi assim definida porque a maioria das recaídas ocorre no primeiro mês da tentativa de parar de fumar, e cerca de 90% das recaídas ocorrem nos primeiros seis meses.[4]

O dinheiro era suficiente para fazer com que os funcionários parassem de fumar. Os participantes incentivados tiveram taxas significativamente mais altas de inscrição no programa de cessação do tabagismo, de conclusão do programa e de cessação de fumar nos primeiros seis meses após a inscrição no estudo. Como você provavelmente já entendeu a esta altura, nós nos importamos com os efeitos de longo prazo. A literatura prévia sobre cessação do tabagismo sugere que, após parar de fumar por um ano ou mais, um fumante tem 95% de probabilidade de se manter abstinente por um período de vinte meses.[5] Os incentivos foram eficazes em levar os fumantes a romper essa barreira crucial dos doze meses. Os participantes incentivados tiveram taxas significativamente mais altas de cessação do tabagismo que os no grupo de controle por nove a doze meses após a inscrição, bem como por quinze a dezoito meses desde a inscrição, após o término dos incentivos.

Embora os resultados sejam animadores, a taxa de cessação de longo prazo dos participantes incentivados foi de apenas 9%. Não deixa de ser um sucesso, dado que o grupo não incentivado teve uma taxa de cessação significativamente inferior, de 3,6%. Isso sugere que os incentivos financeiros não apenas motivam as pessoas a participar de programas de cessação do tabagismo e a parar de fumar no curto prazo, como também ajudam os fumantes a evitar recaídas, quebrando o hábito de forma duradoura mesmo após os incentivos serem retirados.

Salve o bebê

Embora eu venha enfatizando a importância dos efeitos de longo prazo, às vezes, o sucesso a curto prazo é uma conquista por si só. Para as grávidas, por exemplo, parar de fumar durante a gravidez é importante, mesmo que haja recaída após o parto. Nos Estados Unidos, fumar durante esse período é a principal causa evitável de consequências negativas na gestação, pois causa danos aos pulmões e ao cérebro do feto, maiores probabilidades de aborto espontâneo e parto prematuro, baixo peso do bebê, entre outros efeitos.[6]

Apesar de muitas intervenções terem experimentado estratégias informativas, como o aconselhamento por profissionais de saúde e informações sobre os perigos relacionados ao tabagismo em materiais de autoajuda, elas não funcionaram muito bem para mudar as taxas de cessação.[7] Isso não é muito surpreendente, uma vez que as grávidas provavelmente já sabem e entendem que fumar pode prejudicar o bebê, mas qualquer dano decorrente só será visível em um futuro distante. Amanda, uma fumante grávida, falou sobre sua experiência; quando perguntada sobre seus hábitos de fumar na gravidez, ela confessou: "Eu sabia que os bebês nasciam com problemas de saúde por causa do cigarro. Mas também conheci muitas mulheres que fumaram durante a gravidez e todas tiveram bebês saudáveis". Ela achava que "isso não aconteceria com ela" e "não conseguiu parar".[8] Será que incentivos financeiros poderiam ajudar as fumantes a passar com segurança pela gestação? Caso a resposta seja positiva, que tipo de incentivos deveriam ser oferecidos?

Em 2012, uma equipe de pesquisadores de saúde liderada por Stephen Higgins investigou essa questão fazendo uso de incentivos na forma de vales-compra.[9] Eles dividiram aleatoriamente 58 grávidas em dois grupos. Ambos os grupos receberam os vales. Para o grupo de controle, o vale era um presente, independentemente de as participantes fumarem ou não. As grávidas na condição contingente, por outro lado, ganhavam o vale somente quando a cessação do tabagismo era verificada por meio de um teste bioquímico.

A frequência de monitoração da cessação foi diária, em um primeiro momento, e gradualmente espaçada para uma vez a cada duas semanas durante toda a gestação. Com base nesses testes, o valor dos vales condicionados começava em 6,25 dólares e subia 1,25 dólar por cessação verificada, até atingir o valor máximo de 45 dólares. Em caso de falha no teste bioquímico, o valor do vale condicionado voltaria ao nível inicial mais baixo; contudo, dois testes negativos consecutivos fariam com que o valor do vale voltasse ao nível preestabelecido. Essa estrutura de incentivos desenvolve gradualmente uma fonte de motivação monetária positiva que recompensa a abstinência prolongada e, embora os fracassos sejam punidos, há sempre a possibilidade de reembolso. As grávidas fumantes eram, portanto, financeiramente motivadas a permanecer abstinentes pelo maior tempo possível e a dar a volta por cima se falhassem. Por outro lado, as mulheres no grupo de controle recebiam vales não condicionados com um valor constante de 11,50 dólares por visita antes do parto e 20 dólares por visita após o parto.

Qual é a forma de vale mais eficaz? Como você talvez tenha intuído, os vales condicionados aumentaram a abstinência de sete dias no final da gravidez em 37%, significativamente mais que os 9% do grupo de vales não condicionados. E quanto aos efeitos de longo prazo? A abstinência de doze semanas após o parto aumentou para 33% no grupo contingente, em comparação com 0% no grupo de vales não condicionados. Na avaliação de 24 semanas após o parto, que aconteceu doze semanas após o término dos incentivos em vales, as grávidas na condição de vale condicional ainda mantiveram uma taxa de cessação de sete dias de 27%, em comparação com 0% daquelas no grupo não contingente.

Ajoelhou tem que rezar

Como vimos no caso das fumantes grávidas que receberam incentivos incondicionais, depender apenas do autocontrole para parar de fumar não funciona muito bem. Na verdade, nenhuma das participantes desse estudo conseguiu manter a cessação no longo prazo. Como, então, os fumantes podem lidar com o autocontrole limitado? Você se lembra do dispositivo de comprometimento que os frequentadores de academia usaram para eficazmente pressionar a si mesmos a se comprometer com a atividade física? A mesma estratégia de colocar o próprio dinheiro em jogo pode ajudar os fumantes a parar de fumar.

Em 2010, os economistas Xavier Giné, Dean Karlan e Jonathan Zinman testaram se um contrato de comprometimento voluntário do tipo poderia ajudar os fumantes a parar de fumar.[10] Dois mil funcionários de um banco filipino, todos fumantes, foram separados aleatoriamente em dois grupos: os participantes do grupo de controle receberam cartões de sugestão que cabiam em uma carteira e traziam as mesmas imagens repugnantes mostradas em embalagens de cigarro (como pulmões danificados por fumaça), enquanto aos fumantes na condição de tratamento foi oferecida a oportunidade de assinar um contrato de comprometimento com o objetivo de ajudá-los a parar de fumar. Durante o período de intervenção de seis meses, o contrato de comprometimento voluntário exigia que um bancário coletasse depósitos semanais cujo valor era estipulado pelo participante. Se o fumante passasse em um teste de urina seis meses mais tarde, receberia todo o dinheiro de volta; se falhasse no teste, o dinheiro seria doado a uma instituição de caridade. O formato de contrato de depósitos semanais impõe uma pressão monetária contínua e crescente aos participantes, o que reforça seu empenho de cessação para não sair da linha durante os seis meses.

Semelhante ao dispositivo de comprometimento que incentiva o exercício físico, esse contrato de depósitos para cessação do tabagismo demonstra o poder da autossinalização. Quebrar o contrato não apenas faz o fumante perder o depósito, mas também sinaliza a ele próprio que carece de determinação. O indivíduo é motivado a manter sua urina livre de traços de substâncias proibidas para proteger a autoimagem e evitar a autossinalização negativa.

A sinalização social é outra camada do fator de comprometimento embutido nesse projeto. Imagine ser um cliente desse contrato: todo sábado à tarde, você deve se preparar para a visita de um bancário que vem coletar seu depósito. Se colocar 0 dólar no depósito da semana, você estará deixando implícito que não conseguiu se manter abstinente; assim, sinaliza a um colega de trabalho que não tem força de vontade. Sua imagem social ficaria prejudicada, e você ficaria envergonhado. Essa camada adicional de pressão social ligada ao contrato pode gerar depósitos maiores e reforçar a abstinência.

No entanto, um problema que os dispositivos de comprometimento costumam enfrentar é a baixa taxa de adesão.[11] Não são muitas as pessoas dispostas a usar o próprio dinheiro para testar seu autocontrole, mesmo que saibam que colocar dinheiro em jogo pode ajudá-las a parar de fumar. Nesse experimento, apenas 11% dos fumantes que receberam o contrato de comprometimento o assinaram. No entanto, aqueles que o fizeram estavam consideravelmente comprometidos com ele: o depósito médio no final do período de seis meses foi de 550 pesos (11 dólares), um valor significativo para o contexto, pois equivalia a cerca de 20% da renda mensal do funcionário.

Considerando essa adesão limitada, colocar dinheiro em jogo foi, de fato, uma estratégia eficaz para fazer com que os fumantes parassem de fumar. No final do período de contrato de seis meses, os que assinaram um contrato de comprometimento tinham 3,3% a 5,8% pontos percentuais a mais de probabilidade de apresentar a urina "limpa" do que aqueles no grupo de controle. Resultados igualmente significativos para o dispositivo de comprometimento foram replicados após doze meses, quando os fumantes fizeram um teste surpresa seis meses após o término da intervenção e sem qualquer incentivo financeiro. Apesar da eficácia, 66% dos fumantes que se comprometeram com o contrato acabaram não parando de fumar. Isso nos diz que, embora alguns deles reconheçam a necessidade de um dispositivo de comprometimento para compensar as próprias questões de autocontrole, ainda são excessivamente confiantes e projetam de forma equivocada a capacidade de seus futuros eus de resistir às tentações.

Parar juntos?

Todos nós sabemos o poder da pressão social exercida pelos amigos. Quando seus amigos fumam, é tentador imitá-los. Por outro lado, essa pressão pode ser usada como ferramenta para parar de fumar. Ter um grupo de amigos que se dedicam juntos a parar de fumar pode ser um bom motivo para você se manter resoluto. Essa foi a ideia que uma equipe liderada por Scott Halpern, da Universidade da Pensilvânia, investigou em seu estudo sobre os efeitos de grupo sobre a cessação do tabagismo, em 2015.[12] Funcionários da CVS Caremark e seus amigos e parentes foram convidados a participar desse experimento de campo; eles foram alocados aleatoriamente em um grupo de controle ou em um dos quatro grupos de tratamento. Os participantes do grupo de controle receberam "cuidados habituais", que consistem nas orientações de cessação elaboradas pela Sociedade Americana de Combate ao Câncer, recursos locais de cessação do tabagismo e, para alguns funcionários da CVS, acesso gratuito à terapia de reposição de nicotina e a um programa de modificação comportamental. Quanto aos quatro grupos de tratamento, dois deles receberam incentivos individuais, enquanto os outros dois receberam incentivos direcionados a conjuntos de seis participantes.

Além de testar os efeitos sociais, os pesquisadores estavam interessados em saber se contratos de depósito são mais eficazes que programas de recompensa. Como vimos nos contratos de comprometimento para os funcionários do banco, os fumantes estavam muito motivados a evitar perdas. Mas será que os fumantes estão mais motivados a evitar perder o próprio dinheiro depositado do que a buscar ganhos com programas de recompensa? Para responder a essa pergunta, um dos tratamentos de incentivo individual e um dos tratamentos de incentivo coletivo ofereciam programas de recompensa que concediam cerca de 800 dólares em caso de cessação bem-sucedida do tabagismo. Os dois tratamentos restantes de incentivo individual e coletivo ofereciam programas que exigiam um depósito reembolsável de 150 dólares, além da concessão de 650 dólares em pagamentos de recompensa para a cessação bem-sucedida do tabagismo. Os quatro grupos de tratamento foram, portanto: recompensa coletiva; depósito coletivo; recompensa individual; e depósito individual. Semelhante ao projeto de incentivos mencionado anteriormente, o bônus de 800 dólares em todos os grupos (incluindo o depósito de 150 dólares no programa baseado em depósitos) era distribuído em três parcelas de 200 dólares, pagas catorze dias, trinta dias e seis meses após as datas-alvo de cessação dos participantes na experiência.

No tratamento de recompensa coletiva, os membros eram recompensados pelo sucesso do grupo: em cada uma das três datas de recompensa, se apenas um participante parasse efetivamente de fumar, ele receberia 100 dólares; porém, se todos os seis participantes parassem, cada um receberia 600 dólares. Ao aumentar os pagamentos junto com as taxas de sucesso do grupo, esse projeto de incentivo utilizou sinalização social e responsabilidade interpessoal para motivar os fumantes. Imagine que você é a única pessoa que não conseguiu parar de fumar em seu grupo. Seu fracasso sinalizaria socialmente para os outros membros do grupo que você carece de determinação; assim, sua imagem social nesse grupo acabaria prejudicada. Você talvez sinta culpa e vergonha por seu fracasso ter sido a razão pela qual os outros perderam mais recompensas. Já o sucesso promoveria sua imagem social no grupo. Dessa forma, foram estimulados esforços colaborativos, como monitorar e incentivar os outros membros da equipe.

Por outro lado, no tratamento de depósito coletivo, os membros do grupo são colocados uns contra os outros: a recompensa total de 3.600 dólares, que incluía 150 dólares de depósito e 450 dólares de bônus para cada um dos seis membros do grupo, foi redistribuída entre os membros que haviam parado de fumar em cada um dos três pontos de verificação. Portanto, em cada ponto de verificação, existia um pote de recompensa de 1.200 dólares. Digamos que quatro dos seis membros tivessem parado com sucesso no 14º dia; eles dividiriam a recompensa de 1.200 dólares naquele marco temporal, ou seja, cada um receberia 300 dólares. Os membros do grupo eram mantidos em anonimato, para evitar possíveis tentativas de minar o sistema. Esse projeto de incentivo utilizou a aversão à perda em um ambiente de grupo: ver seu próprio dinheiro e bônus sendo divididos pelos outros membros do grupo porque você não conseguiu parar de fumar pode ser aterrador.

Para manter o valor total esperado e o bônus de todos os tratamentos iguais, os participantes dos tratamentos de recompensa coletiva e de depósito coletivo também receberiam um bônus de 200 dólares se conseguissem se manter abstinentes durante todo o período de seis meses.

Os resultados refletiram a preocupação mencionada anteriormente com a taxa de adesão aos incentivos de contratos de comprometimento: 90% dos participantes designados para programas de recompensa aceitaram o convite, enquanto apenas 13,7% dos participantes designados para programas de depósito decidiram participar. Quanto às taxas de abstinência ininterrupta durante o período de intervenção de seis meses, todos os quatro programas de incentivo superaram significativamente o grupo de controle. A expectativa era que os incentivos coletivos de cessação superassem os individuais. No entanto, os programas de incentivo coletivos e individuais acabaram tendo taxas de abstinência por seis meses bastante semelhantes – 13,7% e 12,1%, respectivamente. O fato de que os incentivos coletivos não superaram os incentivos individuais sugere que os efeitos sociais não foram tão fortes quanto se esperava. E quanto aos programas de recompensa em contraposição aos de depósito? Os programas de recompensa apresentaram taxas de cessação significativamente superiores às dos programas de depósito, com uma vantagem de 5%. No entanto, constatou-se que essa vantagem decorreu, principalmente, da diferença na taxa de adesão aos dois tipos de programas. Quando tal diferença foi considerada, os resultados se inverteram: entre os participantes que aceitaram os programas de depósito, a taxa de abstinência foi 13,2% mais alta do que entre aqueles que aceitaram os programas de recompensa. O resultado sugere que os dispositivos de comprometimento, como as estruturas de incentivo na forma de depósito, podem ser eficazes para pessoas cuja percepção das limitações de autocontrole é grande a ponto de levá-las a aderir ao programa.

Fumantes de baixa renda

Na década de 1940, a taxa de tabagismo era maior entre pessoas com mais anos de instrução. Nas décadas seguintes, no entanto, à medida que os riscos à saúde relacionados ao tabagismo se tornaram evidentes e amplamente conhecidos, a indústria do tabaco começou a direcionar sua estratégia de marketing às comunidades de baixa renda. As empresas de tabaco distribuíam cigarros gratuitamente aos moradores de conjuntos habitacionais, além de vouchers para artigos populares, como vales-alimentação e cartões de débito pré-pagos. Devido, em parte, a esses esforços, 72% dos fumantes hoje moram em comunidades de baixa renda.[13] Embora as pessoas menos afortunadas sejam desproporcionalmente afetadas pelo hábito de fumar, não há muitas evidências sobre o efeito dos incentivos fora de ambientes clínicos ou de trabalho para ajudar fumantes de baixa renda a parar de fumar.

Em 2016, Jean-François Etter e Felicia Schmid, da Universidade de Genebra, recrutaram 805 fumantes de baixa renda na Suíça para investigar essa questão.[14] Os participantes foram distribuídos aleatoriamente em dois grupos. Aqueles no grupo de controle receberam livretos educacionais e acesso a um site de cessação do tabagismo. Aqueles no grupo de tratamento receberam o mesmo conteúdo informativo acrescido de incentivos financeiros, que foram oferecidos em seis momentos após uma verificação bioquímica da cessação, nas semanas um, dois e três e nos meses um, três e seis após o início da intervenção. O esquema de incentivo também utilizou recompensas crescentes para promover a abstinência ao longo do tempo. O valor das recompensas financeiras, que começava em 110 dólares na primeira semana e aumentava para 440 dólares ao final dos seis meses, totalizava, no máximo, 1.650 dólares. Todos os participantes tinham uma renda tributável inferior a 55 mil dólares por ano, de modo que essa recompensa era bastante significativa. Se os participantes falhassem em um dos testes bioquímicos, o valor da recompensa seguinte seria redefinido para o valor da última recompensa recebida. Repito, esse tipo de projeto penaliza as falhas, mas mantém nos participantes a esperança de buscar recompensas futuras pela cessação. Para evitar que os participantes de baixa renda gastassem em cigarros sua recompensa, os incentivos eram pagos na forma de vales-presente em uma grande rede de supermercados que não vendia tabaco ou álcool.

Para motivar ainda mais os fumantes, todos foram convidados a assinar um contrato durante a visita de inscrição declarando seu comprometimento a parar de fumar até uma data-alvo estabelecida por eles mesmos. Em seguida, esse contrato era assinado por um assistente de pesquisa e por um apoiador social voluntário, que podia ser um membro da família ou um amigo do fumante. Solicitava-se, então, que esse apoiador social desse suporte ao fumante durante sua jornada de cessação.

Conforme mencionado anteriormente, o poder da autossinalização e da sinalização social está em jogo com esse tipo de contrato de comprometimento: ao assinar o contrato, os fumantes sinalizam formalmente para si mesmos seu compromisso, e manter o acordo consigo é uma motivação poderosa; ao ter um apoiador social que também assina o contrato, o fumante também sinaliza socialmente a seu amigo ou membro da família seu compromisso. A presença de uma testemunha social influencia bastante, já que quebrar uma promessa feita a um apoiador e decepcionar alguém que tinha fé em você pode ser mais desolador que quebrar uma promessa para si mesmo.

Os resultados indicaram que os incentivos financeiros são, de fato, eficazes para fazer com que fumantes de baixa renda parem de fumar e se mantenham abstinentes no longo prazo. As taxas de abstinência de sete dias foram bastante maiores para os fumantes incentivados do que para os não incentivados no terceiro (54,9% *versus* 11,9%), sexto (44,6% *versus* 11,1%) e 18° meses (18,2% *versus* 11,4%). Além disso, a principal medida de cessação a longo prazo – as taxas de cessação contínua entre o sexto e o 18° mês – também foi bem maior no grupo de incentivos do que no grupo de controle. Com incentivos financeiros contínuos e crescentes, 9,5% dos fumantes incentivados conseguiram se manter abstinentes por doze meses após a retirada dos incentivos.

As lições derivadas dos programas de cessação e de suas estruturas de incentivo não se limitam a encorajar a cessação do tabagismo; podem também ser utilizadas para combater outros maus hábitos, como o consumo excessivo de fast-food ou o tempo excessivo diante das telas.

LIÇÃO: quando mantidos por um tempo estendido, os incentivos podem eliminar hábitos de forma gradual e manter mudanças a longo prazo. Para fortalecer os efeitos dos incentivos, adicione outras formas de reforço psicológico, como dispositivos de comprometimento na forma de depósitos em dinheiro e apoio social.

19

Eu quero agora!

O que mais poderíamos fazer para ajudar John a quebrar o hábito de beber cerveja e a se exercitar mais? Considerando que os benefícios para a saúde de John só surtirão efeito mais para frente, oferecer incentivos antecipados pode ajudar a superar um dos problemas mais fundamentais na mudança de comportamento: o custo é sentido, em geral, no agora, enquanto o benefício só será sentido em um futuro distante. Por exemplo, alguns dos benefícios de se exercitar estão no futuro e são intangíveis, mas a satisfação de sentar e beber uma cerveja é imediata.

São 14h de um sábado. Você acaba de assistir a mais um episódio de sua nova série favorita na Netflix e está prestes a clicar em "continuar assistindo", mas lembra que deveria ir à academia hoje – você prometeu a si mesmo que faria exercícios físicos pelo menos duas vezes na semana. O que você faria nessa situação? Todos enfrentamos tentações diárias, seja assistir à TV, jogar videogame ou comer alimentos pouco saudáveis. Ante a difícil escolha entre algo que *queremos* fazer e algo que *deveríamos* fazer, muitas vezes optamos pelo primeiro.

Será que existe alguma maneira de promover hábitos desejáveis e, ao mesmo tempo, reduzir a culpa e o tempo perdido com atividades tentadoras? Katy Milkman, da Wharton, Julia Minson, de Harvard, e

Kevin Volpp, da Universidade da Pensilvânia, sugeriram um método inteligente – que eles denominam "pacote de tentações".[1] O conceito combina atividades "desejo", instantaneamente gratificantes (assistir ao próximo episódio de sua série favorita), com atividades "obrigação", que têm benefícios adiados e exigem força de vontade (ir à academia).

Por muitos anos, eu só me permiti assistir ao meu programa de TV favorito enquanto fazia musculação na academia. Essa combinação resolve dois problemas: primeiro, aumenta o desejo de se exercitar, tornando menos dolorosa a experiência imediata desse comportamento "obrigação"; e, segundo, reduz a culpa associada à atividade indulgente por associar exclusivamente essa atividade "desejo" a um comportamento benéfico.

Essa ideia de pacote é exatamente o que Milkman, Minson e Volpp testaram em um experimento de campo em um grande centro de educação física universitário. Eles usaram audiolivros cativantes ("atividade desejo") combinados com exercícios físicos ("comportamento obrigação"). Os participantes foram distribuídos aleatoriamente em três grupos:

- *Controle*: os participantes receberam, no início do estudo, um vale-presente da livraria Barnes & Noble no valor de 25 dólares.
- *Completo*: os participantes receberam acesso a um iPod contendo quatro audiolivros de sua escolha que só podiam ser ouvidos na academia.
- *Intermediário*: igual ao tratamento completo, mas os audiolivros foram carregados em seus iPods pessoais, com acesso a qualquer momento.

Conforme previsto pela ideia do pacote de tentações, os participantes do grupo intermediário foram à academia 29% mais vezes que os do grupo de controle. Esse resultado sugere que o mero ato de incentivar as pessoas a restringir a fruição de audiolivros à academia promove de maneira significativa a frequência a esta.

De forma mais eficiente, os participantes do grupo completo tiveram um aumento significativo de 51% na frequência à academia em comparação com o grupo de controle. Esse aumento destaca a eficácia de um dispositivo de comprometimento que vincula rigidamente o acesso a uma atividade "desejo" a uma atividade "obrigação". Embora os efeitos do tratamento tenham abrandado ao longo do tempo, houve, mesmo assim, demanda significativa por um tal dispositivo de comprometimento no final da experiência: até 61% dos participantes optaram por pagar pelo acesso exclusivo à academia com iPods contendo audiolivros. Essa demanda por comprometimento sugere que as pessoas têm consciência de sua força de vontade limitada e estão dispostas a pagar por um pacote de tentação eficaz que as faça se comprometer com uma atividade "obrigação".

Conhecendo o poder do pacote de tentações, você pode alavancá-lo para facilitar vários comportamentos benéficos além do exercício físico. Se você reconhece, por exemplo, sua falta de força de vontade para comer de forma mais saudável, pode se restringir a assistir ao seu programa favorito apenas quando estiver se alimentando de maneira saudável; ou, se estiver procrastinando nas tarefas domésticas, pode se permitir ouvir um audiolivro apenas quando estiver lavando louça ou colocando roupa para lavar. Se você reconhece sua força de vontade limitada em relação a algum comportamento benéfico e encontra uma atividade tentadora que complementa esse comportamento "obrigação", pode criar seu próprio pacote de tentações.

O pacote de tentações é planejado para superar o *viés do presente*. Considere dois cenários:

- *Cenário 1*: escolher entre 100 dólares hoje e 110 dólares amanhã. Muitas pessoas vão preferir pegar a nota de 100 dólares imediatamente para poder gastar hoje em vez de esperar até amanhã. O "agora" é forte.

- *Cenário 2*: escolher entre 100 dólares daqui a um ano e 110 dólares daqui a um ano e um dia. Se você vai esperar um ano inteiro pelo dinheiro, pode muito bem esperar um dia a mais e pegar os 10 dólares adicionais. Como ambas as opções estão no futuro distante, você não vai se importar de esperar mais um dia, certo?

Perceba como, em ambos os cenários, você tem a opção de esperar mais um dia para receber 10 dólares a mais, mas sua impaciência é maior no primeiro cenário. Essa tendência a aceitar uma recompensa presente menor em vez de esperar por uma recompensa maior no futuro é o viés do presente. A ideia é simples: o "agora" é muito forte e difícil de resistir.

Contudo, esse tipo de comportamento pode provocar reviravoltas engraçadas. Lembra que, no Cenário 2, você optou por esperar um ano e um dia para receber 110 dólares? Bem, exatamente um ano se passou, e vou mudar a situação. No início, você escolheu esperar um dia a mais para receber 110 dólares, mas agora eu permito que você mude de ideia e ofereço os 100 dólares imediatamente. Essa nova opção é a mesma do Cenário 1, e conhecemos sua preferência nesse caso: você não quer esperar mais um dia, então muda de ideia e pega apenas os 100 dólares. Esse tipo de reversão é chamado de *inconsistência dinâmica*, já que as pessoas fazem uma escolha inicial com antecedência, mas mudam de ideia quando chega a hora de agir.

O viés do presente e a inconsistência dinâmica são grandes razões pelas quais temos dificuldade para mudar nosso comportamento. A não realização de objetivos não se deve a falta de motivação ou planejamento ruim. Conforme mencionado anteriormente, os custos e os benefícios estão separados no tempo: os custos estão no presente e os benefícios, no futuro. Com muita frequência, deixamos de perceber a intensidade dessas forças. Assumimos compromissos para o futuro e estamos confiantes demais em nossa capacidade de cumpri-los. Amanhã começaremos a dieta, o exercício físico ou a parar de fumar. No entanto, quando chega o "amanhã", somos tentados novamente por nossos velhos hábitos.

Aqui está um exemplo divertido: os psicólogos Daniel Read e Barbara van Leeuwen fizeram uma pesquisa sobre preferências de lanches. Os participantes escolhiam entre um lanche saudável e menos saboroso e um menos saudável e mais saboroso. A parte interessante surgiu na comparação entre o que eles escolhiam para comer no momento e o que escolhiam para comer na semana seguinte. Quando perguntados sobre o que queriam comer na semana seguinte, 49,5% dos participantes escolheram o lanche saudável. Entretanto, quando perguntados sobre o que queriam comer no momento presente, 83% escolheram o menos saudável.[2]

O viés do presente não afeta apenas as preferências alimentares das pessoas; também pode levar a consequências financeiras importantes. Os economistas Stephan Meier e Charles Sprenger estudaram dívidas de cartão de crédito, que constituem um tipo de débito péssimo de contrair devido às altas taxas de juros cobradas pelas bandeiras dos cartões. Os autores mediram o viés do presente utilizando algumas técnicas experimentais e descobriram que 36% dos participantes tinham preferências consistentes com esse viés. Em seguida, compararam os resultados experimentais com dados reais e descobriram que esses indivíduos com viés do presente tinham probabilidade 16% maior de estar endividados com cartão de crédito.[3]

O viés do presente e a inconsistência dinâmica têm implicações importantes sobre o planejamento de incentivos que funcionem. Se as pessoas querem algo agora, dê-lhes agora. Faça o incentivo ser imediato, e não muito distante no futuro. Se alguém mudar seu comportamento na direção desejada, dê-lhe uma recompensa imediata.

Outra maneira eficaz e sustentável de combater o viés do presente e o desconto temporal é reduzir o custo da atividade no presente por meio da remoção de barreiras. Discutiremos essa solução no Capítulo 20.

LIÇÃO: o viés do presente e a inconsistência dinâmica dificultam a mudança de comportamento. Quando possível, torne suas recompensas imediatas para aumentar a eficácia delas.

20
Como remover barreiras

Por acaso você já ouviu alguém – pais, profissionais de saúde, políticos – afirmar algo como: "Crianças deveriam assistir mais TV e se exercitar menos"? A atividade física tem uma associação positiva com a saúde, e muitos estudos citam benefícios como controle de peso, redução do risco de doenças cardiovasculares e outras, além de melhoria na saúde mental e emocional.[1]

Por isso, fiquei decepcionado quando minha filha voltou da escola um dia e me contou que, devido a cortes orçamentários, seu professor de educação física havia sido demitido e ela não teria mais a disciplina. Teria sido essa uma decisão sábia da escola ante restrições orçamentárias? Em outras palavras, suponha que a administração da escola se preocupe única e exclusivamente com o desempenho acadêmico (infelizmente, muitas vezes é assim) e agora precise fazer um sacrifício. Digamos que os alunos atualmente tenham dez horas semanais de matemática e duas horas de educação física, e a administração escolar precisa eliminar duas horas de tempo de aula por conta das restrições orçamentárias. As opções que a administração pondera são cortar duas horas de matemática ou eliminar a educação física por completo.

Se nosso desejo é que as crianças tenham mais sucesso na escola, será que as duas horas semanais de aula de educação física ajudariam mais que duas horas adicionais de matemática? Deveríamos deixar as crianças passar mais tempo correndo por aí em vez de continuar estudando? É difícil responder a essa pergunta apenas com base nos dados disponíveis.

A questão de o exercício físico regular ser importante para o desempenho acadêmico é amplamente debatida em tempos em que os políticos decidem os orçamentos que vão cortar nas escolas. Para enriquecer esse debate, eu e meus colegas Alexander Cappelen, Gary Charness, Mathias Ekström e Bertil Tungodden nos perguntamos: será que os efeitos positivos do exercício se estendem para além da saúde e alcançam também o desempenho acadêmico?

A sabedoria popular sugere que sim, haja vista o popular dito "mente sã, corpo são". A Academia Nacional de Medicina dos Estados Unidos divulgou um relatório com evidências de que "crianças mais ativas são mais atentas, realizam tarefas simples com mais rapidez e têm melhor memória de trabalho e mais habilidades para resolver problemas que as menos ativas. Elas também se saem melhor em testes acadêmicos padronizados".[2] Este é o sonho de todos os pais: coloque seus filhos na liga de beisebol mirim e eles se sairão bem nas provas de matemática.

Descobertas anteriores, porém, sofrem do problema "*correlação não é causalidade*": as crianças que se exercitam mais podem se sair melhor academicamente porque, por exemplo, também têm mais autocontrole ou força de vontade. Em outras palavras, elas não estão tendo um desempenho acadêmico melhor porque se exercitam mais; pelo contrário, se exercitam mais e se saem melhor nos estudos em virtude de traços de personalidade. As descobertas da Academia Nacional de Medicina constatam uma simples correlação, não causalidade. Não podemos concluir com base em tais descobertas que o exercício físico melhora o desempenho acadêmico.

Academia de ginástica gratuita

Experimentos são necessários para estabelecer uma causalidade plausível e permitir recomendações de políticas no futuro. Com esse intuito, eu e alguns colegas incentivamos os estudantes a se exercitarem mais e observamos se seu desempenho acadêmico melhorava.[3] Designamos pessoas aleatoriamente para frequentarem ou não a academia e investigamos diretamente esse efeito do exercício físico no sucesso acadêmico.

Quando executamos tais intervenções, nos esforçamos muito para torná-las aplicáveis em grande escala. Em outras palavras, se alguém quisesse implementar de fato a mudança de política sugerida, ela seria realista e viável em uma escala prática. Uma consideração importante com relação aos incentivos na educação é que, sempre que tentamos implementá-los, sofremos uma forte resistência por parte dos educadores, que acreditam que a aprendizagem deve ser baseada na motivação intrínseca e não em incentivos externos. Não faz muito tempo, apresentei meu trabalho sobre incentivos aos professores de uma escola de ensino médio em Los Angeles. A simples menção à ideia de incentivar os alunos foi suficiente para irritá-los – eles não gostaram nada das minhas ideias. O argumento dos educadores, com base no efeito de deslocamento abordado anteriormente, é que remunerar os alunos pelo desempenho acadêmico pode gerar uma melhora a curto prazo, porém eles não estarão interessados em estudar a longo prazo. Com esse desafio em mente, decidimos que a abordagem simples de remunerar os participantes pela frequência à academia não seria politicamente viável e optamos por uma abordagem indireta com base na *remoção de barreiras*. Recrutamos estudantes de duas universidades em Bergen, na Noruega. Nelas, a mensalidade da academia custa cerca de 140 dólares por semestre. Em vez de remunerar os participantes pelo exercício físico, demos a eles acesso gratuito à academia. Convidamos estudantes que não eram membros de nenhuma academia e fornecemos um cartão de acesso, sem custo algum. Assim, uma das principais barreiras para se exercitar – o custo das mensalidades – foi removida.

Os participantes que aceitaram nosso convite também responderam a uma pesquisa que podia nos ajudar a entender seu estilo de vida e hábitos, como horas dedicadas ao estudo, satisfação com a vida e autocontrole. Em seguida, atribuímos aleatoriamente 400 participantes, de um total de 778 recrutados, ao grupo de tratamento, os quais receberam o cartão de acesso gratuito à academia. Todos concordaram em nos permitir acessar os dados de frequência à academia, a fim de medir o número total de acessos durante o semestre. Eles também nos deram permissão para acessar os dados escolares relacionados a notas e frequência às aulas.

Conforme previsto, a remoção de uma barreira para praticar exercícios físicos por meio do acesso gratuito a uma academia aumentou a probabilidade de os participantes utilizarem as instalações. Poucos estudantes do grupo de controle frequentaram a academia de ginástica, enquanto a maioria do grupo de tratamento – os que receberam o incentivo do cartão de acesso gratuito – a frequentou pelo menos uma vez.

Mas, é claro, o objetivo do estudo não era mostrar que conceder entradas gratuitas aos estudantes os incentivaria a se exercitar mais. Queríamos descobrir o efeito do exercício físico no sucesso acadêmico. Em consonância com a sabedoria popular, prevíamos que esse efeito causal seria positivo. Como tínhamos acesso aos dados completos de cada estudante referentes ao desempenho acadêmico, poderíamos usá-los para obter uma resposta. Esse conjunto de informações incluía registros de exames e as notas recebidas em cada um deles, bem como o número de créditos cursados.

Conforme nossa previsão, descobrimos que incentivar a atividade física gerou melhoria significativa e forte no desempenho acadêmico, em média um desvio-padrão de 0,15. O efeito dobrou entre os estudantes que, antes do experimento, tinham dificuldades com hábitos de vida e relatavam fadiga e baixo autocontrole. Conduzimos também uma pesquisa de acompanhamento que fez perguntas semelhantes às da pesquisa inicial e descobrimos que o incentivo do acesso gratuito à academia de ginástica levou a melhorias semelhantes nas escolhas de estilo de vida.

Nossos resultados mostram que incentivar a atividade física *causou* uma mudança positiva nos hábitos de vida (melhor dieta, mais horas de sono etc.), o que, por sua vez, melhorou o desempenho acadêmico. Esses resultados são importantes para o debate em curso porque estabelecem uma relação causal entre exercício físico e sucesso acadêmico, moderada pelos hábitos de vida. As descobertas sugerem que os formuladores de políticas devem avaliar com muito cuidado as escolhas de corte no orçamento. Com muita frequência, a educação física é a primeira matéria a ser cortada – adeus, senhor Hunter, e não se esqueça de levar sua bola de basquete com você! Nos Estados Unidos, cresce a preocupação de que a educação física não seja mais considerada um elemento crítico do ensino: em alguns lugares, metade dos estudantes relatam não ter aulas de educação física em uma semana típica.[4] Os formuladores de políticas têm optado pelo caminho mais seguro por suporem que uma hora adicional de matemática seja melhor que uma hora de exercícios físicos. A verdade é que a hora de educação física pode fazer uma diferença maior que uma hora adicional de matemática.

A importância da remoção de barreiras

Voltando a John, que está lutando contra o hábito de consumir cerveja e não fazer exercícios: o que mais o impede de frequentar a academia? John é capaz de encontrar inúmeras razões para continuar como está: a academia fica muito longe, é muito cara, e assim por diante. O que fazer para ajudar? Incentivos podem atuar na remoção de barreiras.

Conforme demonstrado pelo exemplo anterior, para algumas pessoas, ter o custo da academia coberto constitui um incentivo suficiente para começar a se exercitar. As barreiras também podem se apresentar na forma de custos de mudança. Talvez o problema de John não seja a mensalidade, mas sim a localização da academia. Ela fica muito distante de sua casa, e ele não quer gastar tempo e energia procurando uma mais próxima. Sua inércia impõe um custo de mudança processual: mudar implicaria fazer pesquisas sobre as academias de ginástica mais próximas, visitá-las, comparar os custos, saber como e quando pagar, e assim por diante. Uma vez que esses custos de mudança funcionam como barreiras, John continua na academia de ginástica distante pela qual já paga, mas nunca frequenta. Nesse caso, o que pode funcionar é auxiliar nos custos da academia mais próxima a ponto de John se dispor a investir em pesquisa e mudança.

Um estudo empírico recente demonstrou a eficácia de aumentar a frequência à academia por meio da remoção de barreiras, neste caso com auxílios às mensalidades. Os economistas Tatiana Homonoff, Barton Willage e Alexander Willén conduziram um programa de bem-estar em larga escala em uma universidade, o qual forneceu 100 mil observações de estudantes ao ano e dados sobre 1,5 milhão de comparecimentos à academia.[5] O programa oferecia reembolso das mensalidades para os estudantes que frequentassem a academia pelo menos cinquenta vezes em um período de seis meses. Embora tanto o nosso estudo quanto o de Homonoff e colegas tenham removido barreiras ao exercício físico, nós fornecemos a gratuidade para os estudantes antecipadamente, enquanto eles condicionaram o reembolso das mensalidades ao cumprimento da meta de frequência pelos estudantes. Outra diferença importante entre os estudos é que nós conduzimos uma experiência com grupos de tratamento aleatórios, enquanto eles usaram um experimento natural para observar os efeitos a longo prazo da administração dos reembolsos antes, durante e depois, sem distribuir aleatoriamente os participantes. Para tanto, coletaram dados administrativos individuais sobre a frequência diária à academia de ginástica ao longo de um período de cinco anos: um ano antes da implementação do incentivo, três anos durante a intervenção e um ano após o término da política.

Como era de se esperar, Homonoff e colegas observaram que, quando os incentivos estavam em vigor, o programa teve um impacto significativo em fazer com que os participantes atingissem a meta de cinquenta comparecimentos, nível que dava direito a receber o reembolso. Além disso, o programa de reembolso aumentou a média de comparecimento à academia em cerca de cinco vezes por semestre, um aumento geral de 20% em relação à média. Mais importante ainda, os resultados mostram que 50% do efeito do programa persistiu após a retirada dos incentivos. Isso sugere que, no caso de pessoas como John, que se manteve preso à academia pela qual já pagava e nunca frequentava, aliviar o custo de mudança e subsidiar uma academia mais próxima provavelmente o motivaria a começar a frequentá-la e até mesmo a desenvolver o hábito duradouro de se exercitar.

A abordagem de remoção de barreiras é eficaz para além de promover o exercício físico – ela também demonstrou êxito em mudar o comportamento com o fim de economizar energia elétrica. A Opower, uma plataforma estadunidense de engajamento de clientes para empresas de serviços públicos, envia, por correio, um Relatório de Uso de Energia Residencial para milhões de residências, em intervalos regulares. O relatório contém dicas individuais sobre como reduzir o consumo de energia. Em vez de usar incentivos financeiros como os exemplos anteriores desta parte, a intervenção utiliza uma comparação social: o relatório mostra onde o cliente se encontra quanto ao consumo de energia em relação aos vizinhos. Esse relatório de comparação tem poder de sinalização social. Se uma residência consumiu muito mais energia que os vizinhos, isso poderia indicar que ela é perdulária ou antiecológica, prejudicando assim sua imagem; inversamente, uma residência pode ser vista como ecologicamente consciente se tiver um baixo consumo relativo de energia. Segundo os economistas Hunt Allcott e Todd Rogers, as residências que recebiam o relatório reduziram bastante o consumo de energia, efeito que persistiu após o término da intervenção, isto é, depois que pararam de receber os relatórios.[6] Embora o efeito positivo da comparação social tenha enfraquecido com o passar do tempo, ele permaneceu significativo.

Como os relatórios de consumo de energia ajudaram a remover barreiras para economizar energia? Após analisar os dados da Opower em 2017, uma equipe de economistas, liderada por Alec Brandon, concluiu que a mudança de comportamento dos clientes se deveu, principalmente, a seus investimentos em capital.[7] Eis um cenário provável: Jack recebe o Relatório de Uso de Energia Residencial e observa que seu consumo mensal é muito superior ao dos vizinhos; preocupado, vasculha a casa para saber o que pode modificar para economizar energia e dinheiro, e então decide substituir as lâmpadas por modelos com melhor eficiência energética. Incentivos de comparação social motivam clientes como Jack a superar os custos associados à mudança para tecnologias melhores, como a compra de eletrodomésticos mais eficientes.

O uso de incentivos para reduzir os custos de mudança vai ainda além de saúde e economia de energia. Muitas das promoções que vemos em lojas são baseadas nesse conceito. Pense nos hábitos de compra, por exemplo. Quando vamos ao supermercado, a maioria de nós escolhe sempre a mesma marca de papel higiênico. Nas primeiras vezes, podemos até nos empenhar em comparar opções e preços e talvez experimentar algumas marcas diferentes. Uma vez satisfeitos com nossa escolha, porém, simplesmente a repetimos, quase de forma inconsciente. Custa caro sair dessa inércia de consumidor. Os custos podem ser naturais, como gastar mais tempo e esforço pesquisando produtos concorrentes, ou artificiais, como perder descontos de fidelidade oferecidos pelas marcas para reter clientes.

Se a Scott (uma marca de papel higiênico) quisesse anular esse hábito e convencer os clientes fiéis da Charmin (outra marca) a experimentar seu papel higiênico, poderia lançar uma promoção atraente – como "leve 2 e pague 1" – como incentivo para reduzir o custo de mudança e remover barreiras. Os clientes da Charmin talvez se dirigissem à seção da Scott quando vissem a promoção. Se comprassem, experimentassem e gostassem, a Scott poderia se tornar sua nova marca de papel higiênico, mesmo após o término da promoção.

Existe outro tipo de custo de mudança que não experimentamos ao mudar do papel higiênico Charmin para o Scott, mas que ocorre, por exemplo, quando mudamos de um celular Apple para um Samsung. Ao nos afastar de uma marca que tem identidade distinta e forte fidelidade por parte dos clientes, podemos experimentar um custo de mudança "relacional"; há certo desconforto psicológico ou emocional quando rompemos os vínculos com a identidade.[8] Para aliviar esse custo relacional, entre outros custos de mudança, a provedora de telefonia T-Mobile fez uma promoção na qual cobria até 650 dólares em taxas de troca, por linha, para clientes que decidissem fazer a portabilidade para ela.[9] Presume-se que um cliente que mude para a T-Mobile por causa da promoção permanecerá na empresa por um tempo após fazê-lo.

Para aumentar a concorrência no mercado, os legisladores muitas vezes criam políticas que visam a reduzir o poder de mercado das empresas cujos setores se caracterizam por altos custos de mudança. Nos primórdios da telefonia celular, por exemplo, os clientes não podiam trocar de operadora com a mesma facilidade de agora – eles também precisavam mudar o número de telefone. Reconhecendo a importância desse custo de mudança, a Comissão Federal de Comunicações (FCC, na sigla em inglês) determinou que todas as operadoras de telefonia móvel fossem obrigadas a oferecer a portabilidade de números até 2004. Vários anos depois, Minjung Park investigou os efeitos dessa nova política nos preços dos serviços de telefonia móvel. Examinando cerca de 100 mil planos, Park descobriu que os preços de telefonia móvel haviam caído 6,8% nos sete meses seguintes à decisão da FCC.[10] Essa queda significativa sugere que a impossibilidade de portabilidade do número do telefone era uma barreira significativa para a troca e, quando a FCC a removeu, as empresas tiveram que reduzir os preços para manter os clientes.

Esteja ciente de que, embora os incentivos possam certamente ser usados para reduzir os custos de mudança, eles também podem servir para criar tais custos. Muitas empresas aproveitam essa constatação para atrair clientes com ofertas iniciais atraentes e, em seguida, "viciá-los" em um produto por meio da conveniência exclusiva e do encarecimento de qualquer mudança. Vamos supor que o TurboTax, um pacote de software que auxilia no preenchimento de declarações de imposto de renda, esteja oferecendo um desconto de 15 dólares em seu produto, de modo que você decide experimentá-lo para fazer a declaração deste ano. Em seguida, você precisa inserir uma grande quantidade de informações pessoais e financeiras, desde endereços até nomes de locais de trabalho. Depois de investir muito tempo e esforço para fornecer todas as informações necessárias, você fica agradavelmente surpreso ao descobrir que o software TurboTax salvará todas essas informações para a declaração do próximo ano. No ano seguinte, mesmo que você descubra um produto similar muito mais barato, é provável que continue usando o TurboTax, para evitar os irritantes custos de mudança. Da mesma forma, a patente "1-click" da Amazon tira proveito desse custo: os clientes só precisam inserir suas informações de envio e pagamento uma vez e então podem fazer compras infinitamente, sem se preocupar em pegar o cartão de crédito e inserir novamente o endereço residencial. Embora não esteja claro quanto dinheiro a patente trouxe para a Amazon, as estimativas indicam que seriam bilhões de dólares por ano.

LIÇÃO: incentivos podem ajudar a remover barreiras à mudança de comportamento. Usar incentivos para reduzir os custos de mudança facilita a execução de atividades.

PARTE SEIS
Como ajudar comunidades a mudar práticas culturais perniciosas

Comprovamos o poder dos incentivos e vimos que aqueles que são eficazes podem moldar a narrativa a seu favor, além de ajudar a identificar e resolver problemas complexos e levar a mudanças no comportamento individual a longo prazo. E quanto às mudanças de comportamento em nível comunitário? Seriam incentivos capazes de mudar práticas culturais e tradições difundidas que remontam a séculos e estão profundamente enraizadas na história de uma comunidade?

Esse desafio é diferente dos que encontramos até agora, como motivar uma grávida a parar de fumar por um período prolongado ou um funcionário a evitar ir com seu carro particular para o trabalho. Para induzir a mudança cultural, tanto o indivíduo quanto as tradições da comunidade precisam ser considerados. Muitas vezes, a cultura é resiliente e está profundamente enraizada devido a séculos de evolução, o que envolve forças causais interconectadas e influências sociais generalizadas. No entanto, todas as tradições comunitárias consistem em ações individuais, e todo comportamento individual, em última análise, depende de incentivos. Com incentivos planejados com precisão e implementados com cuidado, podemos erradicar e substituir tradições prejudiciais por práticas benéficas de longa duração.

Nesta parte do livro, estamos mudando de cenário, viajando para o Quênia e a Tanzânia, no leste da África, onde vivem os Maasai. Usando incentivos, tentaremos abordar e mudar algumas práticas culturais perigosas e perniciosas. O sucesso nessa empreitada promoverá um ecossistema simbiótico e duradouro na região e salvará da infelicidade – e, em alguns casos, da morte – centenas de milhares de meninas.

Um aviso: os próximos capítulos contêm material que pode provocar um forte desconforto e talvez não seja adequado a todos os leitores.

21

De caçadores de leões a salvadores de leões: como mudar a história

Matar um leão usando apenas uma lança é bastante perigoso, como podemos imaginar. Quero apresentar você a Samson – ele está prestes a fazer isso. Samson é um Maasai de 16 anos, e esse ato é o seu rito de passagem. É assim que ele provará sua bravura e destreza ao seu povo e se tornará um guerreiro. Ele vem se preparando para esse momento desde a infância, quando ouvia histórias de ninar sobre guerreiros heroicos que empunharam lanças contra leões gigantescos e salvaram suas aldeias.

Você pode achar tudo isso um tanto dramático, mas não é – matar leões é algo fundamental na cultura de Samson. Os Maasai são um grupo étnico nilótico localizado no Quênia e na Tanzânia.[1] Eles não têm contas bancárias nem carros luxuosos; todo seu capital está investido em gado. Imagine um leão indo atrás da sua conta bancária – você ficaria tranquilo? Assim como você provavelmente faria de tudo para proteger seu bem-estar financeiro, os Maasai têm boas razões econômicas para caçar os leões que matam suas vacas e ovelhas e ameaçam sua subsistência.

Nesse ponto, você também pode estar se perguntando como um professor da UC San Diego se encaixa nessa história. Deixe-me fazer um rápido esclarecimento: não empunhei nenhuma lança contra leões quando estive no Quênia e na Tanzânia. No entanto, passei um tempo com os Maasai e aprendi, entre muitas coisas, como eles conseguiram mudar uma de suas tradições mais antigas: a caça de leões.

Quando menciono leões selvagens, você talvez visualize predadores ávidos para variar sua dieta com um raro turista rechonchudo ou um membro descuidado da comunidade. Na realidade, da mesma forma que muitos animais, os leões costumam evitar os seres humanos. No entanto, eles atacam o gado de vez em quando, muitas vezes como resultado de condições ambientais adversas, como durante uma seca, ou quando filhotes órfãos não são fortes o suficiente para caçar animais selvagens por conta própria. Quando ocorria um ataque desse tipo nas terras dos Maasai, os guerreiros do povo perseguiam e empalavam o leão, na maioria das vezes para impedi-lo de atacar o gado novamente. Os Maasai e os leões viveram nesse equilíbrio por centenas de anos.

Contudo, ao longo das últimas décadas, o desenvolvimento econômico reduziu drasticamente a população de leões do Quênia, e a tradição de caça aos leões dos Maasai não contribuía muito para melhorar essa situação. Em 1928, a população do Quênia era de apenas 2,9 milhões de pessoas; ao longo do século, ela se multiplicou mais de 16 vezes: em 2019, era superior a 52 milhões, e continuava aumentando.[2] Naturalmente, o crescimento populacional foi acompanhado pelo desenvolvimento econômico, e essa combinação resultou na perda de paisagem natural, prejudicando ainda mais a população de leões. Atualmente, estima-se que existam na África apenas cerca de 20 mil desses animais selvagens, em comparação com cerca de 200 mil há trinta anos.[3]

Essa queda na população de leões é prejudicial por muitas razões, a primeira das quais é a própria perda desses magníficos animais que tanto contribuíram para forjar a imagem internacional do Quênia.

Além disso, como acontece quando qualquer espécie está ameaçada, houve uma perturbação no equilíbrio da cadeia alimentar. Há de se considerar também a perspectiva econômica: os leões são fundamentais para a indústria de turismo do Quênia e geraram grandes benefícios econômicos. Quando a população desses animais começou a diminuir, algumas pessoas se perguntaram: será que é possível usar incentivos e mudar a tradição Maasai de caça, a qual estava enraizada na necessidade econômica de proteger o gado?

No voo para o Quênia, meus amigos e eu discutimos essa questão, e todos estávamos empolgados em conhecer as pessoas que haviam lidado, na prática, com essa difícil situação. Partindo de Nairóbi, um pequeno avião nos levou a nosso destino final no sul do Quênia, próximo à Tanzânia. Ao pousar, conhecemos o enérgico e confiante Luca Belpietro. Nascido e criado no norte da Itália, Luca foi à África pela primeira vez ainda criança, acompanhado pelo pai, que era um ávido caçador de animais de grande porte (é no mínimo interessante que seu filho tenha se tornado um ambientalista fervoroso). Em 1996, Luca e a esposa, Antonella Bonomi, fundaram o Campi ya Kanzi [Acampamento do Tesouro Perdido], uma pousada de ecoturismo em uma reserva de vida selvagem de propriedade dos Maasai, com o monte Kilimanjaro e as "colinas verdes da África" de Ernest Hemingway como o deslumbrante pano de fundo.

Dirigimo-nos à base principal da pousada para jantar com Luca. Apoiado na chaminé com um copo de graspa na mão, ele nos contou que, quando adolescente, construiu uma barraca do lado de fora de sua casa, na Itália, e foi morar lá para convencer o pai de que estava pronto para acompanhá-lo em suas expedições africanas.

Foi durante essas expedições que Luca se apaixonou pelo Quênia e, mais tarde, decidiu se mudar permanentemente para a terra Maasai, onde ele e a esposa construíram sua casa e a vida juntos. Seus filhos frequentam a escola com crianças Maasai, e seus melhores amigos são membros da comunidade. No entanto, quando questionado sobre sua relação com os Maasai, Luca respondeu: "Ainda está em evolução. O mundo Maasai é único; se você não nasceu Maasai, não há portas para você entrar. Fico feliz que algumas janelas se abram para eu dar uma olhada no interior de vez em quando".[4]

Entretanto, Luca não é alguém que se contenta em esperar pacientemente que janelas se abram. Sempre ativo, com total respeito pelas tradições Maasai e por compreendê-las bem, ele fundou a Maasai Wilderness Conservation Trust (MWCT) para ajudar a comunidade. Com mais de trezentos membros do próprio povo, a entidade se dedica a preservar a natureza selvagem, a terra e sua cultura.[5] Seu apoiador mais famoso é o ator Edward Norton, que se apaixonou pelas pessoas e pelo lugar e abriu uma filial da entidade nos Estados Unidos. Norton convidou alguns Maasai para a Maratona de Nova York, a fim de aumentar a visibilidade da MWCT. Um dos participantes da maratona era Samson Parashina, o rapaz que você conheceu no início deste capítulo. No momento da nossa chegada, ele já estava com 37 anos e certamente não era mais aquele rapaz segurando uma lança, de tocaia na vegetação, pronto para caçar. Posicionando-se descontraidamente perto de Luca, ele nos explicou, em inglês fluente, como os dois se conheceram.

Enquanto treinava para se tornar um guerreiro Maasai, Samson também trabalhava como garçom no restaurante da pousada de Luca. Da mesma forma que os outros guerreiros em formação em sua comunidade, treinava o manejo da lança para proteger o gado e matar leões, caso necessário. Ao mesmo tempo, aprendia sobre gerenciamento e subia na hierarquia da pousada. Com essa experiência do encontro entre Oriente e Ocidente, ele foi aprimorar sua educação em uma universidade em Nairóbi. Ao ver seu potencial, Luca o nomeou gerente da pousada após a formatura e, mais tarde, Samson também se tornou CEO e presidente do conselho da MWCT.

Samson contou que uma de suas primeiras tarefas nesse papel foi encontrar uma solução para a drástica diminuição da população de leões.

No rancho Kuku, onde fica a pousada, havia apenas dez leões quando Samson se tornou gerente. Nas terras vizinhas, eram menos de setenta, em comparação com os mais de trezentos uma década antes. Embora a expansão do desenvolvimento explicasse a queda na população de leões, os Maasai também eram responsáveis por parte do problema. Mais de cem leões haviam sido abatidos por eles apenas no início de 2000, e essa tendência de caça continuava.[6] Para enfrentar isso, Luca e Samson, juntos, delinearam o "Projeto Simba" (*simba* significa "leão" em suaíli), um programa baseado em incentivos financeiros.

Tradicionalmente, quando um leão matava uma vaca, o ancião proprietário do gado reunia os guerreiros, que então perseguiam e empalavam o leão. Embora essa resposta não compensasse o ancião pela vaca morta, prevenia que esse leão voltasse a atacar o gato futuramente. Projetado para mudar essa dinâmica, ajudando a preservar a população de leões, o Projeto Simba é um esquema de incentivos destinado aos anciãos Maasai que possuem gado.

Luca e Samson explicaram que, pelo Projeto Simba, um ancião cuja vaca foi morta recebe uma recompensa financeira, mas apenas se nenhum leão for caçado na área após esse incidente.

O esquema de incentivos mudou a realidade enfrentada pelos anciãos. Nesse novo cenário, se um ancião chama os guerreiros e estes perseguem e matam o leão, o ancião não recebe compensação. Já se os guerreiros não matarem o leão, o ancião terá direito à compensação. Assim, você começa a entender que, com o Projeto Simba, o ancião é incentivado a pedir aos guerreiros que não matem o leão. As perdas de gado por ação de outros animais selvagens (como hienas, leopardos, chitas e cães selvagens) também fazem jus a uma compensação monetária pelo Projeto Simba. A inclusão desses outros animais no plano de compensação é importante para solidificar a norma de manter o equilíbrio da cadeia alimentar e não perseguir predadores.

A decisão inicial (antes do lançamento do Projeto Simba) é apresentada na árvore de jogo a seguir. Simplificando, o leão mata uma vaca, e o ancião precisa decidir se chama os guerreiros. Se decidir não chamar, o resultado para ele não é ótimo: perde uma vaca e o leão pode voltar para pegar outra (Resultado nº 1). Se chamar os guerreiros e eles matarem o leão, o ancião ainda perde uma vaca; porém, o leão não voltará, e o risco de perder outra vaca é reduzido (Resultado nº 2). Para o ancião, o Resultado nº 2 é melhor que o Resultado nº 1 e, portanto, o ancião chamará os guerreiros.

Incentivos Maasai para matar leões antes do Projeto Simba. Para o ancião: Resultado nº 1 < Resultado nº 2 → o leão será morto.

Uma árvore de jogo nos ajuda a determinar em que ponto do processo a implementação de incentivos seria mais eficaz, permitindo-nos avaliar qual seria o efeito dele em cada "jogador". No caso da árvore de jogo que acabamos de analisar, os jogadores são os guerreiros e o ancião. Observe que eles não competem entre si, mas a decisão de cada um ainda assim afeta a remuneração do outro. A remuneração do ancião é a vida do gado restante, e a remuneração do guerreiro é o rito de passagem alcançado por meio do processo de caça e morte de leões (uma vez que, depois disso, ele pode se tornar membro do clube dos guerreiros).

Luca e Samson decidiram focar o esquema de incentivo do Projeto Simba nos anciãos, mudando a compensação que estes obtinham por chamar os guerreiros. Eles criaram uma alternativa mais atraente. Em uma reunião com a comunidade, Samson explicou aos anciãos o esquema de incentivo: se eles se abstivessem de chamar os guerreiros e, em vez disso, relatassem o incidente aos agentes do Projeto Simba, receberiam compensação pela vaca morta. O leão permaneceria vivo e, no caso de ele voltar e matar outra vaca, o ancião seria compensado por ela também (Resultado n° 3 na árvore de jogo a seguir).

Incentivos Maasai para matar leões após o Projeto Simba. Para o ancião: Resultado n° 3 < Resultado n° 2 → o leão não será morto.

Enquanto Samson explicava o programa durante aquela primeira reunião com a comunidade, Luca viu as expressões de confusão e negações de cabeça dos anciãos se transformarem em sinais de compreensão e concordância. Após os anciãos deixarem a reunião, Luca e Samson se perguntaram a mesma coisa: seria o incentivo suficiente para mudar o comportamento dos anciãos e a tradição de longa data da comunidade?

Uma decisão importante para fazer o plano funcionar é o valor a pagar. Se o Projeto Simba oferecesse uma quantia consideravelmente grande – digamos, 1 milhão de dólares – para cada ancião que se abstivesse de chamar os guerreiros, isso funcionaria, sem dúvida. Afinal, quem recusaria uma oferta dessas? No entanto, o projeto estaria falido com a primeira vaca morta, e o problema persistiria.

Em vez disso, o Projeto Simba estabelece uma recompensa com base no valor de mercado do gado em questão. Comparado ao benefício econômico que o turismo em torno da população de leões traz para os Maasai, a compensação parece ser um preço razoável a pagar. Esse cálculo financeiro é de suma importância porque torna o projeto sustentável do ponto de vista econômico. Luca explicou que o projeto é totalmente financiado pelos hóspedes de sua pousada Campi ya Kanzi, que pagam impostos adicionais sobre as despesas de hospedagem, os quais são usados para compensar as perdas de gado resultantes dos ataques de predadores. Em outras palavras, os turistas que vêm à pousada para vivenciar a natureza selvagem estão, ao mesmo tempo, ajudando a financiar o programa que a preserva.

LIÇÃO: os incentivos podem alterar a cultura ao alterar as recompensas.

22

Fraude de seguro e risco moral: edição Maasai

O sucesso de qualquer programa depende dos detalhes. Você talvez já tenha pensado em alguns possíveis problemas no esquema de incentivos do Projeto Simba, descrito no Capítulo 21. O programa efetivamente introduziu uma apólice de seguro para os anciãos contra a matança de leões, à semelhança dos seguros contra acidentes que fazemos para nossos carros. E, como qualquer apólice de seguro, o Projeto Simba trouxe desafios estratégicos. Neste capítulo, discutirei dois dos principais desafios e como Samson e Luca trabalharam juntos para encontrar soluções.

Fraude de seguro

Se você achava que a fraude de seguro era invenção das sociedades ocidentais, enganou-se. Antes de os anciãos no Quênia obterem de fato o seguro contra leões, Samson já estava preocupado com fraudes. Ele percebeu que o primeiro e mais óbvio desafio do projeto era garantir a veracidade dos relatos. O Projeto Simba fracassaria se os anciãos tentassem tirar proveito.

Por exemplo, imagine um ancião com uma vaca doente. Com o Projeto Simba em vigor, ele talvez ficasse tentado a permitir que a vaca doente "segurada" vagasse pelo território dos leões. Eles, é claro, matariam a vaca indefesa, e o ancião então poderia pedir uma compensação fingindo tratar-se de um incidente legítimo. Pense nesse cenário como outro diagrama de árvore de jogo, novamente tendo o ancião como um dos jogadores. O ancião tem duas opções: (1) permitir que a vaca morra de causas naturais e não ser compensado; ou (2) permitir que a vaca vagueie perto dos leões na esperança de que ela seja atacada e ele receba a compensação.

Os esquemas de fraude de seguro assumem várias formas, assim como suas soluções. Você talvez se lembre do episódio "Whoever Did This" de *Família Soprano*, em que Pie-O-My, a amada égua manca de Tony, morre em um incêndio misterioso.[1] Tony não demora a entender que Ralphie, o coproprietário de Pie-O-My, foi o responsável pelo incêndio. Segundo os cálculos de Ralphie, Pie-O-My havia atingido o ponto em que valia mais dinheiro morta do que viva, então mandou um incendiário tacar fogo nos estábulos – e na égua – para receber o dinheiro do seguro. Tony tinha sua própria maneira de lidar com esse tipo de comportamento; imediatamente foi à casa de Ralphie, o confrontou e o matou com as próprias mãos.

Muito menos extremada que a solução de Tony, a de Luca e Samson consistia em um mecanismo para desencorajar a fraude. No dia seguinte ao jantar, eu e meus amigos tivemos a chance de ver essa solução na prática quando Samson recebeu uma ligação e nos convidou para viajar com ele. No caminho, nos explicou que ele e Luca criaram um grupo dentro do MWCT chamado "Agentes Verificadores". Supervisionando os 113 mil hectares de terra dos Maasai Kuku, esses agentes foram contratados para avaliar os pedidos de compensação feitos pela comunidade, de maneira muito parecida com os representantes das seguradoras de automóveis.

Quando nos aproximávamos de uma *boma* – um grupo de pequenas cabanas de barro onde moram os Maasai—, um desses agentes, em uma motocicleta, juntou-se a nós. Fomos até o ancião, que estava esperando ansiosamente do lado de fora de sua *boma*. O agente pediu-lhe que explicasse o que havia acontecido e documentou a história enquanto ele a contava. Após essa entrevista inicial, o ancião nos levou ao local onde sua cabra havia sido morta. O agente precisou de apenas alguns minutos para confirmar o que havia acontecido. Ele afirmou que acreditava que o ancião estava dizendo a verdade – algumas hienas haviam atacado a cabra, o que, para ele, era evidente pelas marcas de pegadas e por outros indícios na área. Samson explicou que esses Agentes Verificadores eram muito bem treinados e capazes de analisar a autenticidade de um pedido com incrível precisão, em questão de segundos.

No entanto, o processo não parava por aí. Enquanto o agente tirava fotos e fazia vídeos do local com um GPS no smartphone, Samson explicou que a evidência já havia sido automaticamente georreferenciada e inserida em um banco de dados para uma análise com base em estatísticas que abrangiam o programa como um todo. A análise final e a conclusão do agente, nesse caso específico, foram claras: a cabra estava bem próxima da *boma*, e o pedido de compensação era justo. Mesmo assim, ele inseriu o pedido no banco de dados para que a equipe o analisasse em mais detalhes antes de conferir a aprovação oficial. Ao subir na moto novamente, deu ao ancião afetado um vale para reembolso. Samson me disse que, quando o projeto foi lançado, a notícia desse sistema rigoroso se espalhou, e os anciãos rapidamente souberam que não conseguiriam ludibriar os Agentes Verificadores com incidentes falsos.

Risco moral: por que devo consertar a cerca?

Com o problema de fraude de seguro resolvido, Luca e Samson tinham um segundo desafio a enfrentar – algo que os economistas chamam de "risco moral". Segundo essa teoria, sempre que alguém pode segurar algo, como um carro ou uma casa, essa pessoa tem menos incentivo para proteger esse bem. Digamos, por exemplo, que você não possui seguro e alguém rouba seu carro – você perde o valor inteiro do bem. Portanto, fica bastante motivado a garantir que isso não aconteça. E os proprietários de carro sem seguro são muito mais propensos a adotar precauções adicionais – como travas de volante – do que os que têm seguro. Se você estiver segurado, o roubo não deixará de ser desagradável, mas o golpe será substancialmente amenizado por saber que você receberá ao menos parte do seu dinheiro de volta através do seguro. Portanto, embora possa parecer contraintuitivo, os carros mais deteriorados, como o mostrado na imagem, costumam ser protegidos por medidas adicionais, porque, para começo de conversa, não vale a pena segurá-los.

Você saberia dizer por que esse carro enferrujado e deteriorado tem uma trava de volante? Nenhum outro carro estacionado tem uma.

Com o Projeto Simba em vigor, Samson reconheceu que o problema de risco moral era uma possibilidade dentro da comunidade Maasai. Enquanto caminhávamos de volta para o carro, ele mencionou que a *boma* era rodeada por uma cerca feita de arbustos espinhosos, projetada para proteger os habitantes contra os predadores. Dentro dessa cerca, havia ainda outra, e o gado vivia no anel formado por essas duas cercas concêntricas. Mantê-las exigia um esforço considerável e contínuo por parte da comunidade.

De início, Luca e Samson temiam que, com o gado segurado, os anciãos tivessem menos incentivo para se empenhar em protegê-lo – eles não sentiriam a necessidade de comprar uma trava de volante, digamos assim. Embora ainda preferissem, é claro, uma noite sem leões, poderiam sentir muito menos pressão para conservar suas cercas. Diferente da preocupação com fraude, convencer os anciãos a proteger adequadamente o gado segurado não envolve a possibilidade de comportamento fraudulento. Do ponto de vista do projeto, no entanto, a possibilidade de negligência é indesejável, pois poderia levar ao pagamento de compensações evitáveis.

Para lidar com esse problema de risco moral, Luca e Samson delinearam o Projeto Simba com parâmetros claros relacionados às cercas das *bomas*. De acordo com os requisitos do projeto, as cercas da *boma* devem ter, no mínimo, 2,5 metros de altura e uma cobertura densa, sem aberturas que possam ser exploradas por predadores, além de um portão bem seguro. O MWCT contratou especialistas Maasai para instruírem os anciãos sobre as melhores estratégias de pastoreio e técnicas de construção de cercas. Além de entrevistá-los e inspecionar a cena quando um pedido de compensação é feito, os Agentes Verificadores têm a incumbência de examinar a construção da *boma*. Se eles determinarem que ela não vem sendo adequadamente conservada ou que o pastoreio não está sendo feito de acordo com os padrões do Projeto Simba, o ancião pode receber uma compensação reduzida, na mesma medida da gravidade dos problemas.

Para lidar com o problema de risco moral, o Projeto Simba oferece três tipos de compensação.[2] O Tipo 1 tem a maior compensação e consiste nos casos em que o gado é atacado enquanto está sendo pastoreado com o uso de práticas credenciadas ou enquanto está devidamente protegido em uma *boma* construída de forma adequada. Nesses casos, o ancião recebe 70% do valor de mercado por animal perdido. Da mesma forma que acontece com um seguro de automóvel, o ancião não recebe uma compensação total, a fim de manter alguns incentivos para evitar tais incidentes, imitando a razão pela qual a maioria das apólices de seguro inclui uma franquia. Os dois tipos seguintes de compensação, progressivamente reduzidos, abrangem problemas relacionados ao pastoreio ou à segurança da *boma*.

LIÇÃO: não seja ingênuo – seguros reduzem o incentivo para ser cuidadoso.

23

Como mudar a história dos guerreiros

Um ancião recorda,

> Ser um guerreiro é emocionante e divertido; tem muitos privilégios, mas também muitos deveres. Muitos de nós vemos esses tempos como os melhores de nossas vidas – embora, de forma alguma, os mais fáceis. Para nos tornarmos guerreiros, temos que demonstrar coragem: temos que passar pela circuncisão na frente de toda a comunidade, sem piscar os olhos ou mostrar qualquer sinal de dor. Afinal, se não conseguimos suportar corajosamente aquela dor suportável, como vamos convencer os anciãos de que arriscaremos a vida para proteger nosso gado e nossa comunidade?

Assim, desde jovens, os meninos Maasai são treinados não apenas para matar predadores, mas também para suportar altos níveis de dor física, para que, aos 15 anos, passem pela cerimônia de circuncisão sem chorar. Nessa cerimônia, os meninos sentam-se em fila, observando impassíveis enquanto o responsável pela circuncisão passa por eles e os corta um a um. Chorar ou demonstrar qualquer tipo de dor é considerado um sinal grave de fraqueza e uma vergonha para a comunidade.

Até agora, o foco da discussão tem sido os anciãos e como mudar sua compensação. Mas como os guerreiros se sentiriam em relação ao projeto? Será que simplesmente não reagiriam e aceitariam passivamente a perda da tradição? Apesar de muitas pessoas no Quênia desfrutarem, hoje, de um estilo de vida moderno que acompanha o desenvolvimento econômico, a sociedade Maasai continua orgulhosamente estruturada de acordo com as tradições ancestrais. Embora agora sejam mais propensos a se estabelecer em um mesmo lugar, ainda se consideram pastores seminômades, uma vez que cada um deles desempenha um papel tradicional. As mulheres são responsáveis por criar os filhos, cuidar das cabras e ovelhas e realizar as tarefas domésticas. Os Maasai têm uma versão extrema de uma sociedade patriarcal e, em uma visita, você perceberia rapidamente que alguns dos papéis de gênero são diferentes daqueles a que estamos acostumados no mundo ocidental.

Quando eu e meus amigos chegamos à pousada, os homens nos cumprimentaram, enquanto as mulheres levaram nossas bagagens para a barraca. Em geral, elas trabalham muito mais que os homens. No entanto, os guerreiros ainda são jovens e seu papel é proteger a comunidade de predadores e inimigos. Os anciãos – homens que completaram o serviço como guerreiros – se orgulham muito do papel de governar a comunidade, e esse orgulho não pode ser desprezado, sobretudo se levarmos em consideração a tradição.

Samson nos explicou como o fato de matar um leão servia como rito de passagem e, além disso, que um guerreiro Maasai é definido por sua contribuição para o bem-estar do povo. Como um dos amigos de Samson lembrou: "Agora pertencemos a um grupo da mesma faixa etária e somos colegas que compartilham deveres e responsabilidades. Temos regras rígidas a seguir. Não podemos comer carne em casa; em vez disso, precisamos ir com outros guerreiros ao mato e matar um animal – isso serve para nos impedir de comer carne destinada ao resto da família. Não podemos beber álcool ou tomar drogas: precisamos estar alertas o tempo inteiro e prontos para entrar em ação para resgatar nosso gado ou proteger nossa comunidade". Com o peso do povo sobre os ombros, esses jovens servem com orgulho como aptos guerreiros até atingirem cerca de 30 anos, momento em que se transformam em anciãos, se casam e formam suas famílias.

Tendo sido ele próprio um guerreiro, Samson reconheceu rapidamente que atrair a adesão dos guerreiros para o Projeto Simba era um desafio crucial a se enfrentar. Luca e Samson previram que o incentivo financeiro seria suficiente para fazer os anciãos se afastarem da tradição, mas compreenderam que os guerreiros não tinham incentivo para mudar seu comportamento; afinal, matar um leão com uma lança permanecia sendo um rito de passagem e uma porta de entrada na vida adulta.

Portanto, o Projeto Simba precisava compensar não apenas os anciãos pelas mortes do gado, mas também os guerreiros pela mudança na tradição. Para tanto, o projeto criou outro grupo, chamado "Patrulheiros Simba". Enquanto os Agentes Verificadores lidam com os pedidos de compensação, os Patrulheiros Simba têm uma incumbência oposta à tradição dos guerreiros: proteger os leões. Esse grupo é composto por guerreiros estabelecidos, alguns com muita experiência em matar os mesmos animais que agora são encarregados de salvar. A MWCT conseguiu essa mudança por meio da educação: guerreiros, jovens e mais velhos, agora aprendem sobre a importância de preservar os leões. Guerreiros mais velhos e experientes auxiliam a MWCT na instrução dos guerreiros mais jovens, os quais gradualmente começaram a mudar seus pontos de vista. Muitos desses guerreiros mais velhos viram amigos morrerem tentando matar leões e, assim, receberam de braços abertos um estilo de vida que conserva a tradição guerreira ao mesmo tempo que poupa vidas. Ao parar de caçar os leões e passar a preservá-los, os Patrulheiros Simba redefiniram o conceito de coragem, o valor central dos guerreiros Maasai, evitando assim mortes desnecessárias e promovendo um ambiente simbiótico entre guerreiros e leões. Os Patrulheiros Simba também desempenham um papel valioso na comunidade, já que informam os pastores sobre a presença de leões nas proximidades para evitar perdas de gado.

Ao mudar a narrativa, o Projeto Simba criou um rito de passagem alternativo que permite aos guerreiros manterem o orgulho e os papéis tradicionais. A narrativa foi transformada por meio de incentivos novos que gradualmente mudaram o jogo. Devagar, muitos guerreiros começaram a se candidatar aos cargos de Patrulheiros Simba, por entenderem que essa função se tornou o papel do guerreiro, tanto para ganhar um bom salário quanto para preservar a tradição.

Durante meu tempo no Quênia, tive a oportunidade de conhecer o líder de uma das equipes de patrulheiros e pude vê-los em ação. David Kanai, um carismático e atlético guerreiro Maasai de 23 anos, nos convidou para integrar seu grupo e procurar leões nas encostas da montanha. Com seis outros patrulheiros vestidos com tradicionais trajes Maasai, seguimos em direção ao jipe que nos levaria até a montanha. Com lanças em prontidão e facas habilmente afiadas tilintando nos cintos, as sandálias feitas de pneus de carro abriam caminho. Animados por nossa companhia, os patrulheiros atiraram as lanças em uma demonstração de sua impressionante força (e zombaram das minhas tentativas ridículas).

Já no jipe, rumo à montanha, David e seus patrulheiros resumiram o plano de ação e explicaram como deveríamos nos comportar. Ao chegarmos, desembarcamos do jipe, e a atitude relaxada deles desapareceu quase por completo enquanto rapidamente se posicionavam, vigiando com cautela a área ao redor. David explicou que parte do trabalho dos Patrulheiros Simba consistia em monitorar os movimentos dos leões na área com a ajuda de coleiras de rastreamento especiais. Estendendo a mão para o cinto, ele desengatilhou uma antena que detectava os sinais emitidos pelas coleiras usadas pelos leões nas redondezas. A tecnologia ajudava os patrulheiros a localizá-los, embora, por ser antiga, não tivesse grande precisão. Com uma melhor compreensão dos movimentos e do comportamento geral desses animais, os patrulheiros eram capazes de proteger tanto a população de leões quanto os Maasai. Seu trabalho era reduzir as interações entre humanos e vida selvagem – causa frequente das mortes de gado. Os patrulheiros usavam os dados coletados para informar os pastores sobre a localização dos leões, o que, por sua vez, permitia que eles afastassem o gado antes que enfrentamentos ocorressem.

Mesmo mais para o alto da montanha, ainda não conseguíamos ver os leões, mas David nos disse que eles estavam escondidos por perto, nos observando. Os patrulheiros seguiram as trilhas e encontraram os restos de uma zebra que os leões tinham comido poucas horas antes. Embora não tenhamos nos deparado cara a cara com eles, a manhã não foi de forma alguma desperdiçada. Os patrulheiros agora sabiam onde estavam os leões e imediatamente usaram essa informação para avisar os pastores locais para ficarem longe daquela área, prevenindo proativamente qualquer conflito em potencial.

David, líder de um grupo de Patrulheiros Simba, e Joseph, membro de sua equipe, em busca de leões.

O esforço árduo para definir os incentivos deu frutos. A compreensão de Luca e Samson dos incentivos em jogo impulsionou as ideias subjacentes ao Projeto Simba e, por fim, levou ao sucesso do programa. Conforme mencionado antes, cerca de dez leões ainda viviam naquela área quando o projeto começou. Dez anos depois, já eram 65, o número máximo que esse animal territorial pode atingir dentro da área em questão, em razão das limitações de recursos naturais.

Até a tradição evoluiu na comunidade Maasai. Os anciãos não apelam mais para os guerreiros quando seu gado é atacado. Jovens Maasai não tentam mais matar leões. A população de leões na área está prosperando, assim como o turismo, e os Maasai e Luca não poderiam estar mais felizes com esse resultado. Com sucesso, o Projeto Simba transformou em benéfico um costume que havia se tornado prejudicial. Os incentivos mudaram a narrativa.

Embora estivéssemos muito interessados no sucesso do Projeto Simba, ele não era a razão de nossa ida ao Quênia. Tínhamos viajado tanto por um motivo afim: para tirar aprendizados do Projeto Simba e usá-los no planejamento de um esquema de incentivos com o objetivo de quebrar uma horrível tradição na comunidade Maasai: a mutilação genital feminina.

LIÇÃO: use incentivos para criar uma nova tradição.

24

Como mudar a economia da mutilação genital feminina

A noite que Lucy jamais esquecerá

> Três mulheres se juntaram à minha mãe. Uma segurava uma lâmina longa e curvada, que brilhava com ferrugem cor de sangue. A mão que a segurava era velha, enrugada e firme. Recuei, mas não conseguia tirar os olhos daquela mão, daquela lâmina. Eu estava quase na porta; já ouvia o barulho de crianças brincando do lado de fora da *boma* quando esbarrei em uma figura dura como pedra. Uma das mulheres, minha tia predileta, tinha bloqueado a entrada. Outra mulher segurou meus braços e os prendeu para que eu não pudesse me mexer. Ela me jogou no chão de terra batida, e minha tia se aproximou para ajudá-la. A última mulher, a responsável por praticar a circuncisão, se aproximou e, por trás dela, vinha minha mãe. Olhei para ela, suplicando de todas as formas possíveis. Ela era minha mãe, ela me protegeria, certo? Com olhos tristes e determinados, minha mãe disse: "É assim que deve ser". E, com isso, elas começaram a cortar – e eu comecei a gritar.

O relato de Lucy Nashaw descreve o que aconteceu com ela quando tinha 9 anos. Ela sangrou por quase um mês e passou noites sem dormir, contorcendo-se de dor. Quando o sangramento finalmente parou, ela foi imediatamente casada com um homem Maasai de 40 anos que tinha duas outras esposas.

Estima-se que a maioria das mulheres do povo Maasai no Quênia e na vizinha Tanzânia tenham sido circuncidadas (ou "cortadas").[1] Em geral, as meninas passam pelo corte entre os 12 e 15 anos de idade. Da mesma forma que matar um leão era visto como um rito de passagem de um menino Maasai, a circuncisão é vista como o rito de passagem de uma menina para se tornar uma mulher madura nessa cultura.

O governo queniano tem interesse em parar aquilo que Lucy e milhares de meninas como ela experimentam todos os anos: a prática da mutilação genital feminina (MGF). Em 2011, o Quênia se juntou a outros países da África para proibir a MGF, definida pela Organização Mundial da Saúde como "a remoção parcial ou total dos órgãos genitais externos femininos, ou outra lesão a esses órgãos, por razões não médicas".[2] A tradição é rotineira entre 5 dos 42 povos do Quênia, mas é mais dominante entre os Maasai.

É tarde demais para mudar as coisas para Lucy, mas não para as milhares de meninas Maasai que são submetidas à MGF anualmente. Eu gostaria de assegurar que não se trata aqui de um caso de ocidentais ricos viajando para um país do Terceiro Mundo e se inserindo na cultura e nas tradições alheias sem serem convidados. A MGF, frequentemente comparada ao estupro de jovens meninas, é uma prática que deve ser extinta, e muitos tentaram fazê-lo. Existem certas violações básicas dos direitos humanos que não podem e não devem ser ignoradas sob o argumento de que fazem parte de uma cultura que não entendemos.

Você pode estar se perguntando por que existe tanta resistência contra a MGF se a circuncisão é comum entre bebês do sexo masculino no mundo inteiro e, como nós mesmos descrevemos, os meninos Maasai também são circuncidados entre os 10 e 15 anos de idade.[3] Sem querer justificar a circuncisão masculina, a feminina é completamente diferente em muitos aspectos. Enquanto a circuncisão masculina raramente é acompanhada por complicações, a MGF é uma das violações dos direitos humanos mais persistentes, difundidas e silenciosamente toleradas no mundo moderno. As vítimas sofrem graves consequências físicas e mentais pelo resto da vida, além dos efeitos adversos na formação educacional, do casamento precoce e do planejamento familiar afetado. Com parte do clitóris e grande parte dos lábios vaginais extirpados, muitas meninas são forçadas a abandonar a escola por meses em decorrência de complicações médicas. Elas não conseguem ter prazer na relação sexual; as infecções se tornam um problema comum e recorrente; e, muitas vezes, têm problemas para controlar a micção. Complicações durante o parto em razão das cicatrizes também são um problema grave e colocam em risco tanto a mãe quanto o bebê.

Com tantas consequências negativas para a saúde, como essa prática se tornou uma tradição? Segundo a história, muitos anos atrás, os maridos Maasai costumavam deixar suas casas por um ano para caçar ou proteger a comunidade e, quando voltavam, encontravam a esposa grávida de outro homem. A MGF foi desenvolvida como solução para isso. A circuncisão garantia que a relação sexual não seria agradável para as esposas e, assim, reduzia a probabilidade de infidelidade. Com o tempo, tornou-se uma tradição e passou a servir como rito de passagem de meninas para a vida adulta e o casamento.

Infelizmente, os esforços dos governos e das organizações não governamentais para mudar a tradição Maasai de MGF somente por meio da educação e da ação legal foram, em grande parte, malsucedidos. Em particular, campanhas conscientizando sobre os malefícios da MGF vêm sendo realizadas no Quênia há algum tempo, mesmo antes da lei de 2011, mas as mudanças geradas por elas são muito lentas – lentas demais para alterar a norma social.[4] A instrução pode convencer uma ou outra mãe a salvar a filha de ser cortada, mas essa família corre o risco de ser ostracizada pela comunidade. Para se alcançar uma mudança duradoura, a norma social precisa mudar. Se fôssemos contar apenas com esses lentos esforços educacionais, meninas continuariam sofrendo por muito tempo, um resultado que simplesmente não é aceitável. Eu e minha equipe (Alexander Cappelen, Ayelet Gneezy, Ranveig Falch e Bertil Tungodden) estávamos no Quênia para propor uma abordagem diferente para interromper a MGF – que fosse baseada em incentivos.

A tradição da MGF tem implicações econômicas. Uma noiva "vale" mais no mercado de casamentos se for cortada; seus pais recebem um dote maior (mais vacas) por ela, e a menina pode encontrar um marido com status mais elevado.[5] Diante desses incentivos econômicos e da enorme pressão social para seguir a tradição, arriscar a saúde de uma filha é um preço que, em sua maioria, os pais Maasai estão dispostos a pagar, ainda que a mãe tenha passado pela mesma trágica tradição.

Uma tradição enraizada é muito difícil de mudar, não importa o quão prejudicial seja. Quando incentivos econômicos também estão em jogo, esse esforço se torna ainda mais difícil. No entanto, como vimos nos capítulos anteriores, outras tradições Maasai deixaram de ser praticadas, o que demonstra que a mudança é, de fato, possível. Inclusive, o sucesso do Projeto Simpa foi uma das razões pelas quais estávamos otimistas quanto à capacidade de mudar a prática da MGF. Nossa pergunta agora era a seguinte: será que o uso de incentivos econômicos poderia ajudar a acabar com a circuncisão feminina entre os Maasai? Atualmente, nossa equipe trabalha em uma intervenção com o objetivo de mudar os incentivos disponíveis aos tomadores de decisão, criando assim um incentivo econômico para *não* cortar as meninas.

Uma intervenção sugerida

Para entender como planejamos nossa intervenção a fim de alcançar esse objetivo, comece por visualizar os incentivos atualmente em vigor, detalhados na árvore de jogo a seguir.

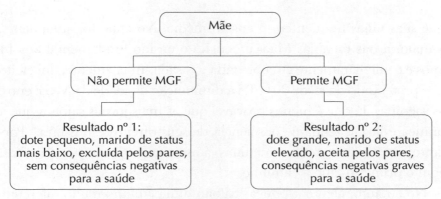

A decisão sobre a MGF sem os incentivos propostos.

Nessa árvore de jogo, o tomador de decisões é a mãe, uma vez que ela é a responsável pela MGF entre os Maasai; portanto, ela decide se deve ou não cortar a filha. Se decidir contra o corte, é provável que a filha não consiga um marido de status elevado, de modo que a família não receberá um dote grande, e é possível que a filha seja excluída por seus pares (Resultado nº 1 da árvore de jogo). Se decidir fazer o corte, por outro lado, as probabilidades de encontrar um marido de status elevado e receber um dote substancial aumentam, e o lugar da filha na comunidade é solidificado (Resultado nº 2). O Resultado nº 2 é social e economicamente melhor que o Resultado nº 1 e, portanto, a mãe Maasai provavelmente escolheria cortar a filha, o que a maioria faz hoje em dia.

Nosso trabalho era determinar em que momento desse processo os incentivos agiriam da forma mais eficaz para mudar o comportamento da mãe. Como poderíamos usar incentivos para mudar o resultado de maneira que a alternativa ao corte fosse preferível? Claramente, o incentivo teria de ser substancial, mas também precisaria funcionar em larga escala, porque queríamos aproveitar ao máximo nosso orçamento e, se tudo desse certo, convencer a organização patrocinadora a implementá-lo em outros lugares.

Após muita discussão com membros da comunidade, incluindo Samson e Luca, tivemos ciência de que os pais Maasai típicos almejam que suas filhas frequentem o ensino médio. No entanto, atualmente, a maioria das meninas Maasai conclui o ensino fundamental aos 14 anos e é imediatamente circuncidada e casada. Infelizmente, um efeito não pretendido da lei de 2011 foi a diminuição da idade da MGF entre as meninas, já que é menos provável que as mais jovens saibam que a prática é ilegal, tenham consciência de seus direitos e resistam.[6] Portanto, aos 15 anos, muitas meninas já estão começando suas famílias, com o primeiro filho a caminho.

No entanto, algumas poucas trilham um caminho muito diferente. Aquelas que conseguem concluir o ensino médio têm perspectivas melhores, independentemente de serem circuncidadas ou não; porém, são pouquíssimas as que seguem esse caminho, pelo simples fato de não existirem escolas desse nível na terra Maasai. Para obter uma educação secundária, as meninas precisam ser mandadas para internatos relativamente distantes. O custo dessas escolas internas (até 2 mil dólares por ano) é alto demais para a maioria das famílias Maasai. As poucas meninas que têm essa oportunidade e se formam no ensino médio têm uma vida muito diferente daquelas que são circuncidadas e casadas. Ao retornar à comunidade aos 18 anos, essas meninas Maasai instruídas conseguem empregos bem remunerados. Muitas encontram trabalho como professoras ou enfermeiras, posições bastante desejáveis dentro da comunidade. São independentes e educadas o suficiente para não cederem à coerção para passarem pela MGF ao retornarem. Curiosamente, essas meninas Maasai com ensino médio também têm valor muito mais alto no mercado de casamentos – repito, independentemente de serem circuncidadas ou não.

Inspirados pelo sucesso do Projeto Simba, aplicamos à MGF as ideias de compensação. Nosso esquema de incentivos é simples: pagaremos os custos do ensino médio das meninas, desde que elas não sejam circuncidadas. Pouco antes do início do ano escolar Maasai, faremos uma avaliação médica das meninas elegíveis. Se essa avaliação verificar que elas não foram circuncidadas, pagaremos os custos escolares do ano seguinte. O plano é repetir essas avaliações todos os anos até que elas se formem no ensino médio, momento em que serão independentes e instruídas para resistir à MGF, caso esse procedimento seja proposto.

A alternativa ao corte agora se torna muito mais atraente para as mães – elas têm um incentivo forte para *não* realizar a circuncisão. O Projeto MGF garante que, se a mãe não permitir o corte, a família ainda possa receber um dote grande, ao passo que a filha permanecerá saudável, obterá uma formação de ensino médio e, consequentemente, terá boas perspectivas de carreira (Resultado nº 3 na árvore de jogo a seguir). Além disso, a filha continuará a ser aceita pelos pares, uma vez que ter uma formação acadêmica e uma carreira é um feito bastante respeitado na comunidade e se sobrepõe ao fato de ela não ter sido circuncidada.

A decisão de MGF com os incentivos propostos.

Pôr fim à tradição de matar leões foi compensado com ganhos no turismo, enquanto pôr fim à MGF não gera qualquer retorno econômico imediato e tangível para a comunidade. Assim como acontece com o tabagismo e o exercício físico, um comprometimento de longo prazo é necessário para que a recompensa final seja alcançada. Contudo, isso promoverá, sim, o bem-estar e a saúde entre as futuras gerações de mulheres Maasai e, em caso de sucesso, gerará benefícios econômicos no futuro. Portanto, a vantagem de nossa proposta de esquema de incentivos vai muito além de prevenir a MGF: a instrução capacita as mulheres, permite que tenham a própria fonte de renda e cria um efeito positivo duradouro em toda a comunidade.

Metodologia: o que planejamos fazer

Como sempre, queremos testar a eficácia do esquema de incentivos. Planejamos realizar uma experiência de campo, também conhecida como *estudo randomizado controlado* (ERC), que permitirá comparar os resultados das meninas que recebem nossos incentivos com os resultados das que não os recebem (aquelas em nosso grupo de controle). Com isso, podemos quantificar o efeito dos incentivos e comparar sua relação custo-benefício com a relação custo-benefício de outros métodos.

Após recebermos as devidas autorizações para a pesquisa, o primeiro passo será obter o consentimento das meninas e dos pais. Todas com idade entre 11 e 14 anos na data inicial da pesquisa – ou seja, com maior risco de ser submetidas à MGF – poderão participar do estudo. Após obtermos o consentimento, planejamos realizar uma avaliação médica em todas as 22 escolas participantes. Como parte da avaliação, as enfermeiras de nossa equipe registrarão se cada menina foi submetida à circuncisão.

O segundo passo será atribuir aleatoriamente onze escolas ao grupo de controle – cujas participantes, isto é, as meninas e suas famílias, não receberão incentivos – e onze escolas ao grupo de tratamento com incentivos. Nas onze escolas de tratamento, informaremos às meninas e suas famílias que toda menina que não for circuncidada receberá uma bolsa de estudos para o ensino médio no ano seguinte. Com isso, esperamos que, mesmo para as mais jovens, as quais ainda não têm idade para frequentar o ensino médio, a antecipação dos incentivos seja suficiente para convencer suas famílias a não submetê-las à MGF. Planejamos retornar às aldeias e repetir essa avaliação todos os anos, durante seis anos.

Antecipando problemas

Assim como no Projeto Simba, devemos prever potenciais problemas para que possamos evitá-los. Identificamos três e trabalhamos em soluções para os desafios que consideramos mais preocupantes em nosso esquema de incentivos proposto: (1) a pressão dos pares, (2) a norma social e (3) os homens Maasai.

Pressão dos pares

No ambiente atual, em que a maioria das mulheres é submetida à MGF, ser uma mulher não circuncidada é complicado. As mulheres excluídas são consideradas ainda "meninas", e sua opinião não é levada a sério.[7] As outras as chamam de "prostitutas que não são dignas de casamento". Ser excluído nunca é fácil, mas é especialmente difícil entre os Maasai, onde fazer parte da comunidade é fundamental.

Para impedir essa pressão dos pares sentida pelas mulheres não circuncidadas na comunidade, o Projeto MGF visa a abranger um grande número de meninas ao mesmo tempo. Nas escolas em que o programa será oferecido, esperamos que quase todas as 1.200 meninas, entre 11 e 14 anos, participem. O objetivo é interromper uma pressão dos colegas que inflame a MGF.

A norma social

O que impede uma mãe de circuncidar a filha ao final dos quatro anos? As evidências mostram que muitas mulheres que concluíram o ensino médio não são circuncidadas e, ainda assim, têm muito sucesso no mercado casamenteiro em suas aldeias. Além disso, nas escolas internas do Quênia, a MGF é publicamente condenada, e os professores dão aulas sobre as consequências e os riscos à saúde associados a ela. Uma menina que passou quatro anos no ensino médio e conhece seus direitos e os riscos da MGF é muito mais propensa a ter sucesso em resistir aos pais se eles tentarem circuncidá-la por volta dos 18 anos. Quando as meninas Maasai chegam a essa idade, não podem mais ser coagidas pelas famílias. A intervenção na MGF visa a levá-las até esse ponto, com segurança e sem danos.

Acreditamos que o Projeto MGF terá, de fato, um impacto duradouro e mudará a norma social em uma direção positiva, fornecendo um rito de passagem alternativo na forma do ensino médio, assim como se tornar um Patrulheiro Simba agora é um rito de passagem para os meninos Maasai. Com um diploma de ensino médio em mãos, essas meninas não circuncidarão as futuras filhas, quebrando assim um ciclo pernicioso da tradição e estabelecendo, em seu lugar, um que empodere as mulheres.

Homens Maasai

Considerando-se que os Maasai são muito tradicionais, você talvez esteja se perguntando como os homens se encaixam no cenário da MGF. Embora os Maasai sigam uma estrutura patriarcal, a decisão de realizar a MGF está inteiramente no domínio materno. A principal razão para os homens Maasai preferirem uma esposa circuncidada é o fato de quererem que ela seja aceita pela comunidade.

Estariam os homens Maasai dispostos a se casar com uma menina não circuncidada? Quando perguntamos a eles, as respostas foram um tanto conflitantes. Por um lado, queriam que as esposas sentissem prazer nas relações sexuais com eles e que os riscos à saúde associados à MGF fossem evitados. Por outro lado, estavam muito preocupados com o status social das esposas na aldeia. Por esse motivo, a maioria dos homens Maasai acabava preferindo casar com mulheres circuncidadas, já que elas tinham um status social mais elevado e eram aceitas pela comunidade.

O Projeto MGF muda os incentivos dos homens, resolvendo o dilema e tornando a escolha mais fácil para eles. Uma mulher instruída terá a própria carreira e fonte de renda e, assim, status social elevado, independentemente de ser circuncidada. No âmbito do Projeto MGF, os homens Maasai podem ter o melhor dos dois mundos: se casarem com uma mulher não circuncidada formada no ensino médio, ela sentirá prazer durante a relação sexual, será saudável e terá um status social elevado na comunidade.

Dois futuros alternativos

Nosso esquema de incentivos foi incorporado à proposta recém-descrita, e agora estamos no processo de solicitar verbas e autorizações de pesquisa para conduzir esse experimento nos próximos anos. Se a importância dele ainda não lhe tocou, esqueça os diagramas e as figuras e entre no Quênia para conhecer Nangini. Como a segunda mais jovem de cinco irmãos, ela passa os dias tentando escapar do caos. A escola é seu único refúgio. Embora seja jovem, ela já tem um interesse muito bem definido em ajudar os outros e deseja ser enfermeira. Imagine dois futuros para ela: com e sem nossa intervenção.

Nangini.

O Projeto MGF está prestes a ser lançado. Nossos parceiros no Quênia estão esperançosos e trabalham conosco em cada etapa. Esperamos, por meio do uso de incentivos, mudar a vida de Nangini e de milhares de jovens Maasai como ela.

LIÇÃO: planeje seus incentivos para envolver o maior número possível de partes interessadas.

PARTE SETE

Negocie seus sinais: como colocar os incentivos na mesa de negociação

Suponha que você acabou de conseguir o emprego dos seus sonhos em San Diego. Já está mentalmente caminhando pela deslumbrante praia de La Jolla, mas fisicamente ainda está em Chicago e tem algumas questões logísticas para resolver antes de se mudar. A primeira tarefa importante é vender sua casa, o que gostaria de fazer o mais rápido possível. Em 2012, você comprou uma bela casa de pedra em Hyde Park. O valor dela aumentou desde então, mas estimar um preço exato é difícil, porque é uma das poucas propriedades renovadas na área. Após pesquisar bastante, você acha que pode vendê-la por 750 a 800 mil dólares.

Você passa uns quinze dias se livrando de todas as bugigangas que acumulou ao longo dos anos, até que o lugar enfim fica pronto para ser exibido a potenciais compradores. É o último sábado de agosto, o dia da abertura da casa para visitação, e o tempo está ótimo – você sorri, otimista. Algumas pessoas aparecem durante a primeira hora. Elas olham ao redor por alguns minutos, fazem perguntas educadas e depois vão embora – fica claro que não são compradores sérios. Uma hora depois, uma jovem entra na casa e se apresenta como Jennifer. Você a conduz até uma mesa, onde ela deposita as sacolas que estava carregando; ela então se vira e, com entusiasmo, conta a você sobre o ótimo mercado que encontrou no caminho para a casa. Você sorri. É o mesmo mercado da esquina que você frequentou todos os sábados de manhã pelos últimos doze anos, e é uma das coisas que mais ama em seu bairro. Você cruza os dedos e espera que Jennifer goste da casa tanto quanto gostou do mercado.

Ela explora a casa, examinando cada canto e recanto. Você sente a empolgação dela – é a mesma que você sentiu diante da vista do pequeno apartamento que está querendo comprar em San Diego. No final da visita, Jennifer informa que acha que sua casa de pedra combina com ela e que está muito interessada.

Agora está tudo pronto para negociar. Você quer vender a casa pelo preço mais alto possível, e Jennifer quer comprá-la pelo preço mais baixo possível. Como iniciar uma negociação assim? Primeiro, você deve ter em mente o valor mínimo pelo qual aceitaria vender, ou seja, seu "preço de reserva" – no seu caso, 750 mil dólares. Claro, você preferiria vender por muito mais. Como em muitas outras negociações, não sabe o máximo que a outra parte, ou seja, Jennifer, está disposta a pagar.

Esse tipo de negociação é chamado de "interação de soma zero", pressupondo que um acordo seja feito. Em outras palavras, a quantidade de lucro a ser obtida com o acordo é fixa: sua perda é exatamente igual ao ganho de Jennifer. É natural que você queira ficar com a maior parte do bolo.

Antes de colocar a casa no mercado, você precisou tomar uma decisão importante: quanto deveria pedir por ela? Talvez você ache que o preço inicial não é tão importante assim. Vou tentar convencer você de que é, e que deve ser bem alto, porém razoável. Assim, você transmite alguns sinais muito importantes para o comprador – sinais que podem afetar o comportamento subsequente deste. Nesta parte, examinaremos os quatro princípios comportamentais relevantes que influenciam o valor de sinalização do primeiro preço: *ancoragem e ajuste insuficiente, o efeito contraste, preço como sinal de qualidade* e *a norma de reciprocidade*. Vou descrever como eles funcionam e mostrá-los na prática no contexto do nosso exemplo. Na última página desta parte, você verá que atribuir um preço inicial certeiro lhe confere a vantagem nesse tipo de negociação. Melhor ainda, você será capaz de explicar suas razões.

25

Ancoragem e ajuste

O *efeito de ancoragem* implica que a percepção do comprador sobre o valor do objeto em questão não independe da própria negociação. No caso da compra da casa, o valor máximo que Jennifer estaria disposta a pagar está positivamente correlacionado com o sinal inicial – o preço de venda.

Aqui está um ótimo exemplo de ancoragem retirado da experiência clássica de 1974 de Amos Tversky e Daniel Kahneman: primeiro eles pediram aos participantes que girassem uma "roleta da sorte". Depois, perguntaram se achavam que a porcentagem de nações africanas na Organização das Nações Unidas (ONU) era maior ou menor que o número aleatório obtido ao girar a roleta. A última pergunta para os participantes foi: "qual é a porcentagem de nações africanas nas Nações Unidas?".

A maioria das pessoas, eu mesmo incluso, não sabe a resposta para essa pergunta. O interessante é o que Tversky e Kahneman descobriram: as estimativas dos participantes estavam bastante correlacionadas ao número obtido na roleta da sorte. Aqueles que obtiveram uma âncora alta (um número mais elevado na roleta) estimaram porcentagens bastante mais altas em resposta à pergunta sobre as nações africanas do que aqueles que obtiveram uma âncora baixa, embora nenhum dos participantes achasse que o resultado da roleta da sorte tivesse a ver com o número de nações africanas na ONU. Em termos simples, quanto mais alto o resultado da roleta, maior o palpite. Tversky e Kahneman chamaram esse fenômeno de "efeito de ancoragem".[1]

Eu sou um especialista; eu nunca cairia nessa!

Um especialista não seria ancorado por um preço inicial, certo? Com o intuito de investigar essa questão, os pesquisadores testaram o efeito de ancoragem em especialistas.[2] Em 1983, quando a taxa de juros mais importante girava em torno de 11%, eles pediram que um grupo de gerentes que trabalhava com finanças estimasse qual seria essa taxa dali a seis meses. A resposta média foi de 10,9%. Eles fizeram a mesma pergunta a outro grupo de gerentes, mas de uma forma um pouco diferente. Primeiro, perguntaram se os especialistas esperavam que a taxa de juros principal fosse superior ou inferior a 8% dali a seis meses e depois pediram uma estimativa da taxa. A resposta média nessa condição foi de 10,5%.

Os especialistas do segundo grupo apresentaram estimativas mais baixas porque se ancoraram no valor bastante visível de 8% que lhes foi dado. Esse valor serviu como sinal de que o experimentador tinha expectativas em relação à taxa de juros futura. Esperando que a taxa de juros principal em seis meses não fosse muito inferior à taxa atual de 11%, os participantes ajustaram as estimativas para cima, mas o fizeram de forma insuficiente, porque elas ainda sofriam de uma tendência de baixa por causa dos mencionados 8%. Esse fenômeno é conhecido como *ancoragem e ajuste insuficiente*.

Da mesma forma, apesar de ser um especialista, é provável que um corretor imobiliário ancore a estimativa de seu preço de reserva em seu preço de venda inicial (referido aqui como preço inicial), assim como Jennifer faria. Uma vez que o número que você dá a Jennifer é um preço inicial, pode ser que ela saiba que o seu preço de venda está mais para o alto e o ajuste para baixo. No entanto, ela usará o seu preço de venda como um sinal de que você está esperando um preço mais alto do que ela havia estimado anteriormente, e é provável que o ajuste dela seja insuficiente. O resultado? A estimativa dela do seu preço de reserva continuará tendendo em direção ao preço inicial estipulado.

Esse fenômeno acontece na prática?

Agentes imobiliários no Arizona foram solicitados a avaliar o valor de propriedades reais à venda no estado com base em volumoso material publicado, uma visita física à propriedade e um preço de venda pretendido.[3] Todos os agentes receberam informações idênticas, exceto pelo preço de venda pretendido, que atuou como âncora. Em entrevistas pós-experiência, todos os agentes imobiliários insistiram que o preço de venda pretendido não influenciara suas avaliações. Em outras palavras, os agentes disseram que não usaram o preço de venda como sinal – mas os resultados contaram uma história diferente.

Os participantes que receberam um preço de venda pretendido mais baixo avaliaram a propriedade como bastante menos valiosa do que aqueles que receberam um preço mais alto. Mesmo diante de todas as outras informações disponíveis, o preço de venda pretendido serviu como sinal e exerceu um efeito. O valor de sinalização da âncora funciona tanto com quem não é especialista como com quem é: mesmo agentes imobiliários, que estimam o valor de propriedades todos os dias, foram afetados pela âncora.

Voltemos às negociações com Jennifer. Com base nos resultados das experiências que acabamos de discutir, é de se esperar que Jennifer seja afetada pela ancoragem. Se o seu preço de venda coloca uma âncora na mesa, a qual sinaliza a Jennifer as suas expectativas, ela tentará estimar o seu preço de reserva, mas a estimativa dela tenderá a essa âncora. Se você começar com um número alto, a estimativa de

Jennifer será influenciada por ele, fazendo com que as contrapropostas sejam mais altas.

Mas qual deve ser o valor do preço inicial? Repito, tenha em mente que seu preço deve ser alto, porém não irracional. Se começasse com um preço de venda de 2 milhões de dólares, você sinalizaria que suas expectativas não são realistas ou que não está bem informado. É provável que Jennifer agradecesse educadamente e fosse embora. O preço inicial deve ser otimista: alto o suficiente para que o comprador fique negativamente surpreso, mas ainda assim razoável, para que ele faça uma contraproposta.

LIÇÃO: seu preço inicial afetará a contraproposta. Faça questão de sinalizar que você espera muito.

26

O efeito contraste

Um preço inicial alto *e* razoável não apenas ancora o interlocutor, mas também oferece benefícios ao longo de toda a negociação. Propicia algo chamado de *efeito contraste*. Para elucidar esse princípio básico, vou contar uma fábula que meus pais me contavam quando eu era criança.

> Era uma vez um homem pobre que vivia com a mãe, a esposa e seis filhos em uma pequena cabana de apenas um cômodo. O homem pobre achava sua cabana barulhenta, agitada e apertada. Então, decidiu pedir conselhos ao rabino.
> O rabino sentou-se, pensativo, acariciou a barba e, por fim, aconselhou o homem pobre a trazer suas galinhas, galos e gansos para morar na cabana com a família. O homem pobre achou esse conselho absurdo, mas seguiu a sugestão do rabino.
> Pouco tempo depois, o homem pobre percebeu que a situação só piorara. Agora, com o choro e as brigas da família, havia grasnados e cacarejos. As aves estavam sempre atrapalhando a circulação e deixando penas por toda parte. Elas só aumentaram a bagunça e deixaram ainda menos espaço para a família. Então, o homem pobre decidiu voltar a falar com o rabino. O rabino, dando novos conselhos aparentemente absurdos, disse ao homem para incluir uma cabra na cabana.

Após uma semana vivendo sob esse arranjo miserável, o homem pobre visitou o rabino pela terceira e última vez. Dessa vez, o conselho do rabino foi música para os ouvidos do homem, pois ele recomendou que o homem pobre retirasse todos os animais da cabana. O homem pobre concordou de imediato.

Naquela noite, o homem e sua família dormiram tranquilamente. Não havia cacarejos ou grasnados. Havia muito espaço. Agora, quando o homem pobre pensava em sua cabana apenas com sua família, ele a considerava tranquila, pacífica e espaçosa.

Um preço inicial suficientemente otimista – digamos, 875 mil dólares – serve não apenas como âncora para Jennifer, mas também como ponto de referência para todas as outras ofertas subsequentes e, em última análise, para o preço final de venda. É uma ação que não cessa de gerar resultados positivos. Tudo que acontece depois na negociação será comparado e contrastado com o preço inicial. Chamamos essa comparação automática de *efeito contraste*.

Experimentos básicos que demonstram o efeito contraste são tão simples que você mesmo pode realizar um – e não é preciso encher seu quarto com galinhas e cabras. Coloque a mão esquerda em um balde de água gelada e a direita em um balde de água quente. Deixe ambas as mãos nos baldes por cerca de um minuto. Em seguida, mergulhe ambas as mãos em um terceiro balde de água morna. Qual é a temperatura da água morna?

Sua mão direita provavelmente discordará da esquerda. Ambas as mãos estão no mesmo balde, mas a sensação em cada uma é bastante diferente. A mão esquerda, que antes estava na água fria, parece quente. A mão direita, que antes estava na água quente, parece fresca. A sensação é estranha. Embora você saiba que a água morna tem uma certa temperatura, seu cérebro recebe sinais distintos de cada mão. As mãos no balde sentem uma diferença de temperatura em relação ao lugar onde estavam antes, e o sinal que transmitem ao cérebro não é "a temperatura do balde é de 23°C", mas sim "parece mais quente (ou mais frio)".

Avaliar as coisas de forma relativa, não absoluta, contradiz a regra que prescreve que o valor de algo independe de seu grupo de referência. É uma regra que os economistas costumam defender – em outras palavras, o valor de uma escolha não depende de alternativas impertinentes. No exemplo do balde, a temperatura da água não depende de onde estava nossa mão antes. Nós "entendemos" esse aspecto quando refletimos sobre o experimento. No entanto, nossas mãos *sentem* de forma diferente, pois são influenciadas pelo efeito contraste.

O efeito contraste não é exclusivo de experiências psicofísicas; ele frequentemente desempenha um papel nas decisões econômicas, contrariando o que os economistas esperariam ver. Nossos conhecimentos sobre o cérebro ajudam a tornar as escolhas econômicas mais ou menos atrativas na medida em que permitem controlar os sinais dirigidos ao cérebro.

Para demonstrar esse efeito em ação, vamos analisar outro exemplo do mundo imobiliário. Uma amiga nossa – vamos chamá-la de Julia – é uma bem-sucedida corretora de imóveis. Quando contratamos novos membros para o departamento da faculdade, os apresentamos a Julia. Ela é honesta, paciente, bem relacionada e não pressiona os compradores.

Em geral, os novos professores definem parâmetros de interesse na busca por uma casa (área, tamanho, preço etc.). Com base nesses parâmetros, Julia elabora uma lista de casas no mercado e coordena as visitas. Os novos professores vêm passar alguns dias na cidade e, em um desses dias, Julia os leva para ver potenciais residências. Eles passam o dia fazendo uma série de visitas a casas que ela planeja com antecedência.

Tive a oportunidade de vê-la em ação quando Martin passou a fazer parte de nosso corpo docente. Ele é meu amigo, então o acompanhei no tour organizado por Julia. Em uma bela manhã de primavera, nós três dirigimos para cima e para baixo visitando casas. Uma das principais preocupações de Martin era a localização – com dois filhos pequenos, ele procurava um local que não ficasse muito longe da universidade.

A primeira casa em nossa série de visitas era relativamente antiga e não estava muito bem conservada. Tinha sido alugada para estudantes que não haviam feito um trabalho ideal em termos de manutenção. Além disso, a localização não era boa – ficava um pouco longe da universidade e muito perto de uma rodovia barulhenta. Para piorar, era um pouco cara. Quando saímos, Martin pareceu muito quieto e desanimado.

No entanto, a segunda casa que visitamos era muito melhor. Localizada em uma área tranquila, tinha um quintal agradável e estava muito bem conservada. Julia nos informou o preço, e Martin imediatamente sorriu – era mais barata que a primeira casa.

Vi o sorriso de Martin e fiquei feliz por ele, e foi então que tive uma sensação de *déjà vu*. Percebi que tivera uma experiência semelhante, anos atrás, com Julia. Quando minha esposa e eu estávamos procurando nossa primeira casa para comprar em San Diego, Julia de início nos levou para ver uma casa ruim. Em silêncio, pensei sobre isso enquanto deixávamos Martin no hotel. Seria coincidência?

Não era. Enquanto voltávamos para La Jolla, Julia confirmou de imediato. Não era mesmo coincidência. Ela disse que propositalmente decidiu mostrar primeiro uma propriedade pouco atrativa. Por quê? Por causa do efeito contraste. A casa ruim cria expectativas: ela envia um sinal de que talvez o mercado imobiliário seja caro e não muito agradável. As casas seguintes parecem muito melhores em comparação, e a chance de o comprador ficar satisfeito é maior.

Julia sabe manipular sinais e tirar proveito do efeito contraste – sabe que os compradores compararão as casas subsequentes quando a primeira visitada for ruim. Comparadas a ela, as subsequentes parecem ótimas. Como diz o ditado, o segredo da felicidade é ter expectativas baixas.

É óbvio que você não pode controlar qual casa Jennifer verá antes da sua, mas ainda assim pode usar o efeito contraste. Você já sabe que deve estabelecer um preço de venda pretendido (ou seja, o preço inicial) que aproveite o efeito de ancoragem e envie um sinal de que valoriza sua casa e que seu preço de reserva é alto. Esse preço inicial atuará como o contraste para todas as ofertas subsequentes. Começar com um preço inicial alto (que é ruim aos olhos de Jennifer) elevará artificialmente a avaliação de Jennifer de suas ofertas subsequentes. Ela será mais propensa a aceitar uma proposta subsequente mais baixa se a estiver comparando com um preço inicial mais alto.

O efeito contraste não apenas influencia as decisões de Jennifer, mas também afeta diretamente a satisfação dela. Uma experiência com estudantes universitários demonstra essa faceta do fenômeno. Os participantes da experiência receberam as seguintes informações:

> Imagine que você acaba de concluir um mestrado em comunicação e está considerando propostas de contrato de um ano em duas revistas diferentes.
>
> (A) A Revista A oferece um salário de 35 mil dólares. No entanto, os outros funcionários que têm o mesmo treinamento e experiência que você ganham 38 mil dólares.
>
> (B) A Revista B oferece um salário de 33 mil dólares. No entanto, os outros funcionários que têm o mesmo treinamento e experiência que você ganham 30 mil dólares.

A metade dos estudantes, foi perguntado: "Qual emprego você escolheria?". Claro, 84% optaram pela opção A, com o salário mais alto. À outra metade dos estudantes, foi perguntado: "Em qual emprego você ficaria mais satisfeito?". O resultado é interessante. Quando confrontados com essa pergunta, 62% dos estudantes escolheram a opção B: eles acharam que ficariam mais satisfeitos no emprego com o salário absoluto mais baixo, mas no qual o salário relativo era mais alto em comparação ao dos colegas.

Presumindo que estudantes gostam de ganhar melhor, o pensamento convencional prevê que eles deveriam ficar mais satisfeitos com os 2 mil dólares adicionais no salário que receberiam na opção A. Os detalhes salariais dos colegas não deveriam importar. Essa lógica não prevê adequadamente a importância do salário relativo para a satisfação.

Isso também exercerá influência na negociação com Jennifer. Imagine dois desdobramentos possíveis das negociações com Jennifer: no cenário A, você pede 875 mil dólares e, após alguma negociação, fecha um acordo por 825 mil dólares. No cenário B, você pede 800 mil dólares e, depois de se recusar firmemente a ceder no preço, a casa é vendida por 800 mil dólares.

Qual cenário deixaria Jennifer mais satisfeita? O cenário A, no qual Jennifer conseguiu reduzir o preço em 50 mil dólares, ou o cenário B, no qual ela lidou com um vendedor teimoso que não estava disposto a negociar? Jennifer talvez fique mais satisfeita no cenário A por causa do efeito contraste: ela comparará os 825 mil dólares com o preço original de 875 mil dólares, e essa comparação a fará ver os 825 mil dólares de forma mais favorável.

LIÇÃO: o cérebro usa contraste para avaliar valores. Crie um contraste alto com seu preço inicial.

27
Preço como sinal de qualidade

Nossa âncora alta transmite o primeiro sinal, e o efeito contraste subsequente, o segundo. O CEO da Peloton, John Foley, descobriu o terceiro sinal, por tentativa e erro, ao definir o preço da atual bicicleta ergométrica da marca. Em uma entrevista de 2018 ao *Yahoo! Finance*, ele lembrou: "Foi uma lógica interessante que descobrimos. Nos primeiros meses, cobramos 1.200 dólares pela bicicleta Peloton. E o que aconteceu foi que ouvimos dos clientes que ela devia ser de baixa qualidade se estávamos cobrando apenas 1.200 dólares. Passamos a cobrar 2.000 dólares, e as vendas subiram, porque as pessoas disseram: 'Ah, deve ser uma bicicleta de boa qualidade'".[1]

Esse exemplo demonstra como os consumidores podem usar o preço como sinal de qualidade. Da mesma forma que os clientes da Peloton, presumimos que *preço significa qualidade*. Pesquisas mostraram que, muitas vezes, os consumidores acreditam nisso e, portanto, avaliam itens com preços mais altos como sendo de melhor qualidade.[2]

Pense no seguinte cenário: é seu aniversário e você deseja levar para casa uma boa garrafa de vinho para celebrar. Em geral, você bebe vinhos cuja garrafa custa uns 20 dólares, mas, dada a ocasião especial, decide comprar uma garrafa de 50 dólares. Você não tem um vinho específico em mente; simplesmente pressupõe que um vinho de 50 dólares tem um sabor melhor do que um de 20.

No mesmo espírito desse exemplo, eu, Ayelet Gneezy e Dominique Lauga realizamos um experimento simples no verão de 2009 junto a Joe, proprietário de uma vinícola em Temecula, na Califórnia.[3] Joe estava tentando determinar a melhor estratégia de preço para seus vinhos e nos pediu conselhos. Aceitamos imediatamente a oportunidade de ajudá-lo. Com que frequência você tem a chance de discutir estratégias de preço enquanto degusta um vinho de boa qualidade?

Na vinícola de Joe, os visitantes podem degustar vários vinhos antes de escolher qual comprar. Os consumidores em geral vão à região especificamente para isso, indo de vinícola em vinícola, provando e comprando vinhos. O tipo de vinho com o qual fizemos o experimento era um Cabernet Sauvignon de 2005, "um vinho prodigioso, com notas complexas de torta de mirtilo, licor de groselha negra, flores de acácia, lascas de grafite de lápis e notas doces de bosque". (Não conseguimos descobrir de onde vinha o sabor de lascas de grafite de lápis, mas algum *poète manqué* deve tê-lo identificado.) Joe tinha precificado o vinho em 10 dólares, e ele vendia muito bem.

Para examinar o fenômeno da equivalência entre preço e qualidade, manipulamos o preço do Cabernet para ser de 10, 20 ou 40 dólares em dias diferentes, ao longo de algumas semanas. Em cada dia, Joe cumprimentava os visitantes e explicava sobre a degustação. Os visitantes então iam ao balcão, onde encontravam a pessoa que conduzia a degustação, e recebiam uma única página impressa com os nomes e preços dos nove vinhos, cujo valor variava entre 8 e 60 dólares. Os visitantes podiam escolher seis para experimentar. Da mesma forma que na maioria das vinícolas, a lista era ordenada "do mais leve para o mais encorpado", começando com vinhos brancos, passando para tintos e terminando com os de sobremesa. Os visitantes geralmente escolhiam vinhos seguindo a lista, e o Cabernet Sauvignon era sempre o número 7. As degustações demoravam entre quinze e trinta minutos, e depois disso os visitantes decidiam se comprariam alguma garrafa.

Os resultados da simples mudança de preço chocaram Joe. Os visitantes tinham quase 50% mais chances de comprar o Cabernet quando o preço era 20 dólares do que quando era 10. Em outras palavras, quando aumentamos o preço do vinho, ele se tornou mais popular. Ajustando os preços em conformidade, Joe aumentou os lucros totais da vinícola em 11%. Desde então, ele aprendeu que, ao definir os preços, não deveria estimar, mas sim experimentar.

Em sua negociação com Jennifer, você já está criando esse tipo de associação com um preço de venda alto. Como preço inicial, ele sinaliza alta qualidade. Imagine se você tivesse começado com um preço mais baixo, muito mais próximo de seu preço de reserva, digamos de 800 mil dólares. Em vez de pensar "Uau, que grande negócio!", Jennifer talvez interpretasse esse preço baixo como sinal de que a casa tinha problemas: o bairro é problemático à noite, há mofo no piso, o sótão é lar de uma família de esquilos, o céu é o limite para a imaginação. Independentemente do preço de venda final, um preço inicial abaixo do esperado pode fazer com que o comprador pense que superestimou de início o valor da casa.

O preço afeta as crenças e expectativas dos consumidores e pode influenciar, mais tarde, suas experiências subjetivas, da mesma forma que o efeito contraste pode impactar a satisfação. Durante a experiência na vinícola de Joe, também fizemos uma pesquisa na qual pedimos aos clientes que atribuíssem uma nota a cada vinho experimentado. Acontece que, quanto mais alto cobrávamos pelo Cabernet, mais alta era a nota por eles conferida.

Um resultado semelhante foi encontrado em uma experiência com membros de uma academia.[4] Os participantes receberam bebidas energéticas para consumir antes e durante uma sessão de treino. Um grupo de participantes foi informado de que a bebida era vendida pelo preço regular de 2,89 dólares; outro grupo foi informado de que o preço regular da bebida era de 2,89 dólares, mas que havia sido comprada com um desconto de 0,89 dólar como parte de um acordo institucional. Após o treino, os participantes avaliaram a intensidade dele e o quanto se sentiam fatigados. Os participantes na condição de preço reduzido avaliaram sua intensidade de treino como sendo bem menor que os participantes na condição de preço regular. Além disso, os participantes na condição de preço reduzido relataram estar mais fatigados que aqueles na condição de preço regular.

O que esse efeito de equivalência entre preço mais alto, qualidade mais alta e satisfação maior tem a ver com a negociação com Jennifer? Fazer Jennifer ver o produto – sua casa – como mais caro pode alterar a percepção do preço de reserva dela própria e até mesmo proporcionar-lhe mais satisfação com a nova compra.

LIÇÃO: preço sinaliza qualidade. Cause a impressão certa.

28
A norma da reciprocidade

Seu alto preço inicial ancora Jennifer, alavanca o efeito contraste e sinaliza alta qualidade. O último elemento psicológico que quero abordar aqui é a *reciprocidade*, ou o fato de os seres humanos estarem essencialmente programados para retribuir favores. Sentimos a obrigação de agir com gentileza sempre que alguém é gentil conosco.

Em 1974, Phillip Kunz, sociólogo da Universidade Brigham Young, realizou uma experiência simples: enviou cartões de Natal para seiscentas pessoas selecionadas aleatoriamente em listas telefônicas de algumas cidades vizinhas. Algumas semanas depois, recebeu mais de duzentos cartões de Natal de desconhecidos. Por quê? A *norma da reciprocidade*.[1]

A norma da reciprocidade está tão profundamente enraizada em nossa cultura que nos sentimos obrigados a retribuir favores mesmo a pessoas que não conhecemos, ou de quem não gostamos, ou até quando nem desejávamos a gentileza original, para início de conversa. Em um experimento bem conhecido que demonstra essa norma, os participantes achavam que sua tarefa era avaliar pinturas como parte de uma experiência de apreciação artística. Cada um foi colocado em dupla com outro participante, o qual, na verdade, era um pesquisador disfarçado. Em uma condição, o pesquisador (vamos chamá-lo de Jim) saía da sala por alguns minutos e voltava com um refrigerante grátis para o colega de dupla. Na outra condição, Jim apenas saía da sala e voltava alguns minutos mais tarde, sem qualquer refrigerante. Após Jim e o participante terminarem de avaliar as pinturas, Jim pedia ao colega que comprasse uma rifa. Os participantes que receberam um refrigerante grátis compraram duas vezes mais rifas que os que não receberam refrigerante. Aqueles que receberam o refrigerante grátis se sentiam em dívida com Jim e retribuíam com taxas de compra de rifas mais altas, ainda que não tivessem pedido a bebida.

Vendedores de sucesso vêm usando a norma da reciprocidade há muitos anos para obter vendas maiores. Robert Cialdini, da Universidade Estadual do Arizona, argumenta de forma convincente, em sua clássica obra *Influência*, que a norma da reciprocidade evoca favores mesmo quando a gentileza inicial não é genuína, mas artificialmente criada apenas para induzir a retribuição.[2] Um dos exemplos de Cialdini são os devotos do Hare Krishna, que distribuem flores e pedem doações apenas alguns segundos depois.

A reciprocidade é uma força poderosa. Lembre-se disso durante a negociação com Jennifer. Se começar com um preço inicial alto o suficiente, você abre espaço para ser "gentil" com ela – fingindo fazer uma concessão substancial no desconto. Digamos que comece com 875 mil dólares. Você não tem a esperança genuína de que ela vá aceitar, mas preparou o cenário: ancorou-a, sinalizou que considera sua casa um imóvel de alta qualidade e garantiu que todas as ofertas subsequentes serão comparadas e contrastadas com os 875 mil dólares. Jennifer contra-ataca seu preço inicial com uma oferta muito mais baixa. Devido ao preço inicial elevado, você pode voltar com uma concessão substancial de, digamos, 30 mil dólares. Você propõe 845 mil dólares – ainda muito acima do seu preço de reserva, porém um valor atraente em relação ao preço inicial. Você sinaliza para Jennifer sua generosidade ao fazer essa concessão, e agora é a vez de ela retribuir. O sinal provavelmente afetará a resposta de Jennifer. A concessão de 30 mil dólares não deveria influenciar a avaliação da contraproposta, mas, como todos nós, Jennifer é influenciada por normas sociais e vai se sentir obrigada a retribuir esse grande "favor". Ela será mais propensa a aceitar o segundo preço ou a responder com uma oferta mais favorável a você. Esse processo de dar e receber é considerado "justo" em negociações: eu faço uma concessão e depois você faz outra. Um preço inicial mais alto permitirá que você entre nesse jogo de dar e receber com concessões cada vez menores até Jennifer aceitar. Se começasse baixo, em 800 mil dólares, não conseguiria aproveitar os três primeiros sinais, nem o quarto: uma concessão substancial não seria possível, e Jennifer não alteraria sua oferta para uma ainda mais baixa. Vocês dois podem acabar saindo da mesa com um gosto amargo na boca – sem um bom resultado.

Eu disse que seu preço deve ser "alto, porém razoável", mas o que exatamente torna um preço razoável? Como mencionei antes, nenhum dos sinais funcionará se o preço pedido for tão alto que o comprador desista. O preço que você está procurando é aquele que surpreenderá o comprador, mas não o fará desistir do negócio. Como pontua Margaret Neale (coautora de *Negociando racionalmente*), o preço inicial deve ter "apenas um pé na sanidade"".[3]

Meu exemplo favorito dessa tática de negociação envolveu meu filho Ron (o mesmo da história da Disney na introdução), na época com 9 anos de idade e um dente perdido. Embora minha esposa e eu soubéssemos que ele não acreditava mais na Fada do Dente, interpretamos o papel, assim como fizemos com nossas filhas mais velhas. Lembrei a ele de colocar o dente embaixo do travesseiro antes de dormir e perguntei quanto ele achava que a Fada do Dente deixaria lá. Ele deu de ombros e foi vestir o pijama. Algumas horas depois, minha esposa, também conhecida como a Fada do Dente, entrou em seu quarto com 3 dólares. Ela colocou a mão embaixo de seu travesseiro e encontrou o dente, junto com um bilhete.

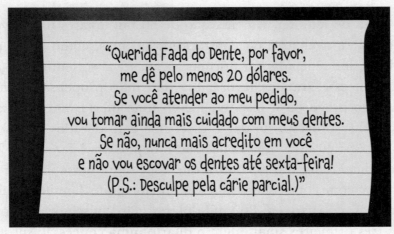

Como incentivar a fada do dente.

Ela me mostrou o bilhete e, depois de boas risadas, decidimos que sua cárie valia os 20 dólares solicitados. Meu filho foi capaz de encontrar o preço pretendido perfeito. Se tivesse pedido mais, provavelmente teríamos respondido com um "Espertinho!" e deixado os 3 dólares que pretendíamos de início. Se tivesse pedido 5 dólares, não teríamos hesitado e imediatamente teríamos acrescentado mais 2 dólares. Ao pedir 20 dólares, ele nos surpreendeu, mas nos manteve na mesa de negociação. Foi alto, mas não a ponto de rejeitarmos, e meu filho conseguiu embolsar 17 dólares a mais como resultado.

Evidentemente, o que é considerado "alto, porém razoável" pode variar dependendo do contexto e da cultura. Se você for um vendedor negociando em um mercado no Oriente Médio, por exemplo, talvez consiga abrir a negociação com um preço várias vezes maior que o preço de reserva. Essa estratégia não funcionaria tão bem com sua casa, e você provavelmente se sairá melhor estabelecendo um preço inicial para a propriedade até 20% acima do preço de venda esperado, ou correrá o risco de perder seu sinal de credibilidade. Em determinadas indústrias com menos espaço para negociação, 1% já pode ser considerado exorbitante.

Neste capítulo, focamos a parte "ciência" de estipular o preço inicial. A parte "arte" da negociação consiste em calibrar a oferta de acordo com a situação específica. Isso requer preparação, coleta de dados, experiência e intuição. Mas aqui está uma boa regra prática: se a outra parte responder com uma contraproposta (e não um suspiro de recusa ou um "assino o contrato agora mesmo"), seu preço inicial não foi alto demais.

LIÇÃO: em qualquer negociação, considere o valor de sinalização de seu preço inicial. Ele pode ajudar a ancorar a negociação, criar um efeito contraste, aumentar o valor percebido e incentivar a reciprocidade.

Conclusão: de sinais trocados a sinais claros

Escrevi a maior parte deste livro durante a pandemia de covid-19, em meu escritório improvisado na garagem, refletindo sobre como ela havia transformado o mundo em um laboratório comportamental. Estávamos todos debatendo, em tempo real, questões centrais aos temas deste livro. Algumas perguntas eram práticas: será que incentivos podem ser usados para aumentar as taxas de vacinação? Como podemos controlar o sinal que esses incentivos transmitem? Outras perguntas eram mais éticas: mesmo que possamos usar incentivos e controlar seus sinais, deveríamos mesmo fazer isso?

Passemos à primavera de 2021: as vacinas estavam prontas para uso. Houve um breve período de desafogo. O mundo pôde soltar um suspiro coletivo de alívio, mas logo ficou claro que a celebração fora prematura – muitos não desejavam se vacinar. Diversas organizações começaram a desenvolver o interesse em incentivar as pessoas a se vacinarem.

O governo dos Estados Unidos esteve na vanguarda desse esforço. Em 25 de maio de 2021, o Departamento do Tesouro divulgou uma nota: os estados estavam autorizados a usar os bilhões de dólares do pacote de ajuda contra o coronavírus em incentivos, incluindo sorteios, pagamentos em dinheiro e benefícios não monetários, desde que fosse "razoavelmente previsto" que esses incentivos aumentariam a vacinação e os custos fossem "razoavelmente proporcionais" ao benefício esperado para a saúde pública. Com os governos estaduais e o federal distribuindo centenas de milhões de dólares em incentivos à vacinação, muitas empresas privadas seguiram o exemplo e aproveitaram a oportunidade para oferecer brindes a clientes vacinados, na tentativa de incentivar a vacinação e promover seus negócios. Independentemente da posição de cada um em relação à vacina contra a covid-19, foi um momento empolgante tanto para os indivíduos quanto para as organizações interessadas em incentivos.

A jornalista do *New York Times* Sarah Mervosh discutiu um dos primeiros incentivos lotéricos usados. Ela intitulou sua matéria de "Quem quer ser um milionário? Em Ohio, você só precisa de sorte e a vacina contra a covid". O artigo tratava do plano "Vax-Milhão" de Ohio, que oferecia um bilhete para um sorteio de 1 milhão de dólares aos residentes que recebessem pelo menos uma dose da vacina. Mervosh entrevistou Jack Pepper, um administrador de saúde em um condado de Ohio, que descreveu a cena em sua anteriormente tranquila clínica de vacinação rural: "Pela primeira vez em muito tempo, havia fila na porta. As autoridades, que estavam elaborando planos para doar as doses que sobrassem, de repente estão operando com capacidade total. [...] Em qualquer lugar que eu vá, as pessoas brincam comigo: 'Ei, quando vou faturar meu milhão de dólares?'".[1]

E, de fato, houve um sortudo: a primeira pessoa a ganhar 1 milhão de dólares foi Abbigail Bugenske, de Silverton, Ohio, perto de Cincinnati. Parabéns para ela!

O governador de Ohio, Mike DeWine, ficou entusiasmado com os resultados do programa e observou: "Não poderia estar mais feliz com isso. [...] Foi uma mudança marcante, perceptível". E, de fato, foi uma mudança que chegou aos ouvidos do governo federal também. Andy Slavitt, conselheiro da Casa Branca para assuntos da covid-19, elogiou o governador: "Mike DeWine descobriu um segredo. [...] As pessoas se importam com a covid, mas também se importam com outras coisas".[2] Outros estados, como Maryland, Nova York, Colorado e Oregon, adotaram programas semelhantes.

É sempre bom observar alguém "descobrir o segredo" dos incentivos. Adoro vê-los em ação e aprecio quando as pessoas aprendem que eles podem fazer parte de sua caixa de ferramentas. Obviamente – você já está sentindo o "mas" que vem a seguir –, embora a história do Milhão pela Vacinação seja divertida, a resposta real sobre se o incentivo da loteria funcionou é muito mais complicada. DeWine observou o salto de 15 mil vacinações por dia antes da loteria para 26 mil por dia durante o incentivo lotérico e concluiu, com base nessas informações, que a loteria havia sido um sucesso. O problema de chegar a tal conclusão é fácil de identificar: não houve um grupo de controle cujos participantes não receberam incentivos; portanto, não foi possível isolar o efeito do incentivo da loteria. O salto no número de vacinações poderia ter acontecido em virtude da implementação de uma infraestrutura melhor no momento em que o incentivo lotérico foi estabelecido, ou de a vacina ter sido aprovada para crianças de 12 anos durante o mesmo período, ou por uma infinidade de outros motivos. Sem um grupo de controle, não podemos separar o impacto da loteria de outros eventos que ocorreram simultaneamente. O mundo real é complexo.[3]

A conclusão de DeWine foi prematura por outro motivo importante: ele observou as consequências imediatas da loteria e não levou em consideração que os incentivos poderiam exercer um efeito negativo. Você já conhece bem esse efeito negativo potencial. Acompanhe-me no seguinte exemplo. Imagine um cenário em que uma escola de medicina está testando uma vacina nova e oferece a você 50 dólares para participar do ensaio clínico. O formulário de consentimento que você é solicitado a assinar diz que são conhecidos apenas efeitos colaterais leves e que a vacina deve ser muito segura. Muitas pessoas considerariam participar pelo bem maior – na verdade, é assim que a pesquisa médica vem sendo conduzida hoje em dia. Agora, imagine o mesmo cenário, mas, em vez de oferecer 50 dólares, a escola de medicina oferece 50 mil dólares pela participação. Qual seria a sua reação? A minha provavelmente seria algo como: "Espera aí, em que estou me metendo?". Um incentivo considerável em tal contexto sinaliza que os pesquisadores podem estar escondendo informações. Eu talvez optasse por fazê-lo pelo dinheiro, porém ficaria preocupado. O mesmo pode acontecer com os incentivos de loteria de 1 milhão de dólares. Um pagamento desse tipo inadvertidamente sinaliza para alguns, sobretudo para aqueles que já desconfiam do governo e das vacinas, que estas são problemáticas; caso contrário, por que diabos o Estado estaria pagando tanto para tomarmos?

Mesmo que todos apoiem o pagamento vultoso e o considerem razoável, tendo em vista a gravidade da pandemia, a preocupação persiste de que o incentivo lotérico traga um efeito negativo a longo prazo. Se a loteria aumentar as taxas de vacinação enquanto durar o programa, ótimo. No entanto, o que acontece com a disposição das pessoas em se vacinar após o término do incentivo da loteria? A adesão às doses de reforço, por exemplo, pode cair significativamente. Nesse caso, o Estado poderia ter se saído melhor se não tivesse oferecido o incentivo da loteria no início.

O caso do esforço de vacinação contra a covid-19 demonstra perfeitamente como os sinais incorporados em qualquer incentivo funcionarão de maneira diferente em pessoas diferentes. Podemos classificá-las em três categorias gerais com relação aos incentivos. Na primeira categoria, estão aquelas que não precisam de incentivos para realizar uma tarefa específica. No cenário da vacina, são as que seguem a ciência e acreditam que o risco de não se vacinar supera os riscos de fazê-lo. Na segunda categoria, estão as que não realizarão a tarefa, não importam quais sejam os incentivos. Repito, no cenário da vacina, essas pessoas são aquelas que não acreditam na ciência ou no governo e pensam que Bill Gates está usando a vacina para implantar microchips em inocentes desprevenidos. Nenhum incentivo faria com que esse grupo se vacinasse – nem mesmo 1 milhão de dólares. A terceira categoria inclui indivíduos que estão céticos ou confusos e podem ser influenciados para um lado ou para o outro. Essas pessoas são aquelas que você deseja segmentar com incentivos e também são as que procurarão qualquer sinal que ajude na decisão. Para elas, uma recompensa grande pode ser um mau sinal, pelos motivos mencionados anteriormente.

Para ser claro, o problema não é o uso de loterias como incentivos. Considere o exemplo de uma loteria que, na minha opinião, fez um trabalho muito melhor que a de 1 milhão de dólares. Em maio de 2021, Phil Murphy, governador de Nova Jersey, lançou a "Operação Verão de Jersey". Um dos prêmios? Jantar com o governador e a primeira-dama. Aqueles residentes que haviam tomado pelo menos uma dose da vacina contra a covid-19 tinham direito a participar da loteria. Mesmo que você seja fã incondicional de Phil Murphy, o valor monetário é claramente inferior a 1 milhão de dólares. Contudo, o incentivo era melhor e mais inteligente porque sinalizava que aqueles que se vacinam são importantes para o governador. Sinalizava que ele leva a vacinação a sério e está disposto a doar seu tempo para aumentar as taxas de vacinação. Sorteios bem-sucedidos também foram oferecidos por empresas. O condado de Los Angeles realizou um sorteio no qual o prêmio era dois ingressos para a temporada de basquete do Lakers, e os elegíveis seriam aqueles que tomassem uma dose da vacina no fim de semana seguinte ao anúncio do sorteio. Os ingressos foram doados pelo time, que recebeu boa publicidade. Mais importante ainda, os ingressos sinalizavam que o Lakers queria movimentar seus jogos novamente, com a presença do público. Para isso, era necessário que os torcedores se vacinassem.

Embora o incentivo da loteria de 1 milhão de dólares renda histórias ótimas e claramente chame a atenção do público e da mídia, prefiro os incentivos menos vistosos, como o de Murphy, que algumas organizações públicas e privadas ofereceram – aqueles com valor nominal menor. Nova Jersey, por exemplo, também ofereceu aos vacinados entrada gratuita nos parques estaduais. O que eu gosto nesse incentivo é que ele estava associado ao sinal correto. Assim como os ingressos do Lakers, esse incentivo dizia aos residentes que, para o estado reabrir, as pessoas precisavam se vacinar. O incentivo – entrada gratuita nos parques estaduais – estava diretamente associado a algo que só era possível fazer com segurança se os frequentadores estivessem vacinados. Para citar John Cecil, Diretor de Parques e Florestas de Nova Jersey: "Estamos ansiosos para receber todos neste verão e realmente esperamos que muitos aproveitem esta oportunidade de economizar dinheiro enquanto fazem a coisa certa para ajudar a acabar com a pandemia".[4] Incentivos semelhantes foram oferecidos em todo o país; Nova York, estado vizinho de Nova Jersey, ofereceu ingressos para o aquário, o jardim botânico, a balsa, entre outros.

Meus incentivos favoritos para a vacinação contra a covid-19 associam a vacina ao sucesso do comércio local. É provável que você tenha sentido os apelos do comércio local durante a quarentena. É por isso que gosto da mensagem "Pense em quanto seu café/restaurante/livraria local sofreu durante a pandemia. Para apoiá-los, você precisa se vacinar e visitá-los novamente". Nesse sentido, para incentivar a vacinação, organizações públicas e privadas vincularam os incentivos equivalentes a dinheiro ao apoio a empresas locais. No final de maio de 2020, o governador de Connecticut, Ned Lamont, anunciou que os residentes que estavam totalmente vacinados receberiam uma bebida gratuita em restaurantes locais participantes.[5] O governador disse: "Estamos fazendo de tudo para incentivar as pessoas que se vacinaram a vir". Scott Dolch, diretor executivo da Associação de Restaurantes de Connecticut, observou: "É uma forma de agradecimento. Não teríamos conseguido reabrir nessa data se não fosse pela colaboração e ajuda de todos à nossa indústria, mas também por terem se vacinado com a consciência de que isso vai ajudar a proteger os mais vulneráveis e a retomar um senso de normalidade neste verão".[6] É assim que os incentivos são usados para transmitir o sinal desejado. A cadeia de rosquinhas açucaradas Krispy Kreme implementou essa mensagem de forma eficaz oferecendo aos clientes uma rosquinha gratuita se apresentassem a carteira de vacinação, e o Shake Shack lançou a campanha "Vacine-se e ganhe um milk-shake".[7] É difícil pensar em uma razão que fizesse esses tipos de incentivo darem errado – eles são inteligentes e transmitem o sinal certo.

Os incentivos para vacinação discutidos até agora foram relativamente fáceis para o público aceitar, já que o objetivo era incentivar as pessoas a se vacinarem e, na maioria das vezes, eles alcançavam esse objetivo sem prejudicar quem optava por não se vacinar. Digo "na maioria das vezes" porque enquadrar os incentivos em termos de "vacinar-se protege você *e* os outros", como fizeram as empresas que incentivaram a vacinação, tem um custo. O lado negativo dessa mensagem é a implicação de que aqueles que optam por não se vacinar não se importam com os outros. Pessoalmente, confio na ciência e acredito que devemos nos vacinar. No entanto, usar incentivos para impor crenças pode ser um terreno pantanoso.

A decisão sobre se tal constrangimento é aceitável não é trivial. A vacinação era e continua sendo tão importante para muitas organizações públicas e privadas que elas se mostraram dispostas a assumir uma posição. No entanto, outras resistiram. Algumas organizações introduziram regulamentações que são incentivos disfarçados. O mais notável desses incentivos é o "passaporte de saúde", exigido em muitos países para entrar em restaurantes, espetáculos, academias de ginástica etc. Esses passes de saúde, por tornarem cada vez mais difícil a vida de indivíduos relutantes, serviam como uma maneira de pressioná-los. Quem não se vacinasse era obrigado a fazer testes em intervalos de poucos dias ou ficava de fora. Embora essas regulamentações sejam motivadas por preocupações de saúde, também foram planejadas como um incentivo negativo para motivar indivíduos relutantes a se vacinarem.

Em algum momento, é claro, os incentivos podem se transformar em política pública – neste caso, obrigatoriedade de vacinação. O argumento a favor dessa obrigatoriedade é evidente: quando alguém vai a um hospital, não quer ser tratado por um profissional de saúde não vacinado; quando estamos voando em uma companhia aérea, não queremos receber lanches de um comissário de bordo não vacinado; ao entrar na minha sala de aula, meus alunos não querem se preocupar com a possibilidade de o professor ou os colegas não estarem vacinados. Contudo, tão claros quanto os argumentos a favor dessas ordens, são as objeções legais e morais.[8]

Essas objeções não são novas; algo semelhante ocorreu quando os cintos de segurança se tornaram obrigatórios. Daniel Ackerman fez uma comparação interessante na *Business Insider* entre as objeções à obrigatoriedade dos cintos de segurança nos anos 1980 e as mais recentes à exigência de vacinação contra a covid-19. O uso do cinto de segurança foi estritamente voluntário nos Estados Unidos até os anos 1980. Em 1956, apenas 2% dos clientes da Ford optaram pela opção de pagamento de 27 dólares que incluía os cintos de segurança, e o número de mortes vinha aumentando. A evidência da eficácia dos cintos em salvar vidas tornou-se mais clara ao longo das décadas seguintes; no entanto, em 1983, menos de 15% dos estadunidenses relatavam usar cintos de segurança de forma consistente. Em 1984, Nova York se tornou o primeiro estado a aprovar uma lei que obrigava a seu uso, e outros estados logo seguiram o mesmo caminho. Mas, como Ackerman descreve, o público não gostou. De acordo com uma pesquisa Gallup realizada em julho de 1984, 65% dos estadunidenses se opuseram a essas leis obrigatórias do uso de cinto de segurança. Assim como no caso da vacina, havia objeções, como a alegação de que era mais seguro ser atirado para fora do carro do que ficar preso dentro dele, que estavam simplesmente erradas do ponto de vista estatístico. Outras objeções citadas por Ackerman eram morais: "Neste país, salvar a liberdade é mais importante que tentar controlar vidas por meio de legislação", escreveu um opositor em um editorial de 1987 no *Chicago Tribune*. Alguns protestaram cortando os cintos de seus carros; outros desafiaram as leis de uso do cinto de segurança nos tribunais. Numa postura rígida em relação à liberdade individual, eles declaravam: "Você não vai prender o povo estadunidense com cintos de segurança".[9]

Da mesma forma, a obrigatoriedade da vacinação transmite um sinal forte precisamente por causa do tamanho da oposição a ela. Quando relembro a minha infância, lembro que não havia cintos de segurança no banco de trás dos automóveis. Você consegue imaginar carros assim hoje? O esforço para tornar os cintos parte de nossa rotina foi bem-sucedido. Os dados mostram que, hoje, mais de 90% dos estadunidenses usam cinto de segurança com regularidade. Conforme observado por Ackerman, essa mudança levou tempo, campanhas públicas, fiscalização e até mesmo lembretes emitidos por nossos próprios carros. Todos esses esforços servem como sinais da importância do comportamento no salvamento de vidas. Os legisladores relutam em impor leis desse tipo. Da mesma forma, os fabricantes de automóveis não adicionam apitos irritantes aos carros porque acham que vamos gostar. O fato de eles terem feito tal escolha envia um sinal claro e forte sobre a importância que atribuem ao comportamento. Enquanto a mudança de comportamento com os cintos de segurança exigiu décadas (demorou um século inteiro após sua invenção para que a obrigatoriedade fosse aprovada), a mudança de comportamento em relação às vacinas provavelmente será mais rápida.

É nesse espírito que devemos ler o chamado feito pelo presidente Biden em julho de 2021, em que instou os estados a oferecer 100 dólares aos recém-vacinados, porque "pessoas estão morrendo e morrerão de maneira injustificada". O presidente Biden observou: "Todos nós nos beneficiamos de vacinar mais pessoas". Ele não parou por aí – ao mesmo tempo, implementou políticas de segurança mais rigorosas para os trabalhadores federais, exigindo que apresentassem prova de vacinação ou fossem submetidos a testes e ao uso obrigatório de máscara. Reconheceu as deficiências de usar apenas incentivos monetários e os combinou com medidas mais rigorosas para enviar uma mensagem mais ampla sobre a importância da vacinação. Da mesma forma que, no caso dos cintos de segurança, quando os incentivos e as mensagens extremas estão alinhados, o impacto geral das ordens obrigatórias é mais forte.[10]

O fato de essas ordens serem medidas tão extremas sinaliza o quão fortemente essa presidência acredita na importância das vacinas. Temos outros exemplos de que esses sinais fortes funcionam. Considere o seguinte caso de sinais fortes impostos, adaptado de *Nudge: Como tomar melhores decisões sobre saúde, dinheiro e felicidade*, de Richard Thaler e Cass Sunstein:

> A Suécia, atualmente, tem o preço do carbono mais alto do mundo, cerca de 130 dólares por tonelada métrica. Desde a introdução do imposto em 1991 no valor de cerca de 28 dólares, até gradualmente aumentar para o nível atual, o PIB real do país cresceu 83% – comparável ao de outros países membros da OCDE –, e as emissões foram reduzidas em 27%. Embora o imposto tenha aumentado o preço da gasolina, a resposta a ele promoveu mudanças comportamentais significativamente mais amplas que o esperado com base apenas no aumento do preço da gasolina. Existe uma lição geral a ser aprendida com esse caso. Se um imposto for entendido como uma resposta a um problema sério, as pessoas podem responder de uma maneira mais intensa do que responderiam a um incentivo puramente econômico. Nesse contexto, elas podem ouvir um sinal de que é bom reduzir as emissões de gases de efeito estufa – e podem estar dispostas a fazê-lo mesmo que não seja do seu interesse econômico. Seres humanos são assim.[11]

O imposto sobre o carbono deixou claro o objetivo final. Ele sinalizou as prioridades do governo.

Outro exemplo de um sinal forte são as taxas para sacolas plásticas descartáveis. A versão israelense dessa lei, introduzida em 2017, estipula que os varejistas grandes devem cobrar dos clientes pelo uso de uma sacola plástica descartável e que esse valor será transferido para um fundo dedicado à proteção ambiental. A motivação foi expressa da seguinte forma: "O objetivo desta lei é reduzir o uso de sacolas, a quantidade de resíduos gerados como resultado de seu uso e os efeitos ambientais negativos desses resíduos, [...] incluindo a imposição de uma sobretaxa sobre sua venda, [...] para assegurar um ambiente saudável; a proteção da biodiversidade; a prevenção e a redução de riscos ambientais e de saúde; a melhoria da qualidade de vida e do ambiente; para o público e as gerações futuras".[12]

O custo de 3 centavos é muito baixo, mas o sinal que essa sobretaxa transmite é muito forte: a mensagem de que o meio ambiente é uma prioridade elevada. Assim como no exemplo sueco, o efeito foi muito maior que o esperado se considerássemos apenas o valor monetário do incentivo. No ano em que a lei foi implementada, os clientes das cadeias de alimentos reduziram o uso de sacolas plásticas em 80%. Os dados revelam que foram vendidos 378 milhões de sacolas em 2017, em comparação com 1,753 bilhão em 2016, antes de a lei ser aprovada. O peso total das sacolas economizadas foi de 7.091 toneladas. Dados de outros países mostram uma mudança parecida após a aprovação de leis semelhantes.

Por que a nova lei israelense foi tão bem-sucedida? Porque a mensagem associada era clara, tornando o valor da sinalização ainda mais forte. A lei teve êxito em dizer às pessoas que o uso de sacolas plásticas descartáveis é ruim e que elas deveriam evitá-lo. Existe até um pequeno preço associado a isso, mas "veja, não queremos o seu dinheiro; queremos proteger o meio ambiente".

Quando você tem um problema de mecânica quântica, consulta um físico. Quando precisa de um tratamento de canal, procura um dentista. Quando o motor do seu carro apresenta problemas, procura um mecânico. Em todos esses casos, você sabe que deve consultar um especialista. Alguns problemas exigem menos conhecimento técnico e menos habilidades, e são problemas que você pode tentar resolver por conta própria.

Minha família pode contar sobre a vez que decidi construir um deque em casa. Depois de ler uns artigos e assistir a uns vídeos no YouTube, saí martelando. Levei muito mais tempo e custou muito mais do que se eu tivesse contratado um profissional, e, para piorar, resultou em um deque que não era totalmente estável. Entretanto, aprendi com a experiência. Alguns anos depois, com uma pequena consulta a um homem cujo ofício é construir deques, construí outro com uma estrutura muito mais sólida, e estou bastante orgulhoso desse feito.

O ponto é que, muitas vezes, algum grau de experiência é necessário para resolver um problema. Isso vale para o delineamento de incentivos: quando você enfrenta um problema que demanda fazer com que seres humanos mudem de comportamento, não deve se restringir a consultar a si mesmo. Pesquisar e aprender com pessoas experientes pode ajudar. Planejar incentivos requer conhecimento, e conhecimento precisa ser adquirido. Não é tão difícil quanto, digamos, entender a teoria das cordas*, mas algum conhecimento e experiência pode ser útil. Um dos meus objetivos ao escrever este livro foi fornecer essa ajuda.

Obrigado por ler *O incentivo certo*. Espero que você tenha gostado tanto quanto eu gostei de escrevê-lo. Tenho a sorte e a imensa satisfação de que pensar sobre incentivos e como eles moldam o mundo é tanto meu passatempo quanto meu trabalho. Foi assim que aprendi muito sobre os outros e sobre mim mesmo. Espero ter inspirado você a pensar sobre o significado dos incentivos e em maneiras de usá-los em sua vida, seja motivando seus funcionários ou ensinando um de seus filhos a usar o penico. Se for para você aproveitar apenas uma ideia deste livro, que seja esta: os incentivos transmitem um sinal, e a sua meta é garantir que esse sinal esteja alinhado com os seus objetivos.

---

* Nota da Tradutora: Trata-se de um modelo físico matemático em que os componentes são semelhantes a uma corda, ou seja, unidimensionais.

Agradecimentos

Escrever este livro foi uma jornada divertida e gratificante. Ele se baseia em muitos anos de pesquisas realizadas com meus coautores e alunos – tive a sorte de contar com a amizade e o apoio de muitas pessoas ao longo do caminho.

As primeiras discussões com Katie Baca-Motes ajudaram a moldar o livro. Sandy Campbell é a leitora mais crítica que já tive. Começamos a trabalhar juntos logo depois que se ela formou na faculdade, mas Sandy nunca se intimidou em dar seus pitacos. William Wang e Noam Gneezy leram o livro de cabo a rabo e fizeram contribuições importantes. Katie, Sandy, Will e Noam, muito obrigado!

Meu editor, Seth Ditchik, foi fundamental para moldar a mensagem do livro e me manter focado nela. Um agradecimento muito especial a ele e a todas as pessoas da Yale University Press que confiaram em mim. James Levine, da Levine Greenberg Rostan Literary Agency, forneceu suporte profissional e excelentes orientações ao longo do processo. Foi um prazer trabalhar com Luigi Segre, que criou as imagens no livro.

Meus amigos dizem que Ayelet, minha esposa e coautora, merece uma medalha por ter ficado comigo por tanto tempo; eu concordo. A ela e a nossos filhos, Noam, Netta e Ron, obrigado por me ensinarem os limites dos incentivos – vocês são a melhor coisa que já me aconteceu.

Referências

Introdução

1. BLACK, Sally. "Do You Lie about Your Kids to Get Family Vacation Deals?", **Vacation- Kids**, 16 set. 2013, https://www.vacationkids.com/Vacations-with-kids/bid/313333/Do-You-Lie-About-Your-Kids-To-Get-Family-Vacation-Deals.

2. Ver SOYER, Emre, e HOGARTH, Robin. **The Myth of Experience** (Nova York: Public Affairs, 2020), para ler mais exemplos e uma discussão sobre a literatura em psicologia.

3. ALATZAS, Trif. "Coke's Price Gouging", **Baltimore Sun**, 12 out. 2018.

4. SEABRIGHT, Paul. **The Company of Strangers: A Natural History of Economic Life** (Princeton, NJ: Princeton University Press, 2010), cap. 1.

5. Ver, por exemplo, AKERLOF, George A., e KRANTON, Rachel E. "Economics and Identity", **Quarterly Journal of Economics**, v. 115, n. 3 (2000), p. 715-53; BÉNABOU, Roland, e TIROLE, Jean. "Incentives and Prosocial Behavior", **American Economic Review**, v. 96, n. 5 (2006), p. 1652-78.

6. PINK, Daniel. **Drive: The Surprising Truth about What Motivates Us** (Nova York: Riverhead, 2009), contra-capa.

PARTE UM. Como os sinais conquistam os mercados

1. GHENT, Linda, GRANT, Alan, e LESICA, George. "The Deal", **The Economics of Seinfeld**, 2010, http://yadayadayadaecon.com/.

1. Sinais convincentes

1. FARRELL, Henry. "With Your Tattoos and Topknots, Who Do You Think You Are?", **Washington Post**, 28 jul. 2015, https://www.washingtonpost.com/news/monkey-cage/wp/2015/07/28/with-your-tattoos-and-topknots-who-do-you-think-you-are/.

2. SPENCE, Michael. "Job Market Signaling", **Quarterly Journal of Economics**, v. 87 (1973), p. 355-74.

2. Como a Toyota conquistou o mercado dos carros híbridos

1. ALTERNATIVE FUELS DATA CENTER. "U.S. HEV Sales by Model", acesso em 2 dez. 2020, https://www.afdc.energy.gov/data/10301.

2. MAYNARD, Micheline. "Say 'Hybrid' and Many People Will Hear 'Prius'", **New York Times**, 4 jul. 2007, https://www.nytimes.com/2007/07/04/business/04hybrid.html.

3. SAMUELSON Robert J. "Prius Politics", **Washington Post**, 25 jul. 2007, https://www.washingtonpost.com/wp-dyn/content/article/2007/07/24/AR2007072401855.html.

3. Esse é apenas o meu jeito de ser: o valor da autossinalização

1. GNEEZY, Ayelet, GNEEZY, Uri, RIENER, Gerhard, e NELSON, Leif D. "Pay-What-You-Want, Identity, and Self-Signaling in Markets", **Proceedings of the National Academy of Sciences**, v. 109, n. 19 (2012), p. 7236-40.

2. GARLAND, Eric. "The 'In Rainbows' Experiment: Did It Work?", **NPR**, 17 nov. 2009, https://www.npr.org/sections/monitormix/2009/11/the_in_rainbows_experiment_did.html.

3. VANAUKEN, Brad. "Toyota Prius—Vehicular Self-Expression", **Branding Strategy Insider**, 10 jul. 2007, https://www.brandingstrategyinsider.com/toyota-prius-ve/.

4. SLONIM, Robert, WANG, Carmen, e GARBARINO, Ellen, "The Market for Blood", **Journal of Economic Perspectives**, v. 28, n. 2 (2014), p. 177-96.

5. TRACY, Dan. "Blood Is Big Business: Why Does It Cost So Much?", **Orlando Sentinel**, 5 abr. 2010.

6. TITMUSS, Richard. **The Gift Relationship: From Human Blood to Social Policy** (Londres: Allen and Unwin, 1970).

7. BEDNALL, Timothy C. e BOVE, Liliana L. "Donating Blood: A Meta-Analytic Review of Self-Reported Motivators and Deterrents", **Transfusion Medicine Reviews**, v. 25, n. 4 (2011), p. 317-34.

8. SLONIM, Robert, WANG, Carmen, e GARBARINO, Ellen. "The Market for Blood", **Journal of Economic Perspectives**, v. 28, n. 2 (2014), p. 177-96.

9. LACETERA, Nicola e MACIS. Mario, "Social Image Concerns and Prosocial Behavior: Field Evidence from a Nonlinear Incentive Scheme", **Journal of Economic Behavior and Organization**, v. 76, n. 2 (2010), p. 225-37.

10. SLONIM, Robert, WANG, Carmen, GARBARINO, Ellen, e MERRETT, Danielle. "Opting-In: Participation Bias in Economic Experiments", **Journal of Economic Behavior & Organization**, v. 90 (2013), p. 43-70.

11. STUTZER, Alois, GOETTE, Lorenz, e ZEHNDER, Michael. "Active Decisions and Prosocial Behaviour: A Field Experiment on Blood Donation", **Economic Journal**, v. 121 (2011), p. F476-F493.

PARTE DOIS. Evite sinais trocados

1. HOLMSTROM, Bengt, e MILGROM, Paul. "Multitask Principal-Agent Analyses: Incentive Contracts, Asset Ownership, and Job Design", **Journal of Law, Economics, & Organization**, v. 7 (1991), p. 24-52.

4. Quando mais é menos: como incentivar a quantidade em detrimento da qualidade

1. LINDA HALL LIBRARY, "The Pacific Railway, A Brief History of the Pacific Railway", **The Transcontinental Railroad**, 2012, https://railroad.lindahall.org/essays/brief-history.html. Se você quiser aprender mais sobre Durant e seus métodos magistrais de burlar incentivos, recomendo fortemente a série de TV *Inferno sobre rodas*.

2. GWARTNEY, James D. **Common Sense Economics: What Everyone Should Know about Wealth and Prosperity** (Nova York: St. Martin's, 2016).

3. GOOLSBEE, Austan. "Buses That Run on Time", **Slate**, 16 mar. 2006, https://slate.com/business/2006/03/buses-that-run-on-time.html.

4. JOHNSON, Ryan M., REILEY, David H. e MUÑOZ, Juan Carlos, "'The War for the Fare': How Driver Compensation Affects Bus System Performance", **Economic Inquiry**, v. 53, n. 3 (2015), p. 1401-19.

5. TAM, Nicole. "A Millennial Investigates: Why Would Anyone Take a Taxi Instead of Uber or Lyft?", **Hawaii Business Magazine**, 8 mar. 2019, https://www.hawaiibusiness.com/a-millennial-investigates-why-would-anyone-take-a-taxi-instead-of-uber-or-lyft/.

6. WALLSTEN, Scott. "Has Uber Forced Taxi Drivers to Step Up Their Game?", **Atlantic**, 24 jul. 2015, https://www.theatlantic.com/business/archive/2015/07/uber-taxi-drivers-complaints-chicago-newyork/397931/.

7. PARK, Alice. "Your Doctor Likely Orders More Tests than You Actually Need", **Time**, 24 mar. 2015, https://time.com/3754900/doctors-unnecessary-tests/.

8. BERENSON, Robert A. e RICH, Eugene C. "US Approaches to Physician Payment: The Deconstruction of Primary Care", **Journal of General Internal Medicine**, v. 25, n. 6 (2010), p. 613-18.

9. ALLEN, Marshall. "Unnecessary Medical Care: More Common than You Might Imagine", NPR, 1 feb. 2018, https://www.npr.org/sections/health shots/2018/02/01/582216198/unnecessary-medical-care-more-common-than-you-might-imagine.

10. PETER G. PETERSON FOUNDATION. "How Does the U.S. Healthcare System Compare to Other Countries?", 14 jul. 2020, https://www.pgpf.org/blog/2020/07/how-does-the-us-healthcare-system-compare-to-other-countries.

11. KONISH, Lorie. "This Is the Real Reason Most Americans File for Bankruptcy", CNBC, 11 feb. 2019, https://www.cnbc.com/2019/02/11/this-is-the-real-reason-most-americans-file-for-bankruptcy.html.

12. FISCHER, Kristen. "There Are Some Benefits to C-Sections, Researchers Say", **Healthline**, 5 abr. 2019, https://www.healthline.com/health-news/some-benefits-to-c-sections-researchers-say.

13. OSTER, Emily e McCLELLAND, W. Spencer. "Why the C-Section Rate Is So High", **Atlantic**, 17 out. 2019, https://www.theatlantic.com/ideas/archive/2019/10/c-section-rate-high/600172/.

14. VEDANTAM, Shankar. "Money May Be Motivating Doctors to Do More C-Sections", **NPR**, 30 ago. 2013, https://www.npr.org/sections/health-shots/2013/08/30/216479305/money-may-be-motivating-doctors-to-do-more-c-sections.

15. GRUBER, Jonathan e OWINGS, Maria. "Physician Financial Incentives and Cesarean Section Delivery", **RAND Journal of Economics**, v. 27, n. 1 (1996), p. 99-123.

16. HENSLEY, Scott. "About a Third of Births, Even for First-Time Moms, Are Now by Cesarean", NPR, 31 ago. 2010, https://www.npr.org/sections/health-shots/2010/08/31/ 129552505/cesarean-sections-stay-popular/.

17. JOHNSON, Erin M. e REHAVI, M. Marit. "Physicians Treating Physicians: Information and Incentives in Childbirth", **American Economic Journal: Economic Policy**, v. 8, n. 1 (2016), p. 115-41.

18. COHEN, Joshua T., NEUMANN, Peter J., e WEINSTEIN, Milton C. "Does Preventive Care Save Money? Health Economics and the Presidential Candidates", **New England Journal of Medicine**, v. 358, n. 7 (2008), p. 661-63.

19. CENTERS FOR DISEASE CONTROL AND PREVENTION. "Up to 40 Percent of Annual Deaths from Each of Five Leading US Causes Are Preventable", 9 dez. 2020, https://www.cdc.gov/media/releases/2014/p0501-preventable-deaths.html.

20. VEDANTAM, Shankar, "Host, Hidden Brain", **NPR**, 3 dez. 2020, https://www.npr.org/people/137765146/shankar-vedantam. O livro é LEE, Vivian. **The Long Fix: Solving America's Health Care Crisis with Strategies That Work for Everyone** (Nova York: Norton, 2020).

21. HEWAK, Michael e KOVACS-LITMAN, Adam, "Physician Compensation Structures and How They Incentivize Specific Patient Care Behaviour", **University of Western Ontario Medical Journal**, v. 84, n. 1 (2015), p. 15-17.

22. NEJM CATALYST. "What Is Pay for Performance in Healthcare?", 1 mar. 2018, https://catalyst.nejm.org/doi/full/10.1056/CAT.18.0245.

23. GANS, Joshua. "Episode 205: Allowance, Taxes and Potty Training", **Planet Money**, NPR, 6 jul. 2012, https://www.npr.org/sections/money/2012/07/06/156391538/episode-205-allowance-taxes-and-potty-training.

5. Incentivando a inovação, mas penalizando o fracasso

1. MORAL STORIES. "Learning from Mistakes", 8 out. 2019, https://www.moralstories.org/learning-from-mistakes/.

2. FRANKLIN INSTITUTE. "Edison's Lightbulb", 19 maio 2017, https://www.fi.edu/historyresources/edisons-lightbulb.

3. SIMONTON, Dean Keith. **Origins of Genius** (Oxford: Oxford University Press, 1999).

4. SUTTON, Bob. "Why Rewarding People for Failure Makes Sense: Paying 'Kill Fees' for Bad Projects", **Bob Sutton Work Matters** (blog), 4 out. 2007, https://bobsutton.typepad.com/my_weblog/2007/10/why-rewarding-p.html.

5. WEINTRAUB, Arlene. "Is Merck's Medicine Working?", **Bloomberg**, 30 jul. 2007, https://www.bloomberg.com/news/articles/2007-07-29/is-mercks-medicine-working.

6. TELLER, Astro. "The Unexpected Benefit of Celebrating Failure", **TED**, 2016, https://www.ted.com/talks/astro_teller_the_unexpected_benefit_of_celebrating_failure?language=en.

7. McGRATH, Rita Gunther. "Failure Is a Gold Mine for India's Tata", **Harvard Business Review**, 11 abr. 2011, https://hbr.org/2011/04/failure-is-a-gold-mine-for-ind.

8. UNGLESBEE, Ben. "A Timeline of Blockbuster's Ride from Megahit to Flop", **Retail Dive**, 7 out. 2019, https://www.retaildive.com/news/a-timeline-of-blockbusters-ride-from-megahit-to-flop/564305/.

9. ASH, Andy. "The Rise and Fall of Blockbuster and How It's Surviving with Just One Store Left", **Business Insider**, 12 ago. 2020, https://www.businessinsider.com/the-rise-and-fall-of-blockbuster-video-streaming-2020-1.

10. SATELL, Greg. "A Look Back at Why Blockbuster Really Failed and Why It Didn't Have To", **Forbes**, 21 set. 2014, https://www.forbes.com/sites/gregsatell/2014/09/05/a-look-back-at-why-blockbuster-really-failed-and-why-it-didnt-have-to/.

11. "Timeline of Netflix", **Wikipedia**, acesso em 23 abr. 2022, https://en.wikipedia.org/wiki/Timeline_of_Netflix.

12. "Richard Branson", **Wikipedia**, acesso em 30 nov. 2020, https://en.wikipedia.org/wiki/Richard_Branson.

13. CLIFFffORD,Catherine. "What Richard Branson Learned When Coke Put Virgin Cola out of Business", **CNBC**, 7 fev. 2017, https://www.cnbc.com/2017/02/07/what-richard-branson-learned-when-coke-put-virgin-cola-out-of-business.html.

14. "14 Virgin Companies That Even Richard Branson Could Not Stop Going Bust", **Business Insider**, 31 maio 2016, https://www.businessinsider.com/richard-branson-fails-virgin-companies-that-went-bust-2016-5.

6. Incentivando metas de longo prazo, mas recompensando resultados de curto prazo

1. NEWMAN FERRARA LLP, "Corporate Governance Expert Tackles Acquisition Violation", 22 dez. 2014, https://www.nyrealestatelawblog.com/manhattan-litigation-blog/2014/december/professor-kicks-bazaarvoices-butt/.

2. OFFICE OF PUBLIC AFFAIRS, US DEPARTMENT OF JUSTICE, "Justice Department Files Antitrust Lawsuit against Bazaarvoice Inc. Regarding the Company's Acquisition of PowerReviews Inc.", 10 jan. 2013, https://www.justice.gov/opa/pr/justice-department-files-antitrust-lawsuit-against-bazaarvoice-inc-regarding-company-s.

3. LADIKA, Tomislav, e SAUTNER, Zacharias. "Managerial Short-Termism and Investment: Evidence from Accelerated Option Vesting", Harvard Law School Forum on Corporate Governance, 17 jul. 2019, https://corpgov.law.harvard.edu/2019/07/17/managerial-short-termism-and-investment-evidence-from-accelerated-option-vesting/.

4. EDMANS, Alex, FANG, Vivian W., e LEWELLEN, Katharina A. "Equity Vesting and Investment", **Review of Financial Studies**, v. 30, n. 7 (2017), p. 2229-71.

5. BEBCHUK, Lucian, e FRIED, Jesse. **Pay without Performance: The Unfulfilled Promise of Executive Compensation** (Cambridge, MA: Harvard University Press, 2004); BEBCHUK, Lucian A., e FRIED, Jesse, M. "Paying for Long-Term Performance", **University of Pennsylvania Law Review**, v. 158 (2010), p. 1915-59.

6. BANTON, Caroline. "Escrow", **Investopedia**, 9 mar. 2021, https://www.investopedia.com/terms/e/escrow.asp.

7. DAVIS, Glenn e BERTSCH, Ken. "Policy Overhaul—Executive Compensation", **Harvard Law School Forum on Corporate Governance**, 30 nov. 2019, https://corpgov.law.harvard.edu/2019/11/30/policy-overhaul-executive-compensation/.

8. DELISIO, Ellen R. "Pay for Performance: What Are the Issues?", **Education World**, acesso em 23 abr. 2022, https://www.educationworld.com/a_issues/issues/issues374a.shtml.

9. McARDLE, Elaine. "Right on the Money", **Harvard Graduate School of Education**, 2010, https://www.gse.harvard.edu/news/ed/10/01/right-money.

10. CHAIT, Robin e MILLER, Raegen. "Getting the Facts Straight on the Teacher Incentive Fund", **Center for American Progress**, 13 jun. 2009, https://www.americanprogress.org/issues/education-k-12/reports/2009/07/13/6390/getting-the-facts-straight-on-the-teacher-incentive-fund/.

11. US DEPARTMENT OF EDUCATION. "Teacher Incentive Fund", 27 set. 2016, https://www2.ed.gov/programs/teacherincentive/funding.html.

12. "No Child Left Behind Act", **Wikipedia**, acesso em 4 dez. 2020, https://en.wikipedia.org/wiki/No_Child_Left_Behind_Act.

13. TUSTIN, Rachel. "I'm a Teacher and Here's My Honest Opinion on Standardized Tests", **Study.com**, nov. 2017, https://study.com/blog/i-m-a-teacher-and-here-s-my-honest-opinion-on-standardized-tests.html.

14. RENTNER, Diane Stark, KOBER, Nancy, e FRIZZELL, Matthew "Listen to Us: Teacher Views and Voices", **Center on Education Policy**, 5 maio 2016, https://www.cep-dc.org/displayDocument.cfm?DocumentID=1456.

15. PBS. "Finland: What's the Secret to Its Success?", **Where We Stand** (blog), 5 set. 2008, https://www.pbs.org/wnet/wherewestand/blog/globalization-finland-whats-the-secret-to-its-success/206/.

16. GNEEZY, Uri e LIST, John. **The Why Axis: Hidden Motives and the Undiscovered Economics of Everyday Life** (Nova York: Public ffAffairs, 2013).

7. Incentivando o trabalho em equipe, mas motivando o sucesso individual

1. TAYLOR, Bill. "Great People Are Overrated", **Harvard Business Review**, 20 jun. 2011, https://hbr.org/2011/06/great-people-are-overrated.

2. "Tom Brady", **Wikipedia**, acesso em 23 abr. 2022, https://en.wikipedia.org/wiki/Tom_Brady.

3. FINLAY, Greig. "Why Did Tom Brady Leave New England Patriots? Move to Tampa Bay Buccaneers Explained after Super Bowl 2021 Victory", **Scotsman**, 8 feb. 2021, https://www.scotsman.com/sport/other-sport/why-did-tom-brady-leave-new-england-patriots-move-tampa-bay-buccaneers-explained-after-super-bowl-2021-victory-3127497.

4. FC BARCELONA. "Lionel Messi", acesso em 4 dez. 2020, https://www.fcbarcelona.com/en/players/4974.

5. DESAILLY, Marcel. "Messi's in a Mess and Doesn't Seem to Fit into the Argentina Collective", **Guardian**, 28 jun. 2018, https://www.theguardian.com/football/blog/2018/jun/28/lionel-messi-argentina-france-world-cup.

6. MARSDEN, Rory. "Lionel Messi Has 'Different Attitude' with Argentina, Says Daniel Passarella", **Bleacher Report**, 25 mar. 2019, https://bleacherreport.com/articles/2827673?fb_comment_id=2244994605562520_2246297898765524.

7. PETERSON, Hayley. "A War Is Breaking Out between McDonald's, Burger King, and Wendy's—and That's Great News for Consumers", **Business Insider**, 15 out. 2015, https:// www.businessinsider.in/A-war-is-breaking-out-between-McDonalds-Burger-King-and-Wendys-and-thats-great-news-for-consumers/articleshow/49387367.cms.

8. BORNSTEIN, Gary, e GNEEZY, Uri. "Price Competition between Teams", **Experimental Economics**, v. 5 (2002), p. 29-38.

9. PINDER, Reuben. "Paul Pogba and Alexis Sánchez's Goal Bonuses Have Caused Dressing Room Row at Manchester United", **JOE**, 12 maio 2019, https://www.joe.co.uk/sport/paul-pogba-alexis-sanchez-goal-bonus-row-231299.

10. MORPHET, Joe. "Premier League Players' Jaw-Dropping Bonuses Revealed", **BeSoccer**, 12 maio 2018, https://www.besoccer.com/new/premier-league-players-jaw-dropping-bonuses-revealed-426953.

11. LAWRENCE, Ken. "Sanchez and Pogba at Heart of Man Utd Rift over Lucrative Goal Bonuses", **Sun**, 11 maio 2019, https://www.thesun.co.uk/sport/football/9054278/sanchez-pogba-man-utd-goal-bonus-rift/.

12. MORPHET, "Premier League Players' Jaw-Dropping Bonuses Revealed".

13. PRINCE-WRIGHT, Joe. "How Much? Zlatan's Goal Bonus Reportedly Leaked", **NBC Sports**, 10 maio 2017, https://soccer.nbcsports.com/2017/05/10/how-much-zlatans-goal-bonus-reportedly-leaked/.

14. REIS, Michael. "Next Time Firmino Scores He Receives £45000. From 11th Goal on £65000, from 16th £85000", Twitter, 10 dez. 2016, https://twitter.com/donreisino/ status/807590847680233474?s=20.

15. LAWLESS, Josh. "Roberto Firmino's Incredible Bonuses Have Been Revealed", **Sport Bible**, 6 jun. 2017, https://www.sportbible.com/football/news-roberto-firminos-incredible-bonuses-have-been-revealed-20170511.

16. WAHL, Grant. "How Do MLS Financial Bonuses Work? A Look at One Player's Contract", **Sports Illustrated**, 23 nov. 2015, https://www.si.com/soccer/2015/11/23/mls-player-contract-bonuses.

17. LINKS, Zach. "PFR Glossary: Contract Incentives", **Pro Football Rumors**, 19 jun. 2018, https://www.profootballrumors.com/2018/06/nfl-contract-incentives-football.

18. GRABAN, Mark. "Individual NFL Player Incentives—Why Are They Necessary? Do They Distort the Game?", **Lean Blog**, 2 jan. 2011, https://www.leanblog.org/2011/01/ individual-nfl-player-incentives-why-are-they-necessary-do-they-distort-the-game/.

19. "Terrell Suggs", **Wikipedia**, acesso em 4 dez. 2020, https;//en.wikipedia.org/wiki/Terrell_Suggs.

20. NFL, "2019 Performance-Based Pay Distributions Announced", 2019, https://nfl communications.com/Pages/2019-PERFORMANCE-BASED-PAY-DISTRIBUTIONS-ANNOUNCED--.aspx.

8. Apostas e erros

1. McLEAN, Bethany. "How Wells Fargo's Cutthroat Corporate Culture Allegedly Drove Bankers to Fraud", **Vanity Fair**, 31 maio 2017, https://www.vanityfair.com/news/2017/05/wells-fargo-corporate-culture-fraud.

2. WATTLES, Jackie, GEIER, Ben, EGAN, Matt e WIENER-BRONNER, Danielle. "Wells Fargo's 20-Month Nightmare", **CNN Money**, 24 abr. 2018, https://money.cnn.com/2018/04/24/news/companies/wells-fargo-timeline-shareholders/index.html.

3. EGAN, Matt. "Wells Fargo Admits to Signs of Worker Retaliation", **CNN Money**, 23 jan. 2017, https://money.cnn.com/2017/01/23/investing/wells-fargo-retaliation-ethics-line/index.html?iid=EL.

4. GNEEZY, Uri, e RUSTICHINI, Aldo. "A Fine Is a Price", **Journal of Legal Studies**, v. 29, n. 1 (2000), p. 1-17.

5. "Fining Parents 'Has No Effect on School Absence in Wales'", **BBC News**, 10 maio 2018, https://www.bbc.com/news/uk-wales-44054574.

6. MEIER, Cecile. "Mum Charged $55 for Being One Minute Late for Daycare Pickup", **Essential Baby**, 2 ago. 2018, http://www.essentialbaby.com.au/toddler/childcare/mum-charged-55-for-being-one-minute-late-for-daycare-pickup-20180801-h13ewo.

7. PELTZMAN, Sam. "The Effects of Automobile Safety Regulation", **Journal of Political Economy**, v. 83, n. 4 (1975), p. 677-725. Uma análise crítica descobriu que o modelo de Peltzman estava errado em muitas dimensões. Um artigo recente na *Slate* vincula o conceito às medidas de segurança adotadas durante a covid-19. O resultado que interessa: as pessoas correm mais riscos após a introdução de medidas de segurança, mas esse impacto psicológico é menor do que a melhora tecnológica na segurança. REQUARTH, Tim "Our Worst Idea about Safety'", **Slate**, 7 nov. 2021.

8. LANDSBURG, Steven E. **The Armchair Economist** (Nova York: Macmillan, 1993).

9. MAUNZ, Shay. "The Great Hanoi Rat Massacre of 1902 Did Not Go as Planned", **Atlas Obscura**, 6 jun. 2017, https://www.atlasobscura.com/articles/hanoi-rat-massacre-1902.

10. VANN, Michael. "Of Rats, Rice, and Race: The Great Hanoi Rat Massacre, an Episode in French Colonial History", **French Colonial History**, v. 4 (2003), p. 191-204. O Grande Massacre de Ratos de Hanói, como hoje é conhecido, não é um exemplo isolado na natureza. Incidentes similares ocorreram em outros lugares. O governador britânico de Deli, na Índia colonial, por exemplo, incentivou a matança de cobras, e os empresários locais reagiram criando fazendas para a criação de cobras. Ver "The Cobra Effect", episódio 96, **Freakonomics** (podcast), 11 out. 2012, https://freakonomics.com/podcast/the-cobra-effect-2/.

11. "Puglia's Trulli", **The Thinking Traveller**, acesso em 4 dez. 2020, https://www.thethinkingtraveller.com/italy/puglia/trulli.

12. TRAFICANTE, Tony. "The Amazing 'Trulli'", **Italian Sons and Daughters of America**, 21 mar. 2017, https://orderisda.org/culture/travel/the-amazing-trulli/.

13. A., Alex. "Trulli: The Unique Stone Huts of Apulia", **Vintage News**, 14 jan. 2018, https://www.thevintagenews.com/2018/01/04/trulli-apulia/.

14. ITALIAN TOURISM, "The History of Alberobello's Trulli", acesso em 4 dez. 2020, http://www.italia.it/en/discover-italy/apulia/poi/the-history-of-alberobellos-trulli.html.

15. UK PARLIAMENT, "Window Tax", acesso em 4 dez. 2020, https://www.parliament.uk/about/living-heritage/transformingsociety/towncountry/towns/tyne-and-wear-case-study/about-the-group/housing/window-tax/; "Window Tax", Wikipedia.org.

16. "When Letting in Sunshine Could Cost You Money", **History House**, acesso em 4 dez. 2020, https://historyhouse.co.uk/articles/window_tax.html.

17. OATES, Wallace E. and SCHWAB, Robert M. "The Window Tax: A Case Study in Excess Burden", **Journal of Economic Perspectives**, v. 29, n. 1 (2015), p. 163-80.

18. COGGINS, Tom. "A Brief History of Amsterdam's Narrow Canal Houses", **The Culture Trip**, 7 dez. 2016, Theculturetrip.com.

19. KINGSTON, Karen. "Why Dutch Stairs Are So Steep", **Karen Kingston's Blog**, 15 ago. 2013, https://www.karenkingston.com/blog/why-dutch-stairs-are-so-steep/.

20. WU, Nanlan. "The Xiaogang Village Story", **China.org.cn**, 6 mar. 2008, http://www.china.org.cn/china/features/content_11778487.htm.

9. Contabilidade mental: como escolher a moeda de incentivo

1. WIGGIN, Teke "Redfin CEO Glenn Kelman: Low Commission Fees Aren't 'Rational'", **Inman**, 30 jun. 2015, https://www.inman.com/2015/06/30/redfin-ceo-glenn-kelman-low-commission-fees-arent-rational/.

2. THALER, Richard. "Transaction Utility Theory", **Advances in Consumer Research**, v. 10 (1983), p. 229-32.

3. THALER, Richard. "Mental Accounting Matters", **Journal of Behavioral Decision Making**, v. 12 (1999), p. 183-206.

4. ABELER, Johannes e MARKLEIN, Felix. "Fungibility, Labels, and Consumption", **Journal of the European Economic Association**, v. 15, n. 1 (2017), p. 99-127.

5. GNEEZY, Uri, HO, Teck-Hua, BILGER, Marcel e FINKELSTEIN, Eric A. "Mental Accounting, Targeted Incentives, and the Non-fungibility of Incentives" (artigo não publicado, 2019).

6. FRYER, Roland, LEVITT, Steven D., LIST, John e SADOFF, Sally. "Enhancing the Efficacy of Teacher Incentives through Loss Aversion: A Field Experiment" (NBER Working Paper 18237, National Bureau of Economic Research, 2012).

7. Os estudantes foram testados com o ThinkLink Predictive Assessment, uma ferramenta diagnóstica padronizada que está em linha com os testes de desempenho estaduais.

8. KAHNEMAN, Daniel e TVERSKY, Amos. "Prospect Theory: An Analysis of Decision under Risk", **Econometrica**, v. 47, n. 2 (1979), p. 263-91; TVERSKY, Amos e KAHNEMAN, Daniel. "Loss Aversion in Riskless Choice: A Reference--Dependent Model", **Quarterly Journal of Economics**, v. 106, n. 4 (1991), p. 1039-61.

9. HOSSAIN, Tanjim, e LIST, John A. "The Behavioralist Visits the Factory: Increasing Productivity Using Simple Framing Manipulations", **Management Science**, v. 58 (2012), p. 2151-67.

10. O arrependimento como incentivo

1. LOCK, S. "Sales of State Lotteries in the U.S. 2009-2019", **Statista**, 31 mar. 2020, https://www.statista.com/statistics/215265/sales-of-us-state-and-provincial--lotteries/.

2. KAHNEMAN, Daniel e TVERSKY, Amos, "Prospect Theory: An Analysis of Decision Making under Risk", **Econometrica**, v. 47 (1979), p. 263-91.

3. ZEELENBERG, Marcel e PIETERS, Rik. "Consequences of Regret Aversion in Real Life: The Case of the Dutch Postcode Lottery", **Organizational Behavior and Human Decision Processes**, v. 93, n. 2 (2004), p. 155-68.

4. ZEELENBERG e PIETERS.

5. VAN DIJK, Eric e ZEELENBERG, Marcel. "On the Psychology of 'If Only': Regret and the Comparison between Factual and Counterfactual Outcomes", **Organizational Behavior and Human Decision Processes**, v. 97, n. 2 (2005), p. 152-60.

6. GOLDEN, Linda L., ANDERSON, Thomas W. e SHARPE, Louis K. "The Effects of Salu- tation, Monetary Incentive, and Degree of Urbanization on Mail Questionnaire Response Rate, Speed, and Quality", em **Advances in Consumer Research**, v. 8, ed. MONROE, Kent S. (Ann Arbor, MI: Association for Consumer Research, 1980), p. 292-98; RUDD, James R. e GELLER, E. Scott. "A University--based Incentive Program to Increase Safety Belt Use: Toward Cost-Effective Institutionalization", **Journal of Applied Behavior Analysis**, v. 18, n. 3 (1985), p. 215-26.

7. VOLPP, Kevin G., LOEWENSTEIN, George, TROXEL, Andrea B., DOSHI, Jalpa, PRICE, Maureen, LASKIN, Mitchell, e KIMMEL, Stephen E. "A Test of Financial Incentives to Improve Warfarin Adherence", **BMC Health Services Research**, v. 8 (2008), p. 272.

11. Incentivos pró-sociais

1. GNEEZY, Uri, e RUSTICHINI, Aldo. "Pay Enough or Don't Pay at All", **Quarterly Journal of Economics**, v. 115, n. 3 (2000), p. 791-810.

2. ROY, Ron. "Volunteer Firefighters: Why We Do What We Do", **Fire Engineering**, 23 jan. 2020, https://www.fireengineering.com/2020/01/23/483462/volunteer-firefighters-why-we-do-what-we-do/.

3. EVARTS, Bem, e STEIN Gary P. "NFPA's 'U.S. Fire Department Profile'", **NFPA**, fev. 2020, https://www.nfpa.org/News-and-Research/Data-research-and--tools/Emergency-Responders/US-fire-department-profile.

4. "Volunteer Fire Department", **Wikipedia**, acesso em 8 dez. 2020, https://en.wikipedia.org/wiki/Volunteer_fire_department.

5. IMAS, Alex. "Working for the 'Warm Glow': On the Benefits and Limits of Prosocial Incentives", **Journal of Public Economics**, v. 114 (2014), p. 14-18.

6. CLIFFORD, Stephanie "Would You Like a Smile with That?", **New York Times**,

6 ago. 2011, https://www.nytimes.com/2011/08/07/business/pret-a-manger-with-new-fast-food-ideas-gains-a-foothold-in-united-states.html?pagewanted=all.

12. Prêmios como sinais

1. McDOWELL, Eulalie. "Medal of Honor Winner Says Feat Was Miracle", **Knoxville News-Sentinel**, 12 out. 1945, acessado em https://www.newspapers.com/clip/40200051/the-knoxville-news-sentinel/.

2. KELLY, Erin. "The True Story of WWII Medic Desmond Doss Was Too Heroic Even for 'Hacksaw Ridge'", **All That's Interesting**, 20 set. 2017, https://allthatsinteresting.com/desmond-doss.

3. KELLY, 2017.

4. GNEEZY, Uri, CAMPBELL, Sandy e GALLUS, Jana. "Tangibility, Self-Signaling and Signaling to Others" (artigo não publicado, 2022).

5. STRAZ, Matt. "4 Ways Innovative Companies Are Celebrating Their Employees", **Entrepreneur**, 17 ago. 2015, https://www.entrepreneur.com/article/249460.

6. "Navy Cross", **Wikipedia**, acesso em 5 dez. 2020, https://en.wikipedia.org/wiki/Navy_Cross.

7. BROOK, Tom Vanden. "Almost 20% of Top Medals Awarded Secretly since 9/11", **USA Today**, 29 fev. 2016, https://www.usatoday.com/story/news/nation/2016/02/29/almost20-top-medals-awarded-secretly-since-911/81119316/.

8. EDWARDS, Lin. "Report Claims Wikipedia Losing Editors in Droves", **Phys.org**, 30 nov. 2009, https://phys.org/news/2009-11-wikipedia-editors-droves.html.

9. "Wikipedia: Awards", **Wikipedia**, acesso em 9 dez. 2020, https://en.wikipedia.org/wiki/Wikipedia:Awards.

10. GALLUS, Jana. "Fostering Public Good Contributions with Symbolic Awards: A Large-Scale Natural Field Experiment at Wikipedia", **Management Science**, v. 63, n. 12 (2017), p. 3999-4015.

11. "Top Five Most Difficult Sports Trophies to Win", **CBS Miami**, 1 jul. 2014, https://miami.cbslocal.com/2014/07/01/top-five-most-difficult-sports-trophies-to-win/.

12. ROBINSON, Carly D., GALLUS, Jana, e ROGERS, Todd. "The Demotivating Effect (and Unintended Message) of Awards", **Organizational Behavior and Human Decision Processes**, 29 maio 2019.

13. ROBINSON, Melia. "The Unbelievable Story of Why Marlon Brando Rejected His 1973 Oscar for 'The Godfather'", **Business Insider**, 24 fev. 2017, https://www.businessinsider.com/marlon-brando-rejected-godfather-oscar-2017-2.

14. OSCARS, "Marlon Brando's Oscar Win for 'The Godfather'", YouTube, 2 out. 2008, https://www.youtube.com/watch?v=2QUacU0I4yU&ab_channel=Oscars.

15. "Sacheen Littlefeather", Wikipedia, acesso em 5 dez. 2020, https://en.wikipedia.org/wiki/Sacheen_Littlefeather.

16. LITTLE, Becky. "Academy Award Winners Who Rejected Their Oscars", **History**, 26 fev. 2018, https://www.history.com/news/brando-oscar-protest-sacheen-littlefeather-academy-award-refusal.

17. GALLUS, "Fostering Public Good Contributions".

18. GOLDEN GLOBES, "The Cecil B. DeMille Award", acesso em 5 dez. 2020, https://www.goldenglobes.com/cecil-b-demille-award-0.

19. AKANDE, Zainab. "Denzel Washington So Earned the DeMille Award", **Bustle**, 10 dez. 2015, https://www.bustle.com/articles/128808-who-is-the-2016-cecil-b-demille-award-winner-this-years-winner-completely-deserves-the-honor.

20. JANG, Meena. "Golden Globes: Denzel Washington Accepts Cecil B. DeMille Award", **Hollywood Reporter**, 10 jan. 2016, https://www.hollywoodreporter.com/news/golden-globes-2016-denzel-washington-853375.

21. SHONE, Tom. "The Golden Globes Are More Fun than the Oscars—and They Pick Better Winners, Too", **Slate**, 13 jan. 2012, https://slate.com/culture/2012/01/golden-globes-better-than-the-oscars.html.

PARTE QUATRO. Use incentivos para identificar o problema

1. FIRGER, Jessica. "12 Million Americans Misdiagnosed Each Year", **CBS News**, 17 abr. 2014, https://www.cbsnews.com/news/12-million-americans-misdiagnosed-each-year-study-says/.

13. Os estudantes dos Estados Unidos são realmente tão ruins assim?

1. "Effort, Not Ability, May Explain the Gap between American and Chinese Pupils", **Economist**, 17 ago. 2017, https://www.economist.com/news/united-states/21726745-when-greenbacks-are-offer-american-schoolchildren-seem-try-harder-effort-not.

2. NATIONAL CENTER FOR EDUCATION STATISTICS. "Program for International Student Assessment (PISA)—Overview", acesso em 5 dez. 2020, https://nces.ed.gov/surveys/pisa/ index.asp.

3. ORGANISATION FOR ECONOMIC CO-OPERATION AND DEVELOPMENT. "PISA 2015 Results in Focus", 2018, https://www.oecd.org/pisa/pisa-2015-results-in-focus.pdf.

4. GREK, Sotiria. "Governing by Numbers: The PISA 'Effect' in Europe", **Journal of Education Policy**, v. 24 (2009), p. 23-37.

5. ORGANISATION FOR ECONOMIC CO-OPERATION AND DEVELOPMENT. "PISA 2012 Results: What Students Know and Can Do, Student Performance in Mathematics, Reading and Science, Volume I", 2014, https://www.oecd.org/pisa/keyfindings/pisa-2012-results-volume-I.pdf.

6. DILLON, Sam. "Top Test Scores from Shanghai Stun Educators", **New York Times**, 7 dez. 2010, https://www.nytimes.com/2010/12/07/education/07education.html.

7. CARNOY, Martin, e ROTHSTEIN, Richard. "What Do International Tests Really Show about U.S. Student Performance?", **Economic Policy Institute**, 28 jan. 2013, https://www.epi.org/publication/us-student-performance-testing/; STEVENSON, Harold W., e STIGLER, James W. **The Learning Gap: Why Our Schools Are Failing and What We Can Learn from Japanese and Chinese Education** (Nova York: Summit Books, 1992); HANUSHEK, Eric A. e WOESSMANN, Ludger. "How Much Do Educational Outcomes Matter in OECD Countries?", **Economic Policy**, v. 26, n. 67 (2011), p. 427-91.

8. GNEEZY, Uri, LIST, John A., LIVINGSTON, Jeffrey A., QIN, Xiangdong, SADOFF, Sally, e XU, Yang. "Measuring Success in Education: The Role of Effort on the Test Itself", **American Economic Review: Insights**, v. 1, n. 3 (2019), p. 291-308.

9. LEUBSDORF, Ben. "Maybe American Students Are Bad at Standardized Tests Because They Don't Try Very Hard", **Wall Street Journal**, 27 nov. 2017, https://blogs.wsj.com/economics/2017/11/27/maybe-american-students-are-bad-at-standardized-tests-because-they-dont-try-very-hard/.

14. Aversão às despesas gerais: como organizações sem fins lucrativos adquirem má reputação

1. NATIONAL PHILANTHROPIC TRUST, "Charitable Giving Statistics", acesso em 5 dez. 2020, https://www.nptrust.org/philanthropic-resources/charitable-giving-statistics/.

2. PALLOTTA, Dan. "The Way We Think about Charity Is Dead Wrong", **TED**, mar. 2013, https://www.ted.com/talks/dan_pallotta_the_way_we_think_about_charity_is_dead_wrong.

3. BARON, Jonathan e SZYMANSKA, Ewa. "Heuristics and Biases in Charity", in **The Science of Giving: Experimental Approaches to the Study of Charity**, ed. OPPENHEIMER, Daniel M. e

4. OLIVOLA, Christopher Y. (Nova York: Psychology Press, 2011), p. 215-36; CRAVOLA, Lucius, FAULMÜLLER, Nadira, EVERETT, Jim A. C., SAVULESCU, Julian e KAHANE, Guy, "The Evaluability Bias in Charitable Giving: Saving Administration Costs or Saving Lives", **Judgment and Decision Making**, v. 9 (2014), p. 303-16.

5. GNEEZY, Uri, KEENAN, Elizabeth A., e GNEEZY, Ayelet. "Avoiding Overhead Aversion in Charity", **Science**, v. 346, n. 6209 (2014), p. 632-35.

6. VESTERLUND, Lise. "Why Do People Give?", em **The Nonprofit Sector: A Research Handbook**, 2ª ed., ed. POWELL, Walter W. e STEINBERG, Richard (New Haven, CT: Yale University Press, 2006), p. 568-88.

7. ALERON, "Why Charities Should Look at New Ways of Measuring Impact", 2013, https://aleronpartners.com/why-charities-should-look-at-new-ways-of-measuring-impact/.

8. charity:water, "The 100% Model: Charity: Water", acesso em 9 dez. 2020, https://www.charitywater.org/our-approach/100-percent-model.

15. Estratégia do "pagamento para sair": como fazer os funcionários se comprometerem com o que acreditam

1. EDWARDS, Jim. "This Company Pays Employees $25,000 to Quit—No Strings Attached—Even If They Were Just Hired", **Business Insider**, 20 jun. 2014, https://www.businessinsider.com/riot-games-pays-employees-25000-to-quit-2014-6.

2. EDWARDS, Jim. "Amazon Pays Employees Up to $5,000 to Quit", **Slate**, 10 abr. 2014, https://slate.com/business/2014/04/amazon-jeff-bezos-shareholder-letter-the-company-pays-workers-up-to-5000-to-quit.html.

3. AYRES, Ian, e DARI-MATTIACCI, Giuseppe. "Reactive Incentives: Harnessing the Impact of Sunk Opportunity Costs" (Columbia Law and Economics Working Paper 612, 2019).

4. TAYLOR, Bill. "Why Zappos Pays New Employees to Quit—And You Should Too", **Harvard Business Review**, 19 mar. 2008, https://hbr.org/2008/05/why-zappos-pays-new-employees.

5. HARRIS, Christopher G. "The Effects of Pay-to-Quit Incentives on Crowdworker Task Quality", em **Proceedings of the 18th ACM Conference on Computer Supported Cooperative Work & Social Computing** (Nova York: Association for Computing Machinery, 2015), p. 1801-12.

6. HARRIS, 2015.

16. Como subornar-se: trapaças e autossinalização

1. INSTITUTE OF MEDICINE, COMMITTEE ON THE LEARNING HEALTH CARE SYSTEM IN AMERICA, SMITH, Mark, SAUNDERS, Robert, STUCKHARDT, Leigh, e McGINNIS, J. Michael, eds., **Best Care at Lower Cost: The Path to Continuously Learning Health Care in America** (Washington, DC: National Academies Press, 2013).

2. MAFI, John N., McCARTHY, Ellen P., DAVIS, Roger B., e LANDON, Bruce E., "Worsening Trends in the Management and Treatment of Back Pain", **JAMA Internal Medicine**, v. 173, n. 17 (2013), p. 1573-81.

3. DeJONG, Colette, AGUILAR, Thomas, TSENG, Chien-Wen, LIN, Grace A., BOSCARDIN, W. John, e DUDLEY, R. Adam, "Pharmaceutical Industry-Sponsored Meals and Physician Prescribing Patterns for Medicare Beneficiaries", **JAMA Internal Medicine**, v. 176, n. 8 (2016), p. 1114-22.

4. HOUSTON, Rickie. "Your Financial Advisor's Conflicts of Interest", **SmartAsset**, 16 jan. 2020, https://smartasset.com/financial-advisor/financial-advisor-conflicts-of-interest.

5. GNEEZY, Uri, SACCARDO, Silvia, SERRA-GARCIA, Marta, e VAN VELDHUIZEN, Roel. "Bribing the Self", **Games and Economic Behavior**, v. 120 (2020), p. 311-24.

6. ORNSTEIN, Charles, TIGAS, Mike, e JONES, Ryann Grochowski. "Now There's Proof: Docs Who Get Company Cash Tend to Prescribe More Brand-Name Meds", **ProPublica**, 17 mar. 2016, https://www.propublica.org/article/doctors-who-take-company-cash-tend-to-prescribe-more-brand-name-drugs.

PARTE CINCO. Como os incentivos causam mudanças de comportamento

1. WAXMAN, Olivia B. "Trying to Get in Shape in 2020? Here's the History behind the Common New Year's Resolution", **Time**, 8 jan. 2020, https://time.com/5753774/new-years-resolutions-exercise/.

2. NOTTLE, Nadra. "How Gyms Convince New Members to Stay Past January", **Vox**, 9 jan. 2019, https://www.vox.com/the-goods/2019/1/9/18175978/planet-fitness-crunch-gyms-memberships-new-years-resolutions.

3. DELLAVIGNA, Stefano e MALMENDIER, Ulrike. "Paying Not to Go to the Gym", **American Economic Review**, v. 96, n. 3 (2006), p. 694-719.

4. Ver https://www.vizerapp.com/.

5. GNEEZY, Uri, KAJACKAITE, Agne e MEIER, Stephan, "Incentive-Based interventions", em **The Handbook of Behavior Change**, ed. HAGGER, Martin S., CAMERON, Linda D., HAMILTON, Kyra, HANKONEN, Nelli, e LINTUNEN, Taru (Cambridge: Cambridge University Press, 2020), p. 523-36.

Este artigo inclui uma discussão mais detalhada da literatura relevante. Ver também SAMSON, Alain, ed., **The Behavioral Economics Guide 2019**, introd. GNEEZY, Uri (Behavioral Science Solutions, 2019), https://www.behavioraleconomics.com/the-be-guide/the-behavioral-economics-guide-2019/.

17. Como criar hábitos: a mudança se dá um passo de cada vez... literalmente

1. CHARNESS, Gary e GNEEZY, Uri, "Incentives to Exercise", **Econometrica**, v. 77 (2009), p. 909-31.

2. ACLAND, Dan, e LEVY, Matthew. "Naiveté, Projection Bias, and Habit Formation in Gym Attendance", **Management Science**, v. 61, n. 1 (2015), p. 146-60.

3. "Commitment Device", **Wikipedia**, acesso em 8 dez. 2020, https://en.wikipedia.org/wiki/Commitment_device.

4. ROYER, Heather, STEHR, Mark, e SYDNOR, Justin. "Incentives, Commitments, and Habit Formation in Exercise: Evidence from a Field Experiment with Workers at a Fortune-500 Company", **American Economic Journal: Applied Economics**, v. 7, n. 3 (2015), p. 51-84.

5. BABCOCK, Philip S., e HARTMAN, John L., "Networks and Workouts: Treatment Size and Status Specific Peer Effects in a Randomized Field Experiment" (NBER Working Paper 16581, National Bureau of Economic Research, 2010).

6. CONDLIFFE, Simon, IŞGIN, Ebru e FITZGERALD, Brynne. "Get Thee to the Gym! A Field Experiment on Improving Exercise Habits", **Journal of Behavioral and Experimental Economics**, v. 70 (2017), p. 23-32.

7. WOOD, Wendy e RÜNGER, Dennos. "Psychology of Habit", **Annual Review of Psychology**, v. 67 (2016), p. 289-314.

8. BESHEARS, John, LEE, Hae Nim, MILKMAN, Katherine L., MISLAVSKY, Robert, e WISDOM, Jessica. "Creating Exercise Habits Using Incentives: The Trade-Off between Flexibility and Routinization", **Management Science**, v. 67, n. 7 (2021), p. 3985-4642.

18. Como quebrar hábitos: jogando para escanteio os comportamentos negativos

1. CENTERS FOR DISEASE CONTROL AND PREVENTION, "Tobacco-Related Mortality", acesso em 8 dez. 2020, https://www.cdc.gov/tobacco/data_statistics/fact_sheets/health_effects/tobacco_related_mortality/index.htm.

2. CENTERS FOR DISEASE CONTROL AND PREVENTION. "Cigarette Smoking among Adults—United States, 2000", **MMWR: Morbidity and Mortality Weekly Report**, v. 51, n. 29 (2002), p. 642-45; CENTERS FOR DISEASE CONTROL AND PREVENTION. "Annual Smoking-Attributable Mortality, Years of Potential Life Lost, and Productivity Losses—United States, 1997-2001", **MMWR: Morbidity and Mortality Weekly Report**, v. 54, n. 25 (2005), p. 625-28.

3. VOLPP, Kevin G. et al. "A Randomized, Controlled Trial of Financial Incentives for Smoking Cessation", **New England Journal of Medicine**, v. 360 (2009), p. 699-709.

4. HUGHES, John R., KEELY, Josue, e NAUD, Shelly. "Shape of the Relapse Curve and Long-Term Abstinence among Untreated Smokers", **Addiction**, v. 99 (2004), p. 29-38.

5. SRNT SUBCOMMITTEE ON BIOCHEMICAL VERIfiCATION, "Biochemical Verification of Tobacco Use and Cessation", **Nicotine & Tobacco Research**, v. 4 (2002), p. 149-59.

6. BONNIE, Richard J., STRATTON, Kathleen R., e WALLACE, Robert B. **Ending the Tobacco Problem: A Blueprint for the Nation** (Washington DC: National Academies Press, 2007); CENTERS FOR DISEASE CONTROL AND PREVENTION, "Smoking during Pregnancy", acesso em 8 dez. 2020, https://www.cdc.gov/tobacco/basic_information/health_effects/pregnancy/ index.htm.

7. ERSHOFF, Daniel, ASHFORD, Trinita H., e GOLDENBERG, Robert. "Helping Pregnant Women Quit Smoking: An Overview", **Nicotine & Tobacco Research**, v. 6 (2004), p. S101—S105; MELVIN, C. L. e GAFFNEY, C. A. "Treating Nicotine Use and Dependence of Pregnant and Parenting Smokers: An Update", **Nicotine & Tobacco Research**, v. 6 (2004), p. S107—S124.

8. COCKEY, Carolyn Davis. "Amanda's Story", **Healthy Mom & Baby**, acesso em 8 dez. 2020, https://www.health4mom.org/amandas-story/.

9. HIGGINS, Stephen T., WASHIO, Yukiko, HEIL, Sarah H., SOLOMON, Laura J., GAALEMA, Diann E., HIGGINS, Tara M., e BERNSTEIN, Ira M. "Financial Incentives for Smoking Cessation among Pregnant and Newly Postpartum Women", **Preventive Medicine**, v. 55 (2012), p. S33-S40.

10. GINÉ, Xavier, KARLAN, Dean, e ZINMAN, Jonathan. "Put Your Money Where Your Butt Is: A Commitment Contract for Smoking Cessation", **American Economic Journal: Applied Economics** 2 (2010), p. 213-35.

11. ASHRAF, Nava, KARLAN, Dean, e YIN, Wesley. "Tying Odysseus to the Mast: Evidence from a Commitment Savings Product in the Philippines", **Quarterly Journal of Economics**, v. 121, n. 2 (2006), p. 635-72.

12. HALPERN, Scott D., FRENCH, Benjamin, SMALL, Dylan S., SAULSGIVER, Kathryn, HARHAY, Michael, AUDRAIN-MCGOVERN, Janet, LOEWENSTEIN, George, BRENNAN, Troyen, ASCH, David, e VOLPP, Kevin. "Randomized Trial of Four Financial-Incentive Programs for Smoking Cessation", **New England Journal of Medicine**, v. 372, n. 22 (2015), p. 2108-17.

13. "Why Are 72% of Smokers from Lower-Income Communities?", **Truth Initiative**, 24 jan. 2018, https://truthinitiative.org/research-resources/targeted-communities/why-are-72-smokers-lower-income-communities.

14. ETTER, Jean-François e SCHMID, Felicia, "Effects of Large Financial Incentives for Long-Term Smoking Cessation: A Randomized Trial", **Journal of the American College of Cardiology**, v. 68, n. 8 (2016), p. 777-85.

19. Eu quero agora!

1. MILKMAN, Katherine, MINSON, Julia A., e VOLPP, Kevin G. M., "Holding the Hunger Games Hostage at the Gym: An Evaluation of Temptation Bundling", **Management Science**, v. 60, n. 2 (2014), p. 283-99.

2. READ, Daniel e VAN LEEUWEN, Barbara. "Predicting Hunger: The Effects of Appetite and Delay on Choice", **Organizational Behavior and Human Decision Processes**, v. 76, n. 2 (1998), p. 189-205.

3. MEIER, Stephan, e SPRENGER, Charles. "Present-Biased Preferences and Credit Card Borrowing", **American Economic Journal: Applied Economics**, v. 2, n. 1 (2010), p. 193-210.

20. Como remover barreiras

1. CENTERS FOR DISEASE CONTROL AND PREVENTION, "Benefits of Physical Activity", acesso em 8 dez. 2020, https://www.cdc.gov/physicalactivity/basics/pa-health/index.htm.

2. EDITORIAL BOARD, "Exercise and Academic Performance", **New York Times**, 24 maio 2013, https://www.nytimes.com/2013/05/25/opinion/exercise-and-academic-performance.html.

3. CAPPELEN, Alexander W., CHARNESS, Gary, EKSTRÖM, Mathias, GNEEZY, Uri e TUNGODDEN, Bertil. "Exercise Improves Academic Performance" (**NHH Department of Economics Discussion Paper** 08, 2017).

4. DE LA CRUZ, Donna. "Why Kids Shouldn't Sit Still in Class", **New York Times**, 21 mar. 2017, https://www.nytimes.com/2017/03/21/well/family/why-kids-shouldnt-sit-still-in-class.html.

5. HOMONOFF, Tatiana, WILLAGE, Barton, e WILLÉN, Alexander. "Rebates as Incentives: The Effects of a Gym Membership Reimbursement Program", **Journal of Health Economics**, v. 70 (2020), p. 102285.

6. ALLCOTT, Hunt Allcott e ROGERS, Todd. "The Short-Run and Long-Run Effects of Behavioral Interventions: Experimental Evidence from Energy Conservation", **American Economic Review**, v. 104, n. 10 (2014), p. 3003-37.

7. BRANDON, Alec, FERRARO, Paul J., LIST, John A., METCALFE, Robert D., PRICE, Michael K., e RUNDHAMMER, Florian. "Do the Effects of Social Nudges Persist? Theory and Evidence from 38 Natural Field Experiments" (**NBER Working Paper** 23277, National Bureau of Economic Research, 2017).

8. BURNHAM, Thomas A., FRELS, Judy K., e MAHAJAN, Vijay. "Consumer Switching Costs: A Typology, Antecedents, and Consequences", **Journal of the Academy of Marketing Science**, v. 31, n. 2 (2003), p. 109-26.

9. T-MOBILE, "How to Switch to T-Mobile", acesso em 8 dez. 2020, https://www.t-mobile.com/resources/how-to-join-us.

10. PARK, Minjung. "The Economic Impact of Wireless Number Portability", **Journal of Industrial Economics**, v. 59, n. 4 (2011), p. 714-45.

21. De caçadores de leões a salvadores de leões: como mudar a história

1. "Maasai People", **Wikipedia**, acesso em 8 dez. 2020, https://en.wikipedia.org/wiki/Maasai_people.

2. "Kenya: Country in Africa", **Datacommons.org**, acesso em 15 fev. 2022, https://datacommons.org/place/country/KEN?utm_medium=explore&mprop=count&popt=Person&hl=en.

3. DAVID, Rachel. "Lion Populations to Halve in Most of Africa in Next 20 Years", **New Scientist**, 26 out. 2015, https://www.newscientist.com/article/dn28390-lion-populations-to-halve-in-most-of-africa-in-next-20-years/.

4. SAFARITALK, "Wildlife Environment Communities", acesso em 12 dez. 2019, http://safaritalk.net/topic/257-luca-belpietro-the-maasai-wilderness-conservation-trust/.

5. MAASAI WILDERNESS CONSERVATION TRUST, "Kenya Wildlife Conservation", acesso em 8 dez. 2020, http://maasaiwilderness.org/.

6. MacLENNAN Seamus D., GROOM, Rosemary J., MacDONALD, David W. e FRANK Laurence G. "Evaluation of a Compensation Scheme to Bring About Pastoralist Tolerance of Lions", **Biological Conservation**, v. 142 (2009), p. 2419-27; FRANK, Laurence, MacLENNAN Seamus, HAZZAH, Leela, BONHAM, Richard, e HILL, Tom. "Lion Killing in the Amboseli-Tsavo Ecosystem, 2001-2006, and Its Implications for Kenya's Lion Population" (artigo não publicado, 2006), http://livingwithlions.org/AnnualReports/2006-Lion-killing-in-Amboseli-Tsavo-ecosystem.pdf.

22. Fraude de seguro e risco moral: edição Maasai

1. "'The Sopranos': Whoever Did This", foi ao ar em 10 nov. 2002, IMDb, acesso em 24 abr. 2022, https://www.imdb.com/title/tt0705295/.

2. MAASAI WILDERNESS CONSERVATION TRUST, "Predator Protection—

Creating Harmony between Wildlife and Community", acesso em 8 dez. 2020, http://maasaiwilderness.org/ programs/predator-protection/.

24. Como mudar a economia da mutilação genital feminina

1. KENYA NATIONAL BUREAU OF STATISTICS, "Kenya Demographic and Health Survey 2014", **Demographic and Health Surveys Program**, dez. 2015, https://dhsprogram.com/pubs/ pdf/FR308/FR308.pdf.

2. BOSELEY, Sarah. "FGM: Kenya Acts against Unkindest Cut", **Guardian**, 8 set. 2011, https://www.theguardian.com/society/sarah-boseley-global-health/2011/sep/08/women-africa; WORLD HEALTH ORGANIZATION, "Female Genital Mutilation", 3 fev. 2020, https://www.who.int/en/news-room/fact-sheets/detail/female-genital-mutilation.

3. WORLD HEALTH ORGANIZATION, DEPARTMENT OF REPRODUCTIVE HEALTH AND RESEARCH, e UNAIDS, **Male Circumcision: Global Trends and Determinants of Prevalence, Safety and Acceptability** (Genebra: Organização Mundial de Saúde, 2007).

4. JOHANSEN, R. Elise B., DIOP, Nafissatou J., LAVERACK, Glenn, e LEYE, Els. "What Works and What Does Not: A Discussion of Popular Approaches for the Abandonment of Female Genital Mutilation", **Obstetrics and Gynecology International** 2013 (2013), p. 348248.

5. PARSITAU, Damaris Seleina. "How Girls' Education Intersects with Maasai Culture in Kenya", **Brookings**, 25 jul. 2017, https://www.brookings.edu/blog/education-plus-development/2017/07/25/how-girls-education-intersects-with-maasai-culture-in-kenya/.

6. AHITUV, Netta. "Can Economists Stop Kenya's Maasai from Mutilating Their Girls?", **Haaretz**, 14 mar. 2016, https://www.haaretz.com/world-news/.premium.MAGAZINE-can-economists-stop-the-maasai-from-mutilating-their-girls-1.5415945.

7. UNICEF. **Changing a Harmful Social Convention: Female Genital Mutilation/Cutting**, technical report (Florença, Itália: UNICEF Innocenti Research Centre, 2005).

25. Ancoragem e ajuste

1. TVERSKY, Amos e KAHNEMAN, Daniel. "Judgment under Uncertainty: Heuristics and Biases", **Science**, v. 185, n. 4157 (1974), p. 1124-31.

2. RUSSO, J. Edward e SCHOEMAKER, Paul J. H. **Winning Decisions: Getting It Right the First Time** (Nova York: Currency, 2001).

3. NORTHCRAFT, Gregory B. e NEALE, Margaret A. "Experts, Amateurs, and Real Estate: An Anchoring-and-Adjustment Perspective on Property Pricing Decisions", **Organizational Behavior and Human Decision Process**, v. 39 (1987), p. 84-97.

27. Preço como sinal de qualidade

1. MANGALINDAN J. P. "Peloton CEO: Sales Increased after We Raised Prices to $2,245 per Bike", **Yahoo! Finance**, 5 jun. 2019, https://finance.yahoo.com/news/peloton-ceo-says-sales-increased-raised-prices-2245-exercise-bike-132256225.html.

2. Ver, por exemplo, GERSTNER, Eitan. "Do Higher Prices Signal Higher Quality?", **Journal of Marketing Research**, v. 22 (1985), p. 209-15; HUBER, Joel e McCANN, John, "The Impact of Inferential Beliefs on Product Evaluations", **Journal of Marketing Research**, v. 19 (1982), p. 324-33; RAO, Akashay R. e MONROE, Kent B. "The Effect of Price, Brand Name, and Store Name on Buyers' Perceptions of Product Quality: An Integrative Review", **Journal of Marketing Research**, v. 36 (1989), p. 351-57.

3. GNEEZY, Ayelet, GNEEZY, Uri, e LAUGA, Dominique. "Reference-Dependent Model of the Price-Quality Heuristic", **Journal of Marketing Research**, v. 51, n. 2 (2014), p. 153-64.

4. SHIV, Baba, CARMON, Ziv, e ARIELY, Dan. "Placebo Effects of Marketing Actions: Consumers May Get What They Pay For", **Journal of Marketing Research**, v. 42 (2005), p. 383-93.

28. A norma da reciprocidade

1. KUNZ, Phillip R. e WOOLCOTT, Michael. "Season's Greetings: From My Status to Yours", **Social Science Research**, v. 5 (1976), p. 269-78.

2. CIALDINI, Robert B. **Influence: Science and Practice**, 3rd ed. (Nova York: HarperCollins, 1993).

3. STANFORD GSB STAFF. "Margaret Neale: Why You Should Make the First Move in a Negotiation", **Stanford Graduate School of Business**, 1 set. 2007, https://www.gsb.stanford.edu/insights/margaret-neale-why-you-should-make-first-move-negotiation.

Conclusão: de sinais trocados a sinais claros

1. MERVOSH, Sarah. "Who Wants to Be a Millionaire? In Ohio, You Just Need Luck, and a Covid Vaccine", **New York Times**, 26 maio 2021.

2. BOGGS, Justin. "White House on Vax-a-Million Drawing: DeWine Has Unlocked a Secret", **Spectrum News** 1, 25 maio 2021.

3. Uma experiencia contriolada na Suécia encontrou indícios encorajadores: um incentivo para ser vacinado de US$24 aumentou as taxas de vacinação em 4,2 pontos percentuais, partindo de uma base de 71,6 porcento. Ver CAMPOS-MERCADE, Pol, MEIER, Armando N., SCHNEIDER, Florian H., MEIER, Stephan, POPE, Devin, e WENGSTRÖM, Erik. "Monetary Incentives Increase COVID-19 Vaccinations", **Science**, v. 374 (2021), p. 879-82.

4. ESTADO DE NOVA JERSEY, "Governor Murphy Announces New Incentives to Encourage COVID-19 Vaccinations, Including Free Entrance to State Parks and Free Wine at Participating Wineries", comunicado de imprensa, 19 maio 2021.

5. "Vaccinated Individuals Will Be Able to Get a Free Drink at Certain Restaurants", **NBC CT**, 26 abr. 2021, https://www.nbcconnecticut.com/news/coronavirus/vaccinated-individuals-will-be-able-to-get-a-free-drink-at-certain-restaurants/2474928/.

6. COPPOLA, Rich, e HERNANDEZ, Samaia. "'Drinks on Us': Participating CT Restaurants, Bars Offering Free Drinks with Proof of Vaccination Starting This Week", WTNH, 26 abr. 2021, https://www.wtnh.com/news/business/participating-ct-restaurants-and-bars-offering-free-drinks-with-proof-of-vaccination/.

7. CHEANG, John. "Krispy Kreme Offers Free Glazed Donut to Those Who Show Covid Vaccine Card", **NBC News**, 22 mar. 2021, https://www.nbcnews.com/news/us-news/krispy-kreme-offers-free-glazed-donut-those-who-show-covid-n1261768.

8. TAMPIO, Nicholas. "A Weakness in the Argument for Vaccine Mandates", **Boston Globe**, 25 ago. 2021.

9. ACKERMAN, Daniel. "Before Face Masks, Americans Went to War against Seat Belts", **Business Insider**, 26 maio 2020, https://www.businessinsider.in/Before-face-masks-Americans-went-to-war-against-seat-belts/articleshow/76010870.cms.

10. "Covid-19: Biden Tells States to Offer $100 Vaccine Incentive as Cases Rise", **BBC News**, 30 jul. 2021, https://www.bbc.com/news/world-us-canada-58020090.

11. THALER, Richard H. e SUNSTEIN, Cass R. **Nudge: The Final Edition** (New Haven, CT: Yale University Press, 2021).

12. "Plastic Shopping Bag", **Wikipedia** (em hebraico), https://he.wikipedia.org/wiki/%D7%A9%D7%A7%D7%99%D7%AA_%D7%A7%D7%A0%D7%99%D7%95%D7%AA_%D7%9E%D7%A4%D7%9C%D7%A1%D7%98%D7%99%D7%A7.

Índice remissivo

As figuras são indicadas por um "f" após o número da página.

Academia Nacional de Medicina, 70
Academias de ginástica, mensalidades, 206, 217, 248
    Ver também *Exercício*
Ackerman, Daniel, 321
Acland, Dan, 215
Agentes verificadores, em Projeto Simba, 268, 272, 275
Agricultura coletivizada, 127
AIDS/HIV, 121
Airbus, 104
Alemanha, sistema educacional, 174
Allcott, Hunt, 252
Altruísmo, 52, 152
Amazon, 192, 254
Amsterdã, estruturas de moradia, 125
Análise custo-benefício, 50, 149, 215
Ancoragem
    e ajuste insuficiente, fenômeno de, 296
    efeito de, 295, 302
Andreessen, Marc, 99

Andreoni, Jim, 152
Ano Novo, resoluções de, 205
Antioco, John, 85
Apple, 253
Apresentação de incentivos, 131, 135, 150, 189, 320
Argentina, corpos de bombeiros voluntários, 153
Arrependimento antecipado, 145, 150
Arriscar, 79, 88, 160
Árvores de jogo, definição de, 28
Assimetria de informações, 32, 197
Assistência médica
    acesso de crianças a, 23
    assimetria de informações, 197
    diagnósticos errôneos, 170
    excesso de tratamento, 70, 74, 197, 203
    modelos de reembolso, 68, 72f
    preventiva, 74
    recomendações tendenciosas, 199, 203
    Ver também *Covid-19*
Associação de Imprensa Estrangeira de Hollywood (HFPA), 165
Atividade física. Ver *Exercício*
Audiências, 48, 160
Auditoria, mecanismos de, 116
Autocontrole, 206, 216, 230, 235, 246
Autoexpressão, 48
Automóveis. Ver *Carros*
Autossinalização
    atraso para pegar criança em creche e, 118
    dispositivos de comprometimento e, 218, 231, 236
    descrições de, 20, 43
    doação de sangue e, 50, 51f
    doações à caridade e, 181

efeito caloroso e, 152, 154
incentivos monetários e, 21
interação com sinais sociais, 43
PQQ, modelo de precificação, e, 46
prêmios como, 160, 161, 164
reciclagem e, 20
Avaliação subjetiva, 165, 199
Aversão
a custos gerais, 181, 182f
à perda, 139, 177, 218, 234
ao arrependimento, 143

Babcock, Philip, 219
Baca-Motes, Katie, 132
Barbour, Dylan, 208
Bastão e cenoura, abordagem de, 21
Bazaarvoice, 90
Becker, Dan, 41
Behavior Change for Good Initiative, 207
Belichick, Bill, 100
Belpietro, Luca, 261, 268, 274, 277, 283
Bezos, Jeff, 193
Biden, Joe, sobre vacinas de COVID-19, 322
Bilger, Marcel, 136
Blockbuster, 84
Boeing, 104
Bonomi, Antonella, 261
Bornstein, Gary, 104
Brady, Tom, 100
Brando, Marlon, 163
Brandon, Alec, 252
Branson, Richard, 86

Brindes
    como incentivo à vacinação contra Covid-19, 319
    em programas de cessação de tabagismo, 229
    para doação de sangue, 53
    sinais transmitidos por, 25
    Ver também *Caridade, doações para*
Bugenske, Abbigail, 316

Campbell, Sandy, 159
Campi ya Kanzi (Quênia), 261, 266
Capitação, modelos de, 75
Capital semente, 185, 188f
Cappelen, Alexander, 246
Caridade, doações para
    autossinalização e, 184
    aversão a custos gerais e, 181, 182f
    como capital semente, 185, 188f
    doações casadas e, 185, 188f
    incentivos pró-sociais e, 151
Carona, comportamento 103, 106
Carros
    autônomos, 83
    compras em concessionárias, 191
    em Edmunds.com, 133
    híbridos, 35, 36f, 38f
    oficinas mecânicas para, 197
    regulamentações de segurança, 119, 120f, 321
    seguro de, 269, 270f
Cartões de gasolina pré-pagos, 133
Cecil, John, 320
Centrais de atendimento, 55, 59
Centro de Política Educacional, 96

Cerimônias de circuncisão masculina, 273, 280
Cesáreas vs. partos normais, 71, 72f
Cessação de tabagismo, 151, 226
Charmin, papel higiênico, 253
Charness, Gary, 213, 246
Chile
    corpos de bombeiros voluntárias, 153
    incentivos de motoristas de ônibus, 64
China
    agricultura coletivizada, 127
    classificação Pisa, 175
    esforços de recuperação de fósseis, 62
    fábricas de alta tecnologia, 140
Cialdini, Robert, 310
Cigarros. Ver *Cessação de tabagismo*
CII (Conselho de Investidores Institucionais), 92
Circuncisão. Ver *Mutilação genital feminina*; *Cerimônias de circuncisão masculinas*
Coca-Cola
    estabelecimento de preços para venda em máquinas automáticas, 15, 16-17f
    guerra de preços com Pepsi, 104
    Virgin Cola e, 86
Comissão Federal de Comunicações (FCC), 253
Compras de papel higiênico, 251
Comunismo, 18, 127
Condliffe, Simon, 220
Conjunto de hábitos
    para formação de hábitos, 211, 215
    para quebra de hábitos, 225
Conselho de Investidores Institucionais (CII), 91
Consultores financeiros, 198, 201f

Consumo de energia, 250
Contabilidade mental, 133, 142
Cook, David, 84
Corpos de bombeiros voluntários, 152
Correlação não implica causação, problema de, 245
Covid-19, vacinas para, 315
    brindes como incentivos para, 319
    hesitação relacionada a, 315, 318
    ordens de, 321
    passaportes de saúde como prova de, 320
    programas de loteria para, 316
Creche, multas por atraso em pegar crianças, 117
Crédit Mobilier of America, 61
Crianças
    acesso a assistência médica por, 23
    creche para, 117
    mudança de comportamento por, 212
    Ver também *Educação*
Cultura motociclista, 27, 29f
Custos
    de transferência processuais, 249
    de transferência relacionais, 253
    de troca, 127, 249

Decisões de contratação, sinais convincentes, 32
DellaVigna, Stefano, 206
Deng Xiaoping, 128
Depósito em garantia, definição, 91
Der Wiener Deewan (restaurante), 43
Descontos, 132
Deslocamento, efeito de, 47, 152, 158
DeWine, Mike, 316

Diagnósticos errôneos, 170
Discriminação. Ver *Vieses*
Dispositivos de comprometimento
    autossinalização e, 218, 231
    para cessação de tabagismo, 230
    para exercício, 217, 240
    sinais sociais e, 220, 231
Dissel, Han van, 119
Dívida de cartão de credito, viés do presente, 242
Doações. Ver *Caridade, doações para*
Doações casadas, 184, 187, 188f
Dolch, Scott, 320
Dor nas costas, 197
Doss, Desmond, 157, 164
Doumer, Paul, 122
Duckworth, Angela, 207
Duncan, Arne, 174
Durant, Thomas C., 61

Edison, Thomas, 79
Edmunds.com, 133
Educação
    abordagem liberal a, 96
    como sinal convincente, 32
    exercício e desempenho acadêmico, 245
    incentivos de curto vs. longo prazo, 94
    multas por tirar estudantes da escola, 117
    no programa SEAL da Marinha, 33
    para meninas Maasai, 283
    prêmios para frequência, 163
    sobre mutilação genital feminina, 281
    tabagismo e nível de, 235

testes padronizados, 95, 173, 176f, 179f
  Ver também *Professores*
Efeito
  caloroso, 152
  contraste de incentivos baseados em desempenho, 299
Einstein, Albert, 79
Ekström, Mathias, 246
Empresas aeronáuticas, 126, 127f
Enganar a si mesmo, 198
Entrevistas de emprego, 191
Erros. Ver *Fracasso*
Escassez de prêmios, 161
Escolas. Ver *Educação*
Escolha de lanche, viés do presente e, 242
Esportes, incentivos coletivos vs. individuais, 106, 108f
Estados Unidos
  caridade, doações para, 182
  classificação Pisa, 174
  construção de ferrovias, 61
  doação de sangue, 52
  incentivos a motoristas de ônibus, 64
  mortes relacionadas ao tabagismo, 226
  multas por pegar criança atrasada em creche, 119
  pacientes erroneamente diagnosticados, 170
  reembolso por assistência médica, 68, 72f
  vendas de loterias, 144
Estratégias de dissuasão contra fraude, 116
Estrutura de honorário de consultores financeiros, 198
Estruturas *trulli* de Puglia, 123
Etter, Jean-François, 236
Excesso de tratamento em assistência médica, 70, 74, 197, 203
Exercício

conjunto de hábitos para, 211, 215
desempenho acadêmico e, 245
dispositivos de comprometimento para, 217, 218, 220, 240
formação de hábitos e, 211, 212f
incentivos para, 136, 213, 239
pacote de tentações e, 239
problemas de autocontrole e, 216
remoção de barreiras, abordagem de, 248
Ver também *Academias de ginástica, mensalidades*
Experiências de campo vs. laboratório, 44

Fábricas de vidro, 63
"Faça o que eu digo, não o que eu faço", abordagem de, 11, 12f, 13f
Falch, Ranveig, 281
Farrell, Henry, 28
Feasley, Joy, 40
Ferramentas diagnósticas, incentivos como, 171, 180, 183, 192
Ferrovia
    construção de, 61
    transcontinental, 61
Fields, Freddy, 165
Filantropia. Ver *Caridade, doações para*
Finkelstein, Eric, 136
Finlândia, sistema educacional, 96, 174
Firmino, Roberto, 109
Fitzgerald, Brynne, 220
Foley, John, 305
Força Aérea Israelense (IAF), 80
Força de trabalho. Ver *Funcionários*
Força de vontade, 217, 239, 241, 246
Fracasso
    aprender com, 79, 87

    da mudança de comportamento, 207, 208, 233, 242
    de incentivos, 117, 123
    medo de, 83
    penalização de, 80, 81, 87, 230, 236
    prêmios por, 82, 88, 160
Franklin, Ben, 74
Fraude
    em escândalo da Wells Fargo, 115
    em Projeto Simba, 267
    estratégias de dissuasão contra, 116
FriendFeed, 99
Fryer, Roland, 139
Funcionários
    decisões de contratação, 32
    entrevistas de emprego, 191
    incentivos pró-sociais para, 154
    pagamento para sair, ofertas para, 191, 195f
    prêmios como sinais para, 160
    produtividade de, 140
    programas de cessação de tabagismo para, 151, 226
Fundação Bill & Melinda Gates, 146

Gales, multas por sacar estudantes da escola, 118
Gallus, Jana, 158, 162
Gatch, Mary, 41
Gates, Fundação, 146
General Electric, 105
Gênios criativos, 81
Giné, Xavier, 230
Globos de Ouro, 165
Gneezy, Ayelet, 43, 185, 281, 305
Google, 221

Goolsbee, Austan, 63
Gravidez
    cessação de tabagismo durante, 228
    parto normal vs. cesárea, 71, 72f
Guerreiros (Maasai), 259, 273

Hábitos
    formação de, 211, 212f
    quebra de, 225
Halpern, Scott, 232
Hanói, massacre de ratos de, 122
Hartman, John, 219
Hastings, Reed, 85
Heurística, 33
Higgins, Stephen, 229
HIV/AIDS, 121
Ho, Teck-Hua, 136
Homonoff, Tatiana, 250
Honda, carros híbridos de, 35, 36f, 41

IAF (Força Aérea Israelense), 80
Ibrahimović, Zlatan, 109
Imas, Alex, 153
Imposto
    influência sobre moradias, 123, 124f
    sobre carbono, 324
    sobre janelas, 124f, 125
Incentivos
    apresentação, 131, 135, 150, 189, 320
    árvores de jogo para visualização de, 28
    audiências-alvo para, 48
    avaliação subjetiva, 165

aversão à perda, 139, 177, 218, 234
aversão ao arrependimento, 143
baseados em desempenho na promoção de exercícios físicos, 250
coletivos vs. individuais, 99
como ferramentas diagnósticas, 170, 180, 184, 192
comportamento de carona e, 103
concepções errôneas a respeito de, 22
considerações sòbre o projeto de, 48
contabilidade mental e, 133, 142
curto vs. longo prazo, 89
de rotina, 221
descontos como, 132
descrição de, 22
dinâmica interna de, 104
efeitos diretos vs. indiretos de, 20
em centrais de atendimento, 55, 59
em construção de ferrovias, 61
em escândalo da Wells Fargo, 116
em esportes, 106, 108f
em fábricas de vidro, 55, 63
em massacre de ratos de Hanói, 122
em negociações, 291
em programas de cessação de tabagismo, 229
em recuperação de fósseis, 61
em reembolsos por assistência medica, 68, 72f
flexíveis, 221
fracasso de, 117, 123
impostos como, 123
moldagem de, 18
na assistência médica, 75
nos esportes, 106, 108f
oposição a, 23

    para cessação de tabagismo, 226
    para compras de carros híbridos, 37
    para doação de sangue para, 50, 51f
    para exercício, 136, 213, 220, 239
    para formação de hábitos, 211, 212f
    para inovação, 79
    para parar de fumar, 232
    para professores, 94, 138
    para quebra de hábitos, 225
    para vacinação contra Covid-19, 315
    prêmios, 157
    pró-sociais, 151
    programas de lealdade e, 127
    quantidade vs. qualidade, 55, 59
    reações humanas vs. de animais a, 18
    sinais trocados e, 101, 110
    talento excepcional e, 99
Incentivos monetários
    loterias e, 143, 316
    pagamento para sair, estratégia, 192, 195f
    para cessação de tabagismo, 226
    para doação de sangue, 50, 51f
    para exercícios, 136, 213
    para formação de hábitos, 213
    para reciclagem, 19
    para testes padronizados, 177
    para vacinas contra COVID-19, 316, 322
    prêmios vs., 158
    pró-sociais vs., 151
Incentivos sociais
    comparativo, 250
    para exercício, 208, 219

Inconsistência dinâmica, 242
Informação assimétrica, 32, 197
Inovação, 79, 122, 124, 158
Instituto de Medicina, 246
Işgın, Ebru, 220
Israel
    estababelecimento de, 143
    multas por pegar criança atrasada, 117
    regulamentações sobre sacolas plásticas descartáveis, 324
    vans de Tel Aviv minibuses, 64
Ivester, Douglas, 15

Jogo de Conselhos, 199, 201f
Johnson, Ryan, 64

Kahneman, Daniel, 139, 295
Kajackaite, Agne, 209
Kanai, David, 275, 277f
Karlan, Dean, 230
Keenan, Elizabeth, 185
Kelman, Glenn, 131
Keyes, Jim, 85
Kim, Peter, 82
Kovacevich, Richard, 115
Kraft, Robert, 99
Kunz, Phillip, 309

Lamont, Ned, 320
Landsburg, Steven, 121
Lauga, Dominique, 305
Lee, Vivian, 74
Leeuwen, Barbara van, 243

Lei Nenhuma criança deixada para trás de 2001, 95
Leis
    de cinto de segurança, 321
    de uso de capacete, 120
Levitt, Steven, 139
Levy, Mathew, 215
Lincoln, Abraham, 205
List, John, 97, 139, 175
Littlefeather, Sacheen, 163
Livingston, Jeffrey, 175
Loteria de Código Postal, 144
Loterias, 143, 316
Lukaku, Romelu, 109
Lyft, 67

Maasai Wilderness Conservation Trust, 261, 262, 268, 272, 275
Maasai, povo
    cerimônias de circuncisão masculina, 273, 280
    estrutura patriarcal, 274, 288
    guerreiros entre, 259, 273
    mutilação genital feminina, 279, 283f, 285f
    oportunidades educacionais para, 283
    Projeto Simba e, 262, 265f, 274
    ritos de passagem entre, 259, 265, 274, 280, 288
    tradição de matar leões de, 259, 264f, 274
Major League Soccer (MLS), 109
Malmendier, Ulrike, 206
Manchester United, 106, 108f
Maynard, Micheline, 40
Medalha de Honra, 157, 164, 165
Medicina preventiva, 74
Médicos. Ver *Assistência médica*

Meier, Stephan, 209, 242
Menlo Innovations, 82
Mensagens conflitantes. Ver *Sinais trocados*
Mentir, 11, 191
Mentoria, 103
Merck, 82
Mervosh, Sarah, 316
Messi, Lionel (Leo), 100
Milkman, Katy, 208, 239
Minson, Julia, 239
MLS (Major League Soccer), 109
Motivação
    extrínseca, 67, 207, 211, 248
    intrínseca, 124-25, 143, 152, 147, 174, 180, 203, 248
Motoristas
    de aplicativo, 66
    de ônibus, 63, 65f
    de táxi, 66, 136
Mudança de comportamento
    formação de, 211, 212f
    fracassos, 207, 233, 242
    pacote de tentações e, 240
    quebra de hábitos, 225
    remoção de barreiras, abordagem de, 248
Mulheres. Ver *Mutilação genital feminina*; *Gravidez*
Multas, estratégias de preços para, 117
Muñoz, Juan Carlos, 64
Murphy, Phil, 319
Mutilação genital feminina, 279, 283f, 285f

Nangini (menina Maasai), 289, 289f
Nascimento, normal vs. cesárea, 71, 72f

Nashaw, Lucy, 279
National Football League (NFL), 100, 109
Neale, Margaret, 311
Negociações, 291
    efeito de ancoragem, 295, 302
    efeito de contraste, 299
    interações soma-zero, 292
    norma da reciprocidade, 309, 312f
    preço de reserva, 292, 296, 302, 306, 310, 312
    qualidade dos sinais de preço, 305
    sinais convincentes, 312
Nelson, Leif, 43
Netflix, 85
NFL (National Football League), 100, 109
Nobel, Prêmio, 21, 32, 133, 158, 162, 164
Normas
    de reciprocidade, 309, 312f
    sociais, 158, 281, 287
Norton, Edward, 262
Nova Zelândia, multas por atraso em pegar criança em creche, 119

Obama, Barack, 74
Operação Verão de Jersey, 318
Opower, 251
Organização para a Cooperação e Desenvolvimento Econômico (OCDE), 174
Oscars. Ver *Prêmios da Academia*
"Ouse tentar", prêmio, 83, 160

Pagamento
    para Sair, estratégia, 192, 195f
    por desempenho (P4P), modelos, 75

Pague o quanto quiser (PQQ), modelo de precificação, 43, 46f
Países Baixos
    estruturas de moradia, 125
    loteria de Código Postal, 144
Pallotta, Dan, 182
Pantazopoulos, Samantha, 208
Parashina, Samson, 259, 262, 274, 277, 283
Paris, penalidade por pegar criança atrasado em creche, 119
Park, Minjung, 253
Partos normais vs. cesáreas, 71, 72f
Passarella, Daniel, 101
Peloton, 305
Peltzman, Sam, 121
Pepper, Jack, 316
Pepsi, 86, 104
Peru, corpos de bombeiros voluntários, 153
Pink, Daniel, 21
Pisa (Programa de Avaliação Internacional de Estudantes), 96, 173
Planos
    de milhagem, 127
    de telefonia sem fio, 253
Pogba, Paul, 107
PowerReviews, 89
PQQ (pague o quanto quiser), modelo de precificação, 43, 46f
Precificação
    como sinal de qualidade, 305
    dinâmica, 15, 16-17f
    incentivos coletivos vs. individuais e, 104
    pague o quanto quiser, 43, 46f
    para multas, 117
    para planos de telefonia sem fio, 253
Preço de reserva, 292, 296, 302, 307, 310, 312

Preconceito. Ver *Vieses*
Prêmios, 153
    audiências e, 160
    como sinais, 157
    concedentes de, 157, 163
    da Academia, 160, 163
    escassez de, 161
    por frequência, 163
    processo de seleção para, 165
    como autossinalização, 160, 161, 164
    como sinalização social, 158, 164
Pressão dos pares, 232, 287
Pret a Manger (lanchonete), 154
Princípio da fungibilidade, 135
Prius. Ver *Toyota Prius*
Professores
    "ensinando para o teste" para, 95
    pagamento baseado em desempenho para, 94, 138
    Ver também *Educação*
Programa de Avaliação Internacional de Estudantes (Pisa), 96, 173
    incentivos pró-sociais, 151
Programa de SEALs da Marinha, 33, 161
Programas de lealdade, 127
Puglia, estruturas trulli, 123

"Qual é a sua história?" atividade, 14, 15f
Quebra de hábitos, 225
Questão de perspectiva, 171f, 171

Read, Daniel, 243
Reciclagem, 20
Reciprocidade, norma de, 309, 312f

Recuperação de fósseis, 61
Redfin, 131, 137
Regulamentações de sacolas descartáveis, 324
Reiley, David, 64
Reino Unido
    distribuição de pão, 18
    doação de sangue, 52
Relatórios de Uso de Energia Residencial (Opower), 250
Remoção de barreiras, abordagem de, 248
Riener, Gerhard, 43
Riot Games, 192
Riscos morais, 269
Ritos de passagem, 259, 265, 274, 280, 288
Roberto de Nápoles, 124
Rogers, Todd, 252
Roy, Ron, 153
Royer, Heather, 217
Rustichini, Aldo, 118, 151

Saccardo, Silvia, 199
Sadoff, Sally, 139, 175
Samsung, 253
Samuelson, Robert, 41
Sánchez, Alexis, 107, 108f
Sangue, doação de, 50, 51f
Schelling, Thomas, 21
Schmid, Felicia, 236
Scott, 253
Seabright, Paul, 19
Seinfeld (programa de televisão), 25
Seleção adversa, 195
Serra-Garcia, Marta, 199

Setor sem fins lucrativos, 182
    Ver também *Caridade, doações para*
Simba
    batedores, 275, 277f, 288
    projeto, 262, 265f, 274
Simonton, Dean Keith, 81
Sinais
    ambientais, 20, 35, 36f
    carros híbridos como, 35, 36f
    convincentes, 12, 28, 32
    de postura ambientalista, 36
    em decisões de contratação, 32
    em negociações, 312
    prêmios como, 157
    sentido muda com o passar do tempo, 31
    tatuagens como, 28, 29f, 31f
Sinais sociais
    consumo de energia e, 251
    descrições de, 20, 43
    dispositivos de comprometimento e, 218, 231, 236
    doação de sangue e, 50
    incentivos monetários e, 21
    interação com autossinalização, 43
    pegar criança atrasada em creche e, 118
    prêmios como, 158, 164
    PQQ, modelo de precificação, e, 45, 46f
    reciclagem e, 20
Sinais trocados
    dilemas envolvendo, 13, 55
    exemplos de, 12, 14, 55, 55f
    incentivos de curto vs. longo prazo, 90, 94, 97
    incentivos coletivos vs. individuais, 101, 110

na resposta a fracassos em inovações, 80, 82
   quantidade vs. qualidade e, 55, 60, 65, 77
Sistema de tarifa por serviço (FFS), 68, 72f, 77
Slavitt, Andy, 316
Sociedades patriarcais, 274, 288
Soma-zero, interação de, 292
Spence, Michael, 32
Sprenger, Charles, 243
Stehr, Mark, 217
Stone, Sharon, 166
Suécia, imposto sobre carbono, 324
Suggs, Terrell, 110
Sunstein, Cass, 324
Sutton, Bob, 82
Sydnor, Justin, 217

T-Mobile, 253
Tam, Nicole, 67
Tata, Ratan, e Tata Group, 83, 160
Tatuagens, como sinais convincentes, 28, 29f, 31f
Taylor, Bill, 194
Tel Aviv, incentivos a motoristas de ônibus, 64
Teller, Astro, 83
   pacote de tentações, 239
   prorrogação de mandato, 93
Testes padronizados, 95, 173, 176f, 179f
Thaler, Richard, 132, 324
Titmuss, Richard, 52
Toyota Prius, 35, 38f, 39f, 48
Trabalhadores. Ver *Funcionários*
Tradição de matar leões (Maasai), 259, 264f, 274
Treinamento. Ver *Educação*

Troféu Tríplice Coroa, 162
Trulli, estruturas, 123
Tungodden, Bertil, 246, 282
TurboTax, 254
Tustin, Rachel, 96
Tversky, Amos, 139, 295
Twain, Mark, 59

Uber, 36, 50
União Soviética
    distribuição de pão, 18
    fábricas de vidro, 63
Union Pacific Railroad Company, 61

Vacinas. Ver *Covid-19, vacinas para*
VanAuken, Brad, 48
Vax-Milhão, plano (Ohio), 316
Vedantam, Shankar, 75
Veículos. Ver *Carros*
Veldhuizen, Roel van, 199
Viés do presente, 205, 241
Vieses
    do presente, 216, 241
    em negociações, 296
    em recomendações, 198
Violações de direitos humanos, 280
Virgin Group, 86
Vizer (aplicativo de exercício), 208
Volpp, Kevin, 226, 239

Wales, Jimmy, 162
Walt Disney World, 11, 12-13f

Washington, Denzel, 165
Wells Fargo, 115
Wikipedia, Prêmios, 162
Willage, Barton, 250
Willén, Alexander, 250

Xiangdong Qin, 175

Yang Xu, 175
Yen Hongchang, 128
Yom Kippur, Guerra do (1973), 81

Zappos, 192
Zinman, Jonathan, 230
Zuckerberg, Mark, 99